U0895441

文学法兰西

一种文化的诞生

[美国] 普利西拉·帕克赫斯特·克拉克 著
施清婧 译

译林出版社

图书在版编目（CIP）数据

文学法兰西：一种文化的诞生 /（美）普利西拉·帕克赫斯特·克拉克著；施清婧译. —南京：译林出版社，2019.1

（凤凰文库. 艺术与社会系列 / 刘东主编）

书名原文：Literary France: The Making of a Culture

ISBN 978-7-5447-7471-0

I. ①文… II. ①普… ②施… III. ①作家－人物研究－法国 IV. ①K835.655.6

中国版本图书馆 CIP 数据核字（2018）第 171587 号

著作权合同登记号　图字：10-2013-540 号

文学法兰西：一种文化的诞生　［美国］普利西拉·帕克赫斯特·克拉克 / 著　施清婧 / 译

从书统筹　卢文超
责任编辑　张海波
装帧设计　周伟伟
校　　对　孙玉兰
责任印制　单　莉

原文出版　University of California Press, 1987
出版发行　译林出版社
地　　址　南京市湖南路 1 号 A 楼
邮　　箱　yilin@yilin.com
网　　址　www.yilin.com
市场热线　025-86633278
排　　版　南京展望文化发展有限公司
印　　刷　江苏凤凰通达印刷有限公司
开　　本　960 毫米 ×1304 毫米　1/32
印　　张　7.5
插　　页　4
版　　次　2019 年 1 月第 1 版　2019 年 1 月第 1 次印刷
书　　号　ISBN 978-7-5447-7471-0
定　　价　48.00 元

主编序

在我看来，就大大失衡的学术现状而言，如想更深一步地理解“美学”，最吃紧的关键词应当是“文化”，而如想更深一步地理解“艺术”，最吃紧的关键词则应是“社会”。不过，对于前一个问题，我上学期已在清华讲过一遍，而且我的《文化与美学》一书，也快要杀青交稿了。所以，在这篇简短的序文中，就只对后一个问题略作说明。

回顾起来，从率先“援西入中”而成为美学开山的早期清华国学院导师王国维先生，到长期向青年人普及美学常识且不懈地迻译相关经典的朱光潜先生，到早岁因美学讨论而卓然成家的我的学术业师李泽厚先生，他们为了更深地理解“艺术”问题，都曾把目光盯紧西方“美的哲学”，并为此前后接力地下了很多功夫，所以绝对是功不可没的。

不宁唯是，李老师还曾在一篇文章中，将视线越出“美的哲学”的樊笼，提出了由于各种学术方法的并进，已无法再对“美学”给出“种加属差”的定义，故而只能姑且对这个学科给出一个“描述性的”定义，即包含了下述三个领域——美的哲学、审美心理学、艺术社会学。平心而论，这种学术视野在当时应是最为开阔的。

然则，由于长期闭锁导致的资料匮乏，却使当时无人真能去顾名思义：既然这种研究方法名曰“艺术社会学”，那么“艺术”对它就只是个形容性的“定语”，所以这种学问的基本知识形态，就不再表现为以往熟知的、一般意义上的艺术理论、艺术批评或艺术历史——那些还可以被归到“艺术学”名下——而毋宁是严格意义上的、把“艺术”作为一种“社会现象”来研究的“社会学”。

实际上，人们彼时对此也没怎么在意，这大概是因为，在长期“上纲上线”的批判之余，人们当年一提到“社会学”这个词，就习惯性地要冠以“庸俗”二字；也就是说，人们当时会经常使用“庸俗社会学”这个术语，来抵制一度盛行过的、已是臭名昭著的阶级分析方法，它往往被用来针对艺术作品、艺术流派和艺术家，去进行简单粗暴的、归谬式的高下分类。

不过照今天看来，这种基于误解的对于“艺术社会学”的漠视，也使得国内学界同西方的对话，越来越表现为某种偏离性的折射。其具体表现是，在缺乏足够国际互动的前提下，这种不断“自我发明”的“美的哲学”，在国内这种信息不足的贫弱语境中，与其表现为一门舶来的、跟国外同步的“西学”，毋宁更表现为自说自话的、中国特有的“西方学”。而其流风所被，竟使中国本土拥有的美学从业者，其人数大概超过了世界所有其他地区的总和。

就算已然如此，补偏救弊的工作仍未提上日程。我们越来越看到，一方面是“美学”这块领地的畸形繁荣，其滥造程度早已使出版社“谈美色变”；而另一方面，则是“艺术社会学”的继续不为人知，哪怕原有的思辨教条越来越失去了对于“艺术”现象的解释力。可悲的是，在当今的知识生产场域中，只要什么东西尚未被列入上峰的“学科代码”，那么，人们就宁可或只好对它视而不见。

也不是说，那些有关“美的本质”的思辨玄谈，已经是全不重要和毫无意义的了。但无论如何，既然有了那么多“艺术哲学”的从业者，他们总该保有对于“艺术”现象的起码敏感，和对于“艺术”事业的起码责任心吧？他们总不该永远不厌其烦地，仅仅满足于把迟至十八世纪才在西方发明出来的一个词汇，牵强附会地编派到所有的中国祖先头上，甚至认为连古老的《周易》都包含了时髦的“美学”思想吧？

也不是说，学术界仍然对“艺术社会学”一无所知，我们偶尔在坊间，也能看到一两本教科书式的学科概论，或者是高头讲章式的批判理论。不过即使如此，恐怕在人们的认识深处，仍然需要一种根本的观念改变，它的关键还是在于“社会学”这几个字。也就是说，必须幡然醒悟地认识到，这门学科能为我们带来的，已不再是对于“艺术”的思辨游戏，而是对这种“社会现象”的实证考察，它不再满足于高蹈于上的、无从证伪的主观猜想，而是要求脚踏实地的、持之有故的客观知识。

实际上，这早已是自己念兹在兹的心病了。只不过长期以来，还有些更加火急火燎的内容，需要全力以赴地推荐给读者，以便为“中国文化的现代形态”，先立其大地竖起基本的框架。所以直到现在，看到自己主持的那两套大书，已经积攒起了相当的规模，并且在“中国研究”和“社会思想”方面，唤起了作为阅读习惯的新的传统，这才腾出手来搔搔久有的痒处。

围绕着“艺术与社会”的这个轴心，这里收入了西方，特别是英语学界的相关作品，其中又主要是艺术社会学的名作，间或也包含少许艺术人类学、艺术经济学、艺术史乃至民族音乐学方面的名作，不过即使是后边这些，也不会脱离“社会”这根主轴。应当特别注意的是，不同于以往那些概论或理论，这些学术著作的基本特点在于，尽管也脱离不了宏观架构或历史脉络，但它们作为经典案例的主要魅力所在，却是一些让我们会心而笑的细节，以及让我们恍如亲临的现场感。

具体说来，它们要么就别出心裁地选取了一个角度，去披露某个过去未曾意识到的、我们自身同“艺术”的特定关系；要么就利用了民族志的书写手法，去讲述某类“艺术”在某种生活习性中的特定作用；要么就采取还原历史语境的方法，去重新建构某一位艺术“天才”的成长历程；要么就对于艺术家的“群体”进行考察，以寻找作为一种合作关系的共同规则；要么就去分析“国家”与艺术间的特定关系，并将此视作解释艺术特征的方便门径；要么就去分析艺术家与赞助人或代理人间的特定关系，并由此解析艺术因素与经济因素的复杂缠绕；要么就把焦点对准高雅或先锋艺术，却又把这种艺术带入了“人间烟火”之中；要么就把焦点对准日常生活与通俗艺术，却又从中看出了不为人知的严肃意义；要么就去专心研究边缘战斗的阅读或演唱，暗中把艺术当作一种抗议或反叛的运动；要么就去专门研究掌管的机构或认可的机制，从而把赏心悦目的艺术当成了建构社会的要素……

凡此种种，当然已经算是打开了一片新的天地，也已经足够让我们兴奋一阵的了。不过我还是要说，跟自己以往的工作习惯一样，译介一个崭新的知识领域，还只应是这个程序的第一步。就像在那套“中国研究”丛书之后，又开展了同汉学家的对话一样，就像在那套“社会思想”丛书之后，也开展了对于中国社会的反思一样，等到这方面的翻译告一段落，我们也照样要进入“艺术社会学”的经验研究，直到创建起中国独有的学术流派来。

正由于这种紧随其后的规划，对于当今限于困顿的美学界而言，这次新的知识引进才会具有革命的意义。无论如何都不要忘记，“美学”的词根乃是“感性学”，而“感性”对于我们的生命体而言，又是须臾不可稍离的本能反应。所以，随便环顾一下我们的周遭，就会发现“美学”所企图把捉的“感性”，实在是簇拥在生存环境的方方面面，而且具有和焕发着巨大的社会能量，只可惜我们尚且缺乏相应的装备，去按部就班地追踪它，去有章有法地描摹它，也去别具匠心地解释它。

当然,再来回顾一下前述的“描述性定义”,读者们自可明鉴,我们在这里提倡的学科拓展,并不是要去覆盖“美的哲学”,而只是希望通过新的努力,来让原有的学识更趋平衡与完整。由此,在一方面,确实应当突出地强调,如果不能紧抓住“社会”这个关键词,那么,对于作为一种“社会现象”的“艺术”,就很难从它所由发出的复杂语境中,去体会其千丝万缕的纵横关系;而在另一方面,恰正因为值此之际,清代大画家石涛的那句名言——“不立一法,不舍一法”,就更应帮我们从一开始就把住平衡,以免日后又要来克服“矫枉过正”。

刘 东

2013 年 4 月 24 日于清华园立斋

献给尼尔·帕克赫斯特、理查德·帕克赫斯特

和

雅克琳·杜歇娜

书籍仅是浩瀚的知识文化发生和传播中的一种方式。

——厄内斯特·勒南

法国的“作家”不仅仅是写作、出书的人。

——保尔·瓦雷里

相比古典神话，现代神话更加不为人所理解，即使我们已被神话所吞噬。在每一处地方神话都压迫着我们，它们服务一切，解释一切。

——巴尔扎克

目　录

插图列表

序　言

著书多，没有穷尽。

——《传道书》12：12

和大部分著作相比，一本书若是研究文化对作家们及其著作的影响，那它必定要对一切能列举出的协助、影响和启迪表达感激之情。

在此我要感谢以下机构，它们在我研究和写作中给予我充分时间与极大帮助：伊利诺伊大学芝加哥分校为我慷慨提供了研究和计算机支持、旅行费用和两次学术休假；“乔治·A. 和伊莱扎·加德纳·霍华德”基金会为我提供了研究基金；美国国家人文基金会通过纽波利图书馆向我提供了研究基金；美国哲学学会也向我提供了旅行研究资助。同时，法国文化部、法兰西学术院、法国驻华盛顿大使馆以及美国国家艺术基金会的各部门人员也花费了宝贵的时间、精力和资源来协助我的工作。

在我所任职的大学，黛博拉·艾伦娴熟协调行政事务的能力使我在担任系主任一职后仍有闲暇来修改书稿。爱德华·萨缪尔森完成了书目研究和编纂，还卓有成效地完成了校对工作；夏琳·塔特在学校计算机上重新打印了绝大部分书稿，这使我的修改工作几乎成了享受。

在我写作过程中有许多朋友、同事、学生和读者耐心倾听我的问题，

xiii 提出意见、批评和建议，或是提供有用信息，这其中我想要特别感谢：雅
凯特·勒布尔带我进入了巴黎各个文学圈，帮助我从一个参与者的角度
来看法国文学生活。当我有问题的时候，简·戈德斯坦总是法国百事
通。但是在所有人中，我最感激的是罗伯特·A. 弗格森，他掌握了精妙
的平衡艺术，即便他在批评你时也永远能鼓起你的信心。无论是事业还
xiv 是作者都需要这两者。

1986年5月

平装版序：再读《文学法兰西》

结局往往催生自我定义。高更在其最伟大的塔希提作品中捕捉到了世纪末的忧虑与兴奋："我们从哪儿来？我们是谁？我们将往何处去？"（1898）这些问题在1990年显得格外有预言性。欧洲在短时间内接连发生了许多大事，后世历史学家甚至可以宣布20世纪终结于1989年。自18世纪末以来，还没有哪个时间点能汇集如此多的"终结"：一个时代的终结，一个旧秩序的终结，以及，自然地，一个世纪的终结。同样自1790年以来，还从来没有一个世纪的最后十年能让人如此期待。一如当年有法国大革命，今天则有东欧共产主义阵营分崩离析，两德统一，大范围经济混乱，欧洲人大规模移民，以及欧洲经济共同体的整合等，这些都需要我们对现有设想与安排进行彻底的重新思考。又如1790年一样，今天，在重估一切的背后，实际是对民族主义的地位、思想的力量以及个人在决定自身未来时所扮演角色等的疑问。

今天我们还看到：继续革命的戏剧场景放大了一个世纪即将结束而另一个即将开始的瞬间。期待所产生的焦虑，和因未知而感到的恐惧与成就感相互交融。1790年的断裂带来了不确定感。正如半个多世纪之 xv
后狄更斯在《双城记》中写道，这是最好的时代，也是最坏的时代，这个时代里毁灭性的撕裂、错位往往压过了新自由所带来的兴奋。法兰西第三共和国曾在相对平静的1889年庆祝了革命胜利一百周年，即便如此，庆祝的方式里也仍带着些许绝望。毕竟，19世纪末为我们贡献了一个特殊词汇："世纪末"（fin de siècle）。尽管它主要指向法国，但1890年和之前的1790年，以及现在的1990年一样，都交杂着对改变的清醒认知和对新生的无比渴望。

正如高更的绘画所体现的，世纪末涌现出的问题往往寻求在艺术而非政治中进行表达。改变的政治必须依赖深层的文化认可。《文学法兰西》的目的就在于此。法国作家们创造了一种在关注政治和民族进程的同时也可以超越两者的法兰西的特殊概念。而且，法国国民性与法语之间的重要关联性使得文学成为某些国民意识的特有来源。这种结合就是我所说的"法兰西文学文化"。它的重要性不仅在于它是一个民族的文学史，同时更是对文化的一种社会学理解。简单来说，就是体制、个人和传统的互动催生了法兰西文学，它告诉我们过去和现在作为"法国人"的要义所在。

探讨"法兰西文学文化"这样的概念时，我们必须高度重视其中多种多样的界限。如果说"法兰西文学文化"概念暗示法国社会中某种亚文化的前景趋向暗淡，那从另一方面来看，它同样鼓励我们在民族主义备受争议之时，在人们被沙文主义和因某些事件而产生的情绪主义所扭曲之时，去重新思考民族身份这一元素。在这个意义上，本书旨在确定文化身份的延续性。

这种意识在一个面临剧变和断裂的时代显得尤为重要。在民族主
xvi 义思想仍然暧昧不清的当下，本书将为读者展示文化实践如何支撑民族身份。如今政治经济事务已经日益由超国家层次决定，如果有人说在这样的时代里，民族主义已经失掉了力量，那么本书将向读者指出亚文化的能量：它的文化实践手段和文化产品如何在民族叙事中塑造认知。

对面临纷乱变化的欧洲来说，1992年显得格外重大。一部分法国公民认为新的红色欧洲经济共同体护照将带来更宽广的视野，更广阔、更美好的世界；而对另一部分人来说，弃用原先海军蓝色的法国护照则更意味着失落。但这两类人仍会继续珍视在文化、商业、政治交流中对自

身民族身份的表达。然而在这一重大进程中，经济甚至社会的整合是否会降低对具有鲜明文化特色的产品的需求，目前还不得而知。又或是，如果某个文化中的某些元素不再突出民族特征，那其他元素是否会反而显得更受瞩目？在某些情况下，商品的生存能力与其民族特色休戚相关：传统越是悠久，与社会经济体制的联系越是紧密，文化产品就越有可能保留下来，甚至加强其特殊的身份。

而法国文学将必定会成为这样一种文化产品。《文学法兰西》一书的内容也将证明，民族差异仍然十分重要。

普利西拉·帕克赫斯特·弗格森

纽约，1990年11月 xvii

致　谢

感谢乔治·杜梅齐尔先生，他是法兰西公学院教授、法兰西学术院院士，以及克劳德·伽利玛先生，允许我复制使用院士授剑仪式邀请函。

感谢Ascom基金会允许我复制使用刊登在1983年7月《世界报》上的“你是巴尔扎克吗？”广告。

感谢法国新闻社允许我复制使用弗朗索瓦·莫里亚克和让—保罗·萨特的照片。

感谢罗歇—维奥莱允许我复制使用由菲力克斯·瓦罗顿绘制的1898年1月23日《巴黎时尚》杂志封面。

感谢TBWA广告公司允许我复制使用尊尼获加“……与黑”广告。

感谢Eminence S. A. 公司允许我复制使用“文学奖获奖者们，跟上潮流”广告。

感谢法国大使馆新闻与信息分部允许我复制使用先贤祠、克洛德·列维—斯特劳斯、玛格丽特·尤瑟纳尔以及弗朗索瓦·密特朗的照片。

感谢维克多·雨果博物馆、巴黎城市博物馆照片档案室允许我复制使用以下图片：法兰西学术院院士候选人漫画、雨果抵达巴黎北站版画，以及雨果送葬队伍照片。

感谢国家图书馆允许我复制使用伏尔泰半身像在法兰西喜剧院加冕的图片。

感谢贝特曼图库允许我复制使用保罗·塞尚的画作《保罗·阿莱克西向爱弥尔·左拉念手稿》。

感谢玛格南图片社允许我复制使用居伊·勒·盖勒克所拍摄的在蒙巴纳斯公墓举行的萨特葬礼照片。

前言　文化与国家

献给伟人，祖国感谢你们

——先贤祠铭文

一

1981年5月21日，随着电视摄像机的转动，法兰西共和国新当选的总统弗朗索瓦·密特朗在盛大典礼中迈上了巴黎先贤祠的台阶。他将两朵玫瑰敬献在两位伟人的墓前：让·饶勒斯，社会主义运动领导人，1914年遭暗杀身亡；以及让·穆兰，第二次世界大战抵抗运动领导人，1943年被捕，遭盖世太保折磨并杀害。两位伟人之墓都位于先贤祠这座象征了法兰西荣光的雄伟建筑中，而密特朗通过向故去的伟人致敬的方式开启了他的总统任期。先贤祠是传统与国家之间联系的重要象征，密特朗就职时的这番举动加强了过去与当下的联系，而这也时刻提醒着法国人民他们国家的伟大。

作为连接过去与当下的象征，先贤祠的作用也许超乎密特朗的想象。它比密特朗的"玫瑰典礼"所意指的更加模糊。因为这座建筑环绕着不是一段，而是无数段往事。它曾为数不清的政权、王室、帝国以及共

巴黎先贤祠是文化及其战场的象征。穹顶上的十字架，门廊上方的题词（“献给伟人，祖国感谢你们”），甚至安葬其中的先贤遗骨，在不同政治时期都曾移动、替换过。然而在法兰西跌宕起伏的历史中，无论哪个阶段，先贤祠都是法国文化精髓的丰碑。

和国服务，虽是团结统一的象征，却有着极其复杂的历史。[1]

这种复杂性至少使先贤祠从普通纪念碑变成了法兰西名副其实的

1 关于先贤祠形制的变迁史，请参阅：Jacques Hillairet，*Dictionnaire des rues de Paris*，3 vols.（Paris：Minuit，1963）。莫娜·奥祖夫在其书中追溯了先贤祠在大革命的政治作用，以及它为何最终未能成为集体记忆场所。它代表的不是一段国家历史，而是特殊的政治传统（“Le Panthéon：L' Ecole normale des morts”，in *Lieux de mémoire*，ed. Pierre Nora［Paris：Gallimard，1984］，pp. 140—166）。

象征。先贤祠最早是献给巴黎城守护神圣热内维芙的教堂，是路易十五 1
于1744年向保佑他大病痊愈的神灵还愿而许诺建造的。不过国王直到1764年才打下第一块基石，并且直到二十七年后，当国民议会决议将其由教堂变成祠堂，以纪念那些以言行荣耀法兰西的贤人时，这座巨大建筑仍未完工。而门廊上方的铭文也进行了修改——“献给伟人，祖国感谢你们”，这句话表达了新生政权的统治意志。米拉波是第一位葬在先贤祠的爱国者（1791年4月），随后的7月伏尔泰被隆重安葬于此，而1794年10月让—雅克·卢梭也长眠于斯。但是，在一个政权更迭如走马的时代，要使公共场所与公共意识形态合为一体却并非易事。米拉波后来迅速被马拉所替代，而马拉也在大革命重写历史后被移出。

19世纪的政权继续将先贤祠当作宣扬某种精神和意识形态的场所。拿破仑曾恢复了它的宗教功能。路易十八在穹顶上加装了十字架，还增加了拉丁铭文，注明圣热内维芙是教堂的守护神，他的祖父路易十五是教堂的奠基者，而他本人则是复建者。1822年的再献仪式意味着伏尔泰、卢梭等人被降级并移至堂中非神圣的角落里。在1830年革命后，路易·菲利普重新确认了先贤祠，又把伏尔泰和卢梭请回原处，加盖了新檐壁，再次刻上了原先的铭文，还用旗帜代替了穹顶的十字架。仅仅二十年后，当时的第二共和国总统路易—拿破仑·波拿巴就抹去了铭文，重新在穹顶上竖起了十字架，但是保留了七月王朝的檐壁，因为上面的雕刻中他叔叔拿破仑一世实在太显眼了。在第二帝国时期、1871年巴
黎公社时期，直至第三共和国时期，这座教堂的形制几乎没有改变。但 3
是随着维克多·雨果于1885年去世，共和国政府重新将教堂改成祠堂来接纳共和国具有象征性的贤人们。原先的铭文又出现了，这次也终于同穹顶上的十字架和平共处了。今天的先贤祠展现了从古至今的政权统治所发生的一切遗迹，法兰西文化的丰富复杂性被完全包容在这一座纪念堂里。虽然在每个历史时刻，它记录的都是分歧、分裂，但它自身的变迁史使它成了国家的珍贵象征。

在法国历史风起云涌的年代，许多矛盾是围绕着某位作家产生的。这并不奇怪，因为当一个国家的政治分裂极其严重时，文学可以成为团结

力量的重要来源。我所谓“公共作家”的卓越之处，就在于他们善于表达国家观念，这种观念既包含了政治，又超越了政治。罗曼·罗兰后来谈到雨果葬礼上那令人动容的狂热时说：“对我们而言，老雨果的名字是和共和国联系在一起的。”一位学生更简洁地解释说：“维克多·雨果就是我们的宗教。”[1]既与政治紧密相连，又与政治保持距离，这使法国的公共作家成了国家代表人物。这种公共作家是极具法国特色的，并为法国所独有的一群人。尽管每个国家、每种文学里都有献身政治的作家，但只有法国才具有将个人政治抱负转化为与国家融为一体的身份的传统；也只有法国拥有把作家视为发言人并赋予文学以巨大力量的文学文化。

作为国家的象征，先贤祠肩负着重担。长眠在此的有军人、政治家、科学家、作家，而他们身份的多样性恰恰展现了“祠”（pantheon）在古希腊时期作为供奉一切神明的场所的原初意义。法国的英雄们在最广泛
4 和一切可能的意义上成了“公众形象”，因为他们的生平和伟业代表了法兰西的精华。在安葬于此的人中，作家占据了显要位置，这是因为作家能够用语言清晰地讲述人民与国家的故事。先贤祠中的作家们，如伏尔泰、卢梭、雨果、左拉等，以如椽之笔使国家这一公共世界里充盈了个人信仰。

由于法国文学同国家融为一体，它也因此扛起了定义和撑起国家的重任。1941年，作家、外交家让·吉罗杜在被德军占领的巴黎用写作来寻求慰藉：

> 我们的文学不是香榭丽舍（德军已经耀武扬威地踏过了香榭丽舍）；它是我们不可触碰的、无法侵蚀的、生生不息的价值观以及法兰西在这个世界的冒险征程的领域……[这是]我们真正的历史，我们的精神与语言的历史，是一切有生命力的历史。[2]

---

1 Romain Rolland, “Le Vieux Orphée”, *Europe* (Paris: Rieder, 1935), p. 8; André Maurois, *Olympio ou la vie de Victor Hugo* (Paris: Hachette, 1954), p. 477.

2 Jean Giraudoux, Préface to *Littérature* (1941) (Paris: Gallimard, 1967), pp. 6, 18.

布洛涅森林附近的“纪念为国牺牲的作家广场”。建于1929年。尽管规模较小，但它和先贤祠一样，都体现了作家与国家紧密相连的纽带，而这也是法国文学文化的核心。

吉罗杜的话让人印象深刻，不仅因为它在艰难时刻振奋人心，也因为它虽言词模糊却传达了非常具体的含义。在这句话里，文学既宽泛又含糊——“不可触碰的、无法侵蚀的、生生不息的价值观……的领域”，只有在具体语境中才能成为“我们真正的历史”。作为“生生不息领域的”文学背后的概念是什么？要理解吉罗杜的话，要理解这句话的背景，要理解先贤祠的意义，我们就必须去理解形成了法国文学传统的文化。法国文学史中有大量关于单个作家、文学思潮，以及文学体制的研究，但是还没有关于法国人民对文学的共同看法来源的研究，目前也尚无人对文化的具体含义进行定义和分析，但恰恰是法国文化造就了作家、读者
5 和各类文学机构。本书将通过分析17世纪至今（即从伏尔泰到萨特）的法国文学文化来弥补这一空缺。

二

本书在方法论上面临着巨大的困难，主要的问题在于如何定义文化，以及如何确定文学与文化之间的关系。这种关系毋庸置疑是存在的。当博纳尔子爵在19世纪初宣称“文学是社会的表达方式，正如语言是人类的表达方式”时，这其实已经是老生常谈了。[1]自18世纪维柯，特别是伏尔泰以降，知识界多少都认同了艺术与创造并实践了艺术的社会之间具有共生关系。和多数格言佳句一样，博纳尔的话也流于简单。当我们的目光不再只是盯着漂亮的语句，而是进一步思考“表达”了什么，在什么样的“社会”，以何种“文学”，以及“表达方式”到底何指，争议马上就会浮出水面。甚至所谓进一步思考的方式也不太可能有统一的回答。我们该如何考察文学的社会关系？社会力量是通过何种媒介进入文学的象征性语言的？在这方面做研究，如何保证分析能自如穿梭于文

1 “La Littérature est l’expression de la société comme la parole est l’expression de l’homme”（Louis de Bonald, *Législation primitive*［Paris: LeClere, An XI（1802）］, 2: 207）. 这句名言最早出现在一篇刊登在*Mercure de France* no. 41, An X（1802）上的关于古今之争的文章中，随后成了*Législation primitive*一书的脚注。

学形式和社会结构之间？[1]

这一系列问题构成了文学的本质，以及文学在书本之外支撑社会的
功能的理论前提。我认为文学必然暗指了一种具有深远意义的社会动
力，它也依赖于个人及体制的努力与期待，这其中的联系有些比较明显，
例如，书籍需要出版商，而出版商也需要书籍。但有些联系比较隐晦。
如教育，它与文学的联系并不如作家或出版商那么明显，但它毕竟会影
响到文学的存在方式。实际上，学校所建立的毋宁说是一种文学审判
所，它在称赞某些作家和作品的同时也会鄙弃另一些。除了打造文学经 7
典，教育还给人们灌输了文学观念，塑造他们对作家的态度，并确立文学
的定义——它是什么，以及应该是什么。因此，教育全程参与了文学文
化的形成过程。

不论文学是存在于书本、文本、体制还是观念中，必然会有许多因素互相影响，有些是审美或才智的因素，有些则是经济、文化或政治的因素。本书意在找到并探讨文学及其背景中的这些因素，以及它们如何在法国创造了文学的多样性。

随着现代社会赋予文学越来越多的自主性，这些合力因素在文学创作过程中的作用也愈发明显。当今社会的分工愈加细化，大社会中相互支撑的体制、思想、象征和符码一同构建了具有鲜明特征的亚文化。我称这种亚文化为“文学文化”，并且我认为它是文学和社会之间的重要纽带，是文学和社会两极之间互相转化的居间者。

本书对法国文学文化的探讨比任何权威性的论断都要更清晰准确。即便如此，定义仍有助于澄清并导入待研究的问题。文化的概念本身就模糊不清，在用法上也异常复杂甚至有时自相矛盾，以至于不少评论家完全避开了文化定义而利用语境、背景来限定此概念。

在现代英语世界中，对文化的讨论往往建立在英国人类学家E. B.

---

1 关于文学的社会学研究中的问题，请参见我的文章：“Literature and Sociology”，in *Interrelations of Literature*，ed. Jean-Pierre Barricelli and J. J. Gibaldi（New York：Modern Language Association，1982），pp. 107—122。关于知识背景，请参见我的文章：“Sociology of Literature：An Historical Introduction”，*Research in Sociology of Knowledge，Sciences，and Art* 1（1978）：237—258。

泰勒在1871年所提出的定义之上："在广义人类学意义上，文化或文明
8 是个复杂的概念，它包括了知识、信仰、艺术、道德观、法律、风俗以及作为社会成员的人类其他的能力和习惯。"[1]根据这种说法，文化事实上包括了能使个体成为社会成员的一切特质。泰勒的定义无所不包却又显得空洞，在方法论上也不甚准确。但从另一方面来看，这个定义也具有一定优点，比如着眼于精神性特质和生存方式等，而没有简单地把文化规定为体制或人工产品之类。

克洛德·列维—斯特劳斯在20世纪提出过一个更可行的定义。列维—斯特劳斯在继续研究泰勒的定义以及泰勒后八十多年里的人种学实践，包括他自己的工作后提出：

> 我们把文化看作人种学的整体，从研究角度来看，这种整体和其他实体有显著区别……我们看到文化的概念可与客观事实相呼应，即便该事实是正在进行的调查中的一项功能……文化这个术语涵括了全部重要的差异，而且根据我们的经验，这些差异的界限大约恰好重合。[2]

因为文化是通过差异来建构的，只有通过比较才能显现它突出的特点。法国文学文化与其他国家的文学文化截然不同，与法国社会的其他亚文化也相去甚远。然而一旦做起比较，"本书的观点"之类就不可避免地要影响所谓的客观性。确定文化观念以及文化要素的任务使得人种学家在文化存在中占有一席之地。法国文学文化是本书的功能之一——所谓"正在进行的调查"——我们从开头就必须承认这一点。

现代社会学的关注点已经开始从原先对完整的小型非西方社会和它们的"原始"文化研究转向了对科技先进、组织复杂的西方社会的一部分，

---

1 Edward Burnett Tylor, *Primitive Culture: Researches into the Development of Mythology, Philosophy, Religion, Language, Art, and Custom* (London: J. Murray, 1871), p. 1.

2 Claude Lévi-Strauss, "La Notion de structure en ethnologie" (1952), *Anthropologie structurale* (Paris: Plon, 1958), p. 325.

或者说是其中亚文化的关注。因此在与研究对象的距离上，社会学家比人类学家更占优势。但是距离近也会让研究付出一定代价。一个社会越复杂，它的历史越悠久，“文化”一词的含义就越丰富。[1]人种学对文化的定义无可避免地会同那种老式但还流行的，把文化看作理想的定义发生冲突， 9
后者往往把文化视为社会或个人在知识和审美方面成就的集大成者。这种混乱局面在文学文化中最为常见，在任何文化中都会出现的理想与规则、内部人士与局外人之间的矛盾，都会在文学文化里因文学所宣扬的某些价值观而加剧。但想要置身事外，在分析文学文化时不用这些价值观却又异常困难，更不用说那些认为使用这种分析方法会让文学从理想王国跌落到世俗王国的人们，会强烈抵制分析法对审美领域的入侵。

文学文化的构成还有另一个障碍。文学文化与其说是建立在一个局限的狭小社会群体中，不如说是基于社会惯例，正是这些社会惯例将本来没有任何关系的人们联系在了一起。文学包括的远不止作家，而作家所组成的群体对确定文学文化作用也不大。作家跟他们经常拜访、比较认同的知识分子一样，往往不能归入普通的社会分类；而他们与自由职业之间的长期关系也并不能让写作变成一种真正社会学意义上的职业。真正的作家要融入其他社会身份也并非易事，他们不是传统意义上的资本家或工人，他们不是食利阶层或农民，也不是官僚或小资产阶级，他们从属于体制，但这只会让形势变得更复杂。世上有这么一群人，被自己的作品所包围，被异议所撕裂，也被在社会中的模糊定位所牵扯——不少关于这种社会定位的意见本身也很矛盾。

不论个人还是体制都不可能在真空中运作。正如文学文化限定了个人创造力和解读力，它对体制的限制作用也同样明显。我们首先要区分文学文化与传播文学的各种机构：前者包括文学生活中的价值观、准 10
则及各种行为；而后者则包括出版社、期刊、学校等。不同背景下的文学

1　参见以下关于文化的定义：Michel de Certeau，*La Culture au pluriel*（1974）（Paris：Christian Bourgois，1980），pp. 189—191；以及Maurice Crubellier，*Histoire culturelle de la France，XIXe—XXe siècle*（Paris：Colin，1974），pp. 1—23。后者（p. 10）提到了法国人对人种学文化定义的反感。

体制其实是类似的，因此文学活动的经济基础几乎是一样的。毕竟资本主义制度在法国、美国、日本或澳大利亚提出的要求大同小异，就如曾经的赞助人制度一视同仁地介入过英国、德国、法国的文化生活一样。然而，拥有相似文学体制的国家，却并不一定拥有相似的文学文化，因为文化是独特的。经济、社会体制在与文化、文学传统相联系后，文学文化便能使这些体制以独有的方式来运作。

法国文学文化便是这样深深扎根于各类机构、个人行为和文学作品之中，这些都能被看作是文化的象征及形式，而文学的目的也恰恰在于保存文学并使作品流传。用巴赫金的话来说：

> 文化与文学传统……之所以能保存并继续存在，并不是由于个体对某个人物的主观记忆……而是因为文化自身保有的客观形式（包括语言形式和口头表达），因此在这个意义上，文化和文学传统是主体间的也是个体间的（所以也是社会的），也是从这个角度，文化和文学传统得以进入文学作品，有时它们甚至完全绕过了创作者的个人主观记忆。[1]

如何讨论传统这个问题——“客观形式”而非“个人主观记忆”——不管明显与否都体现了评论者对文学的定义倾向。“文化”这个词暗含的生物学指涉表明，文化决定了生活的基本条件。[2]同时，文学文

---

1 M. M. Bakhtin, “Forms of Time and Chronotope in the Novel—Concluding Remarks”（1973）, *The Dialogic Imagination*（Austin: University of Texas Press, 1981）, p. 249, n. 17.

2 这个隐喻也造就了我们这群生物。参见Howard Becker, *Art Worlds*（Berkeley and Los Angeles: University of California Press, 1982）, p. 730。贝克尔罕见地承认了社会学概念中比喻的地位，但同时也没有排除他自己所谓的“艺术界”。他强调“艺术界”的“成员”要创作出任何艺术作品都需要最清醒的合作。皮埃尔·布尔迪厄（Pierre Bourdieu）的“场域”（field）概念也假定了文化体制的相对独立性。布尔迪厄借用了“磁场”以及正负极概念，这使他的理论带有决定论的色彩，即不同方向的力处于紧张的常态（“Champ littéraire et projet créateur”, *Les Temps modernes*, November 1966: 865—906；及最近的总结“Le Champ littéraire”, *Lendemains* no. 36［1984］: 5—20）。相比较而言，**文化**更强调个人和体制的行动。“文学文化”比“文学场域”的概念更松散，指涉更广泛，比起所谓“艺术界”中协调的关系，“文学文化”中的关系更加模糊。

化也构成了文学创造力的条件，作家写作时所受的限制，以及文化遗产中所蕴含的、作家应为之满足的机遇。正如T. S. 艾略特半个世纪前提出的，传统是创造力不可或缺的背景，每位作家都不可避免地，或主动或被动地与同时代或过去的其他作家进行比较和评价。所谓鉴赏就是比较。 11
然而若说每样作品都会带着文化的印记，某些时候的某些作家（艾略特特别提到了法国人）确实比其他人更注意传统。[1]

对艾略特来说，文化主要指的是相互紧密联系的一系列作品，例如英国或法国文学传统，又如小说传统、现实主义传统等。但他也一定会同意，文学传统是无法被简化成审美的。文本和审美原则必定会触及价值和观念，意识形态和思想。举例来说，如同这句世人皆知的名言：“不清晰者绝非法语。”它所陈述的审美原则中还包含了社会、意识形态甚至政治隐喻。法语必须清晰，法国文学必须清晰，这已成了法国文学文化中的基本要素，也成了法国文学构思、创作、阐释和阅读的先决条件。

三

综上所述，我们可以下个定义：法国文学文化是一系列复杂因素的综合体，包括理想与实践、行动与信念、习俗与话语，这些因素概括了法国文学的特征。借用列维—斯特劳斯的术语，这一“人种学整体”使法国文学文化有别于他国文学传统，也有别于法国社会中的其他亚文化。这种文化的脉络里融合了多种元素：有些来自法国社会中的社会、经济、政治结构；有些则来自法国及外国的文学、知识、审美传统。而别国文学文化及法国国内的其他文化可能也具有这其中的一些因素：比如先贤祠就在密特朗的就职仪式上扮演了政治性角色，而象征了文化与国家联合的公共作家同时属于审美和知识背景。但是没有其他任何文化能像法 12

1　T. S. Eliot, “Tradition and the Individual Talent”（1917），*Selected Essays*（New York: Harcourt, Brace & Co.，1950），pp. 3—11. 艾略特后来在他的《批评的功能》（1923，pp. 12—22）中进一步阐发了关于批评的理想。为了更好地理解社会生活中的传统，参见Edward Shils, *Tradition*（Chicago: University of Chicago Press, 1981）。

国文学文化那样鲜明地融合了这些因素；其他文化都不具备这种模式。还是用斯特劳斯的术语来说，法国文学文化是“显著差异的合集”。

本书将从各种互补的角度（如共时与历时、体制与意识形态、社会学与历史学等）来探讨这个“合集”。第一章提出基本问题：如何认定此种文学文化是“法国的”？法国文学或法国作家有哪些“法国特点”？这种文学文化是独立于文学作品之外的存在吗？由于只有经过跨文化比较研究我们才能回答这些问题，所以第一章将比较法国和美国的一些文化标志。这两个国家虽然在面积、人口、历史等方面大相径庭，但两者在工业化社会和民主制度上有相似之处，而正是这些相似之处使两者的差异显得更引人注目。

第二章和第三章从体制与意识形态方面回顾了法国文学文化在古代的情况。在旧制度[1]下，文学是贵族文化的组成部分。大革命摧毁了这一社会环境后，文学市场在19世纪得到了极大拓展。这一新兴市场所宣扬的价值与旧制度所遗留的文学价值发生了冲突，这引发了新的体制以及意识形态的兴起以保护前者。在这一轮对抗之中（即代表了旧制度的贵族传统与得到市场支持的资产阶级思想之间的对抗），一种特殊的文学文化诞生了。

第四章重点关注19世纪的新一代作家，这些作家不得不与一个陌生而又看似全能的市场左右周旋。无论是利用市场还是回避市场，他们都
13 奠定了我们所熟知的今日法国文学的基础。第五章则从另一个角度描绘了这种文学文化——19世纪的人们称之为“生理学”，这个概念来自几百年里对法国文学和法国作家特征的探讨过程，外国以及法国评论者们所一直宣传的定义。在这些五光十色的特征版图里，我们会逐渐看到文学文化的模式及其所支撑的文学情感。

第六章和第七章则从共时转向历时角度。法国文学文化不是固于某时某地的单一现象，而是随着时间发展，由无数作家回应并重新定义的动态过程。每位作家都代表了他所身处的时代，伏尔泰、雨果、让—

1　本书中“旧制度”、“旧制度时期”均指法国大革命前的历史时期。——译注

保罗·萨特都是法国文学文化的化身，他们的作品也完美诠释了这一文化。最后，结语展望了法国文学文化的未来，也总结了它从古代到20世纪的三百多年里，运用并复兴传统的巨大能量。

人种学家的研究提醒我们，必须仔细考察体制与意识形态、长期的价值和采取的策略、受到鼓励的表达方式以及在此过程中被赞美的作家，这样才能找到相关的符码与象征。[1]因为在作家和文学以外，最关键的是法国文学的本质，以及，如博纳尔所说的，法国社会的本质。 14

1　除了列维—斯特劳斯以外，其他人种学家也值得注意，例如克利福德·格尔茨（Clifford Geertz），他的“深度描述”（thick description）概念指明了文化观察者必须设法传达的结构（“Thick Description: Toward an Interpretive Theory of Culture”, *The Interpretation of Cultures* [New York: Basic Books, 1973], pp. 3—30）。另参见谢丽·图尔克（Sherry Turkle）对当代法国“心理分析学文化”的分析：*Psychoanalytic Politics: Freud's French Revolution*（New York: Basic Books, 1976）。特别是第八章（“Psychoanalysis as Popular Culture”, pp. 191—209）以及关于法国“厨房文化”的结语。

第一章　定位文学文化

但他们所做的只是尊重艺术和文学，如果你是作家你就享有特权……拥有特权感觉不错。

——格特鲁德·斯泰因，《法国巴黎》

法国作家在巴黎公众生活中所享有的至高无上的特权，在世界别的地方是看不到的。

——弗朗索瓦·努里西耶，《重要之事》

一

凡文化都难定义。分析到头来免不了要总结，但文化总偏爱特例。至于文学文化就更让人头疼：它既没有地理上的统一性，也没有自然界限，而它所生产出的杰作——书籍，则说不上和文学文化有多大关系。这对法国来说也是一样。正如保尔·瓦雷里曾说过的，作家并不只是写字、出书的人。[1]但是，仍然有人相信事实就是这样，法国文学中的某些因素使其特别具有法国特色；不过这种信念并不能帮助我们确定这“某些

1　Paul Valéry,“Pensée et art français”(1939), *Oeuvres* (Paris: Gallimard-Pléiade, 1960), 2: 1053.

因素”到底是什么。

比较合理的做法是必须通过比较。因而列维—斯特劳斯关于差异的定义就需要比较。[1]要做比较，我们并不需要成为人种学家，因为我们每天都在做这件事，特别是涉及外国文化方面。多数的比较都很含蓄、模糊；而对文化的系统性分析所需要的比较则应该是明确、清楚的。但 15
应该，或能拿什么来进行比较呢？对一个美国人来说，美国是与法国进行比较的合理，甚至“自然的”另一方，但是这种比较中最显而易见的一类却往往对区分文学文化无所裨益。

法国文学和美国文学的读者们可能会感到惊讶，两国在文学活动中的主要指标其实相当接近，例如图书出版、书籍销量、阅读习惯、作家补贴，以及在各种大众调查中给予作家的特权等。无论一种独特的文学文化在何处，它一定不在此处。[2]恰恰相反的是，这些指标所呈现的相似性更肯定了所谓现代社会中民族文化无处容身的论点。一方面，各类批评家认为，大众文化已经抹去了文化差异，大众传播已经使世界变成了地球村。[3]另一方面，在最近关于法国的讨论中，西奥多·泽尔丁强调，法国人正在失去相似性，社会碎片化和宽容性已经过头，以至于已经无法谈论一种真正的法国文化了。[4]

从书籍出版、销售、阅读以及作家所获得支持等方面来看，法国和美国之间的差异比一百多年前小得多。当时法国出版的书籍远远超过美国；而如今，美国已经赶了上来，上述几方面的相似性证明了现代社会文学市场的主要逻辑，而此种逻辑本身也受制于工业经济。为了定位文学文化，我们必须着眼他处，不仅要关注社会与文学的关系，还应该看到社会是如何达成这种关系的。关于文化生活的问题能突出文学和文化传

---

1 Claude Lévi-Strauss，“La Notion de structure en ethnologie”（1952），*Anthropologie structurale*（Paris：Plon，1958），pp. 325—326.

2 附录一列出了这些指标。更多细节参见我的文章“Literary Culture in France and the United States”，*American Journal of Sociology* 84，no. 5（March 1979）：1057—1077。

3 关于对文化同质性的深入批评，请参见M. Gottdiener，“Hegemony and Mass Culture：A Semiotic Approach”，*American Journal of Sociology* 90，no. 5（March 1985）：979—1001。

4 Theodore Zeldin，*The French*（New York：Pantheon，1984），特别是pp. 44—50。

16 统的精华所在。简言之，我们应该构建其他指标来准确描述文化的特殊性质以及它所遵循的原则。

幸运的是，对于未来的人种学家来说，有种种迹象能帮助他们找到独特的法国文学文化：使法国文学文化有别于他者的并不是作家可得到的金钱数量，而是这些钱的来源及功用。法国并非在书籍的总生产额与销售额上一枝独秀，而是在书籍的市场营销方面显示出独到之处；同时，社会对作家的评价也非笼统的泛泛而谈，作家是通过与上流阶层甚至政府的接触而获得了特权。文化差异一般体现在某些象征性活动中，而不是在生产力的总体评价中；因为文化的构成总是包含了独特事件，许多平常看来不可思议的插曲、奇闻逸事，以及文化赖以描述世界的词句转折。这些都是文化的标志，是局外人识别该文化的符号，也是参与者认同该文化的符码。如果仔细阅读，你会发现即便一点小细节也能成为读懂文化含义的关键。正如考古学家要辨识物体碎片或是铭文断片，文化研究者也必须着眼于细节，通过细节来拼接起大的文化图景。对琐碎事物具有想象力的理解会有力促进对某种特定文化的归属感，而这种能力现在也正危在旦夕。

我们可以在文学、作家、文学事业的象征中找到法国文学文化的蛛丝马迹。基于许多观念在社会上的表达，我们得以解读这些象征。法国纸币上喜欢印文学家的形象。虽然不能大张旗鼓地宣扬，但既恰当又讽刺的是，据说妓女给警察的好处是“帕斯卡”（这是巴黎街头对五百法郎的俗称，因为五百法郎的票面上印的是帕斯卡那忧郁的面容），甚至连街头俚语都会用上作家名字。虽说对此事的理解未必人人相同，但不少美国人的反应就
17 跟埃德蒙·威尔逊一样，认为能在巴黎街头俚语里听到他最喜爱的作家的名字“是件很棒的事”，同时可能还会想到同样的情景在美国会怎样——曾有人想以亨利·詹姆斯来重新命名他的出生地华盛顿广场，但此事最后竟不了了之。这和法国是多么不同啊！在法国，年轻的让—保罗·萨特也曾自信，文学成就可以使巴黎甚至各省都用他的名字来命名街道。[1]

---

1 埃德蒙·威尔逊（Edmund Wilson）的评论请参见他的*Upstate*（New York：Farrar，Straus & Giroux，1971），p. 156；也参见Jean-Paul Sartre，*Les Mots*（Paris：Gallimard-Folio，1964），pp. 143，175。

商业世界里文本成了艺术品。此图为法国《快报》的整版广告。该广告将原本连在一起的词语意思进行分解：尽管司汤达的名著《红与黑》的“红”字被去掉了，但尊尼获加威士忌的红牌标志配合书本封面的黑白，以及报纸的灰，使读者仍能理解其意。商标上方的说明文字意为：“无红不成。”感谢TBWA广告公司供图。

而文学奖也从侧面（有时也从正面）显示了法国文学文化是如何在经济条件的限制下发展的，而后者甚至改变了文学奖的逻辑。尽管法国名目繁多的文学奖对书籍销量通常没有太大提升作用，但其中某些重大奖项仍具有一定影响力。例如创立于1902年的龚古尔奖意在奖励上一年出版的“最佳散文作品”，一般该奖获奖作品的销售额在二十万至四十万册间——这是对市场的直接影响。在获奖和销量的绝对关系上美国没有任何一个文学奖（甚至是普利策奖）能与龚古尔奖媲美。其他五六个能“卖得动”的法国文学奖销售量可能小些，但即便如此，一本“难懂的”梅迪西斯奖获奖作品（该奖项的创立目的就是为了鼓励实验性质的小说）也能卖出两万册，这远远超出了普通书籍的平均销量。而这些文学奖公布结果时的媒体曝光度，以及随之而来的关于作品毁誉参半的喧哗，都使文学奖成为巴黎文学季不可或缺的仪式，同时也成为作家真正的成人礼。

新闻媒体会兴高采烈地报道这些典礼，而且通常会给文学盛会以广泛关注。在法国，即便是当代大众传媒的龙头老大——电视媒体，也比任何其他国家更关注文化、文学类节目。电视节目一般遵循既有模式和受众偏好来制作，不会逆向而为。由于法国的电视媒体基本还处于国家垄断中，这也加强了巴黎文学帝国的地位，放大了法国文学文化的作用。[1]

1 尽管1981年社会党取得大选胜利后，国家对电视的控制开始放松，还成立了两家私营电视台，但法国的三个主要电视台负责人仍由政府任命。他们至少对什么内容合适，什么内容流行是很留意的。文化节目的繁荣反映了他们的看法，即这类主题既非常恰当，又能避免政府内外的争议。左翼批评家指出，法国电视台在处理（或故意忽略）某些敏感话题时手法十分巧妙。1969年，马塞尔·奥菲尔斯（Marcel Ophuls）为电视台拍摄的关于第二次世界大战期间法国抵抗运动的电影《悲伤与怜悯》（*The Sorrow and the Pity*），虽广受好评，但因其对历史直白的展现，直到1981年才得以在法国电视台播映。另一个相似的例子同样是关于抵抗运动的电影，《退休的恐怖分子》（*Terroristes à la retraite*），它在1985年引发了一桩丑闻：原先资助该电影拍摄的电视台重新考虑后对其可接受性提出了不同意见。世人皆知戴高乐喜欢将电视视为控制社会的工具，与之相呼应的便是对电视强有力的行政控制。

二

文化的意义在于其所赖以生存的社会、经济和政治环境的组合。自 19
17世纪初以来，法国社会一直呈现政府中央集权化特点。文学生活高度
集中在巴黎这个事实本身就反映了社会、经济、文化资源的集中，而这也
多少与政府相关。在后面的第二章中，我会详细提到，路易十四对文艺
的保护和资助近乎垄断，他对艺术家个人进行直接补贴，还通过法兰西
铭文学院、法兰西科学院，以及最负盛名的文化机构——法兰西学术院
（建立于1635年，因此历史最为悠久）等来施加影响。由于法兰西学术
院的任务是撰写辞典和制定语法，因此它一直严格管理着法语的使用。
尽管法国有着名目繁多的学院，但却只有一所法兰西学术院，即便不能
夸大它的作用，我们同样也不能小视它的存在。法兰西学术院向我们
展示了在一个中央文化机构里，作家和上流社会是如何联系在一起的：
法兰西学术院院士长期以来都是从上流社会的传统领域（例如贵族、
僧侣、军人等）中选出，如今也加入了一些学者、智者、政治家新贵作为
补充。

到了19世纪，教育系统取代了艺术赞助人的地位，并极力主张文学
的价值，极力宣传法国文学文化的标准及其目标。法国教育部详细规定
了中学课程的细节，其长期影响不容忽视。即使是理科生，哲学和文学
课程也十分重要。法语语文课教的是拉丁语—法语翻译，而拉丁语及其
所代表的文化也把上流社会团结起来，使其明显区别于其他阶层。中学
课程强调的是培养一种“正确的”风格和实际的口头、书面表达能力，而
这也是通过学习文学典范来达成的。例如，学生的作业可能是以索福克
勒斯的口吻给拉辛写一封信，就后者的戏剧《阿达莉》上演遇冷一事向
他表示安慰；或者以塞维妮夫人的口吻向其好朋友拉法耶特夫人讲述拉 24
辛的《爱丝苔尔》一剧的首演。[1]只要这些法国社会中举足轻重的学院机

1　参见Edmond Goblot, *La Barrière et le niveau: Essai sur la bourgeoisie française modern*（1925）（Paris：Presses universitaires de France，1967），该书分析了拉丁语和高中毕业会考的双重功能。关于高中课程设置，参见Gérard Genette，“Enseignement et rhétorique du XXe siècle”，*Annales: Economies*，*société*，*civilisations* 21，no. 2（1960）：293—305，重印于G. Genette，*Figures*

P
PLACE
VICTOR HUGO
AVENUE
VICTOR HUGO
72

维克多·雨果的名字到处可见，从街道、广场，到店面、咖啡馆。在以雨果名字命名的街道上，很多商店都以他小说中男女主人公的名字来命名。街道指示牌清晰地表达了作家与国家的联系："作家、诗人、政治家。"（本书作者摄）

PRIX LITTÉRAIRES, SOYEZ A LA PAGE.

Il ne suffit pas de connaître ses classiques pour aborder la course aux prix littéraires. Il faut aussi renouveler le genre. Avec le caleçon Style City d'Eminence, vous vous définissez en quelques lignes, certes comme classique dans la tradition du style français, mais avec une invention, un brio, une fraîcheur qui sauront séduire un public d'aujourd'hui. Et vous aborderez les prix littéraires dans le plus grand confort, sûr d'avoir l'étoffe d'un grand écrivain. En améliorant votre académie vous vous donnez même des chances d'y être reçu.

“**文学奖获奖者们，跟上潮流**。熟读经典并入围文学奖还远远不够。你得知道如何革新这一体裁。穿上这条短裤，条行之间你的形象呼之欲出——不仅是传统法国风格的经典，亦是创新、元气、活力，足以诱惑今日大众。穿上它，面对文学奖你将从容淡定，必是大作家之材料。提升你的下半身水平，你将更有机会被上层学界接受。”

各大文学奖颁奖前,《快报》上的这则内衣广告突出了两者的联系。原文中"académie"一词既是服装术语,特指下半身服饰;又指文学奖颁奖单位(龚古尔学会、法兰西学术院、图卢兹百花诗赛学院等)。感谢Eminence S. A.公司供图。

构继续教授文学价值和规范，它们就会为社会持续培养文学受众——这不仅仅是指读者，而是触及了更大范围的人群，这些人都曾直接或间接受到某些学院、机构的影响。

上流社会人士之间的关系具有长久的影响力，这或许能解释法国作家所拥有的特权。早在18世纪时，英国曾有人抱怨："除非其能力有可能转化为政治用途，不然有知识的人们根本无法与大人物进行轻松惬意的交谈。"与之相对应的则是，"在法国，文学家都能受到不同寻常的尊重，真是令人敬佩"。[1]而到了19世纪，这种突出的地位已经变成了一种信仰。19世纪30年代，小说家爱德华·布尔沃—利顿断言，作家生活在法国，跟生活在别处的地位是绝不相同的：在美国，人们没有法国人那样"对艺术的迷信"；在德国，名字前面没个贵族气的"冯"字就吃不开；在英国，男人都忙着搞政治，而女人则忙着搞时尚。利顿一方面仍把文学与学识联系在一起，另一方面却指出，英国虽然教育普及程度超过法国，但是英国既没有法国对待文学的那种"炽烈热情"，也没有后者对待作家的那种"普遍尊重"。这位小说家、贵族哀叹道，英国人认为作家就该是穷人，成不了绅士；而在海峡对岸，作家与国家比肩，并被赋予极高责任。[2]

20世纪的情形似乎没有多大变化。例如，福特·马多克斯·福特认为，法国作家好比"国家价值"。德国文学史学家E. R. 库尔提乌斯则进一步提出，法国是世界上唯一把文学看作"宗教"的国家。[3]不过对此赞不绝口的还属美国人。来自美国南部的批评家艾伦·泰特分别从两方

（Paris：Le Seuil，1969）。此处索福克勒斯—拉辛和塞维妮夫人—拉法耶特夫人通信的例子，以及其他对于主考官预期目标的长篇累牍的讨论，都可在普鲁斯特的《追忆似水年华》中找到（Marcel Proust，*A la recherche du temps perdu*［Paris：Gallimard-Pléiade，1954］，1：911—915；2：353）。这虽不是严格的、哲学化的"高中毕业会考"，而是某一项"学业证书"的考试，但高中学生要学习的科目是类似的。普鲁斯特对此提出了严厉的批评："确实，没有比让学生用索福克勒斯的口吻给拉辛写信的老师更愚蠢的人了。"（2：353）

1 John Andrews，*A Comparative View of the French and English Nations in Their Manners，Politics，and Literature*（Dublin：White，Byrne，and Marchbank，1785），pp. 28，30.

2 Henry Lytton Bulwer，*France*（London：Richard Bentley，1834），2：196，185，187，213.

3 Ford Madox Ford，*A Mirror to France*（London：Duckworth，1926），p. 30；Ernest Robert Curtius，*Essai sur la France*（Paris：Grasset，1932），p. 204.

面对这一现象进行了评论:“没有别的国家如法国那样尊敬作家,西方文化中也没有别的民族比法兰西更理解文学对于国家的价值。”[1] 20世纪初 25
有不少美国作家前往巴黎,其中格特鲁德·斯泰因既长期寓居欧陆,又具有鲜明美国风格。她在法国所受礼遇也让她印象深刻:

> 他们所做的只是尊重艺术和文学,如果你是作家你就有特权……有特权的感觉非常好。我记得有一次从乡下开车到我常用的那个车库,想停车的时候发现恰逢某个汽车沙龙,因此车库里满满当当没有一个空位了。我说该怎么办好呢?车库管理员说让我来看看。他回来时低声对我说,车库某个角落停的是院士先生的车,我帮你把车停到他旁边,其他人就等在外边吧。看,即便只是个停车场,院士和女作家都比百万富翁和政治家有优先权。听上去很不可思议,但这是真的,连警察也对艺术家和作家特别客气尊重。[2]

这位车库管理员不太可能读过院士先生的大作,更不可能读过斯泰因的小说,但他非常清楚这两位在文学世界中的地位,因此他的举动并非出于对他们个人的敬意,而是出于对他们地位的尊重——对作家来说,文学与上流社会之间的这种关系一定是既让人吃惊又令人满意的。

而具有严肃政治责任的作家,以及在文学领域同样出众的政治家,也给法国政治界打上了文学烙印。法国作家长期与政府往来,惯于陪伴政治人物左右,自然也想在政治领域一展身手。在法国,有大量作家曾直接介入政治。夏多布里昂曾在波旁王朝复辟时期担任外交大臣、驻英国大使、驻梵蒂冈大使等。邦雅曼·贡斯当在复辟期间曾任国民议会代表。阿尔封斯·德·拉马丁和阿尔弗雷·德·维尼则在七月王朝期间任此职务,前者还在1848年革命中扮演了至关重要的角色。维克多·雨

1 Allen Tate,“The Profession of Letters in the South”(1935),*Collected Essays*(Denver: Alan Swallow, 1959), p. 265. 泰特说,仅凭声称自己是作家,他在一个陌生的法国小镇就能立即使用他的信用证。

2 Gertrude Stein, *Paris France*(1940)(New York: Liveright, 1970), p. 21.

26 果在19世纪40年代列席贵族院，还在第二共和国以及第三共和国初期两次被选为代表，并自此担任了贵族院议员一职。莫里斯·巴雷斯、让·吉罗杜和圣琼·佩斯都是有等级的外交官；安德烈·马尔罗在第五共和国期间担任文化部长。凡此种种，不一而足。

在法国文学文化史上，与文学家的政治抱负相对应的是政治家们的文学抱负。文学将实际生活转化为艺术语言，同时也微妙地给予政治以合法地位。写作能积累重要的“象征性资本”，旧制度时期文学就已如此为贵族服务了。拿破仑文学作品的重新出版让人们看到伟人年轻时不仅梦想赫赫武功，同时也渴望一支生花妙笔。拿破仑三世则期望自己的恺撒传记能让他进入法兰西学术院的殿堂——当然最后以失败告终。瓦雷里·吉斯卡尔·德斯坦曾承认，如果自己能比肩福楼拜和莫泊桑，便一定会选择文学而非政治；而弗朗索瓦·密特朗也写过十二本书——确实，第五共和国在政治回忆录、计划、散文以及各式各样沉思录的出版总数上，已经打破历史纪录了。[1]

作家与政治家相互联系、相互崇拜的情感是法国所独有的。正如一位资深政治记者在评论德斯坦于任上出版的一本书时所说，我们几乎难以想象作为小说家的福特，或是作为历史学家的施密特，或是作为哲学家的勃列日涅夫。[2]如果同美国政坛相比较，这一差异会更加触目惊心——不少政治家的回忆录将证实这一假设。法国政坛写回忆录的历史可谓悠久，这一传统可以追溯到17世纪的红衣主教莱兹，并在20世纪被戴高乐发扬光大，因为这位总统希望大家知晓他的风格，而他也的确

1 Bertrand Poirot-Delpech,“Ah! être écrivain ...”, *Le Monde*, 27 July 1979, p. 9.

2 “我们国家的文学抱负往往和政治抱负联系在一起……甚至在今天，许多领导人为了从事更重要的工作，不得不牺牲了（至少他们如此认为）自己的文学事业……这真是个奇特的现象，我们几乎难以想象作为小说家的福特，或是作为历史学家的施密特，或是作为哲学家的勃列日涅夫。”（Pierre Viansson-Ponté, *Le Monde*, 12 October 1976, p. 1.）另请参见Curtius, *Essai sur la France*, p. 159。让—保罗·艾伦注意到，在蓬皮杜，甚至吉斯卡尔·德斯坦的新闻发布会上，文学典故几乎俯拾即是。作家罗杰·尼米埃在描述1958年戴高乐重返权力中心时曾为文学欢呼：“从古至今，法国将第一次由一位作家掌权。”（引自Philippe de Saint-Robert,“Charles de Gaulle: Figure littéraire”, *Les Nouvelles littéraires* no. 2622［9—16 February 1978］, p. 7。）

以此出名。戴高乐的几本回忆录都被归于文学类书籍，与尼克松、基辛格、卡特等人的回忆录绝非一类。美国政客的自传往往请人代笔，而法 27
国人则往往自己动手。虽然美国前副总统斯皮罗·阿格纽在淡出政坛后写过一部小说，但没人认为他是真心有志于此。大家无法想象一位美国政治家，不管在任还是卸任，会如同戴高乐一般受到如下表扬：新闻发布会“自然华丽的风格”；或受到如下批评：逗号的使用“犹豫不决”。[1] 无人关注卡特或里根的逗号使用，也无人对尼克松的文字风格感兴趣。在美国，风格甚至不是政治生活中的次要考量，而语法至多也只是一个可有可无的问题。（想想在国会举行的水门事件听证会上的奇特问话：“Who was ‘we’？”“‘We’ was us.”）

在文学文化中，政治介入自然催生了许多我所谓的公共作家，他们混合了社会和文学抱负，并决心将之呈现在公众面前。这一派作家中的重量级人物有伏尔泰、雨果、萨特等，我将在本书最后几章讨论他们的作品。公共作家也会向往实际政治生活，伏尔泰曾梦想为普鲁士国王腓特烈大帝执行外交使命，雨果则确实踏入了政坛，虽然并没有取得多大成功。但是公共作家绝不会放弃对文学的忠诚，因为这是实现抱负的平台。这些著名公共作家所具有的权威是道义上的，而非实际的；他们的“权力”也是象征性的，因为他们所能做的只是让大家关注某一话题并激发大家的意见。1960年，一项支持法国士兵拒绝参加阿尔及利亚战争的倡议放到了萨特面前，而萨特的签名代表了公共作家的道德权威向代表了合法权威的政府和国家发起挑战。[2]

1　Philippe de Saint-Robert，“Charles de Gaulle：Figure littéraire”，p. 7. 这里赞扬了戴高乐的新闻发布会：“其风格变得极其自然华丽”，虽然“就写作本身而言，在逗号位置问题上存在明显矛盾”。而没有人会对美国政治计划做出像对1936年人民阵线这样的评论：其“宣传、意识形态和选举平台……就如同一份著名文学杂志的评论总结一般”（François Nourissier，*Les Chiens à fouetter—sur quelques maux de la société littéraire et sur les jeunes gens qui s'apprêtent à en souffrir*［Paris：Julliard，1956］，p. 71）。本章题记也出自该页。

2　这项倡议后来被称为“121人宣言”（即最初签名的121人），该宣言后来激起了一系列反宣言，后者获得了比121人更多的签名和支持，同时“121人宣言”签署人中的公务人员（包括中学和大学教师，治安官等）遭到了政府报复。“121人宣言”的完整内容首先刊登在英国的《曼彻斯特卫报》上，因为当时的法国媒体拒绝刊印，直到最后检方认定其为“新闻”而非叛国举动。“121人宣言”的严肃性和签署人的勇气由此可见一斑。萨特通常会毫不犹豫地

公共作家之所以能取得如此声望，或许是由于他们既是当局者又是
28 局外人的双重身份。从古时起，作家本身虽不是贵族的一员，却能往来于贵族阶层之中，作家借此获得了这一双重、模糊的地位。同时，他们在法国的特权也不仅仅来自几百年来与政治人物的交往，还来自一种更古老的传统：诗人与预言家之间具有千丝万缕的联系，而后者作为局外人往往能够对权力做出评论。那么影响力是权力吗？我们必须谨慎地区分来自道德权威的象征性权力与严格意义上的政治权力。在面对萨特提出设立战争罪特别法庭的请求时，戴高乐总统即便拒绝了他，但仍然谦恭地称呼他为“尊敬的大师”。

三

在法国，这样的联系到底有多特殊？必须再次强调：特定场合会导致表现的不同。德国和英国都没有法国社会最明显的一个特点，即政府中央集权化及其所带来的文化资源集中化。德国文化世界从来没有一个公认的文化首都，虽然大城市如柏林、德累斯顿、维也纳等普遍胜过小城市，但若一个小城是魏玛，还拥有歌德这样的著名市民，那边缘小城很容易成为文化中心，即便只是暂时的。

13世纪时巴黎大学已经稳固了巴黎的地位，不论是法国人还是外国人都蜂拥来到这座城市。即便多年来努力去除大学体系中的巴黎主导地位，如今全法七十二所大学中仍有十三所位于首都。反观其他国家，德国的大学一直都遍布全国各地；而英国也有两所大学，牛津和剑桥，与巴黎大学一样起源于中世纪，不过不像巴黎大学，这两所大学的教职员工都居住在校区内。同时，这两所学校不在伦敦，虽然距离伦敦并不远，却也足以自成一体了。而建于1836年的伦敦大学，一方面总是被牛津、

运用赋予他的权威。参见Hervé Hamon and Patrick Rotman, *Les Intellocrates: Expédition en haute intelligentsia*（Paris: Ramsay, 1981），该书262页中引述了对1958—1969年的一项研究，该研究表明萨特签署的宣言（共91项）比任何一个法国知识分子都要多。洛朗·施瓦茨和西蒙娜·德·波伏娃分别以签署77项和72项名列第二、第三位。

剑桥的光芒所掩盖，另一方面也从未扮演过巴黎大学那样的角色。

宫廷生活方面法国也与众不同。英国贵族社会与法国的最接近，但 29
它也没有法国贵族社会那样突出的集中化现象，因此伦敦也没能像巴黎那样统治本国的文化生活。和法国一样，英国宫廷也吸引了三教九流各种人物来到首都，但是英国王室对于都市化的态度有别于法国王室。17世纪早期，当路易十三和他的首相黎塞留正努力集中政治、社会、文化生活资源时，英国的斯图亚特王朝却对充斥了各色人等的宫廷怨声载道，认为这些人本该在自己的领地上好好待着。1615年詹姆斯一世命令在伦敦的所有无特殊事务的绅士、贵族离京回家："就如每条鱼有自己的位置，有的住淡水，有的住海水，有的住泥水；每个人也应该有自己的位置，有的在宫里，有的在城里，有的在乡下。"[1]而法国宫廷则恰恰相反，对乡下人有着深刻的偏见。英国女王伊丽莎白一世曾多次在巡视期间带整个宫廷下乡；而法王路易十四则通过完全相反的策略同样掌控了社会和政治：他强迫所有贵族都去凡尔赛。由此我们可以看到，在对待首都的概念上，法国和其他国家之间有着巨大的差异。[2]

英国的文化控制更加分散。英国从没有让任何主要学术机构来规范英语语言文字，也从没有任何机构能和法兰西学术院相提并论。1662年成立的皇家学院曾在1664年建立了一个委员会来提高英语语言，但该委员会形同虚设。尽管18世纪时多次有人提议建立一个英国学院，但英国连一本规定英语语法的字典都没有。实际上，文化控制这个概念本身就有悖于英国传统。塞缪尔·约翰逊在自己编纂的《英语大辞典》

1 引自Leah S. Marcus，"Present Occasions and the Shaping of Ben Jonson's Masques"，*ELH*（English Literary History）45（1978）：205。在1614到1627年间，国王共发布了九份公告，禁止到伦敦来过法定假日。1632年的这份公告发布后，国王进行了人口统计，并对违反规定的十四名贵族和二百五十名绅士提出了控告（Lawrence Stone，*The Crisis of the Aristocracy，1558—1641*［Oxford：Clarendon Press，1965］，pp. 397—398）。

2 格尔茨曾说，伊丽莎白女王在巡视过程中，通过王室人员自身的魅力向边缘地区传播了主流价值观和规范（"Center，Kings，and Charisma：Reflections on the Symbolics of Power"，in *Culture and Its Creators: Essays in Honor of Edward Shils*，ed. J. Ben-David and T. N. Clark［Chicago：University of Chicago Press，1977］，pp. 150—171，reprinted in *Local Knowledge*［New York：Basic Books，1983］，pp. 121—196）。关于伊丽莎白女王巡视的费用和造成的压力，参见Stone，*The Crisis of the Aristocracy*，pp. 451—454。

（1755）前言中就流露出英国人的典型想法：“如果建立了学院……我想英国的自由精神就会受到阻碍甚至毁灭。”[1]

30 英国的自由精神即放任自由主义（laissez-faire），至少在英国王室看来是如此。在英国，对文学的赞助保护从来没有成为如在法国那样的工具手段。英国女王伊丽莎白一世出了名的吝啬，对赞扬她美貌、美德和睿智的颂诗，她几乎是分文不给。作家和贵族（如锡德尼家族）的关系可能稍好——虽然好不到哪儿去，不过这些赞助人也往往会把作家带到远离宫廷和首都的乡下。[2]伊丽莎白一世以后的斯图亚特王朝更奢靡，但是内战或护国政体都没能给艺术家提供更多保护。查理二世在1660年复辟，他前后所负债务之巨也使他在赞助保护艺术方面心有余而力不足。而到了18世纪早期，各种赞助人制度都经历了快速、过度的政治化，从而成了党派政客的争斗武器。一直到1945年，英国才重新建立了政府对文学艺术的津贴制。[3]

18世纪英国市场的扩张极不利于赞助人制度，并导致了其迅速衰落，因为商业化使得作家更依赖于出版商而不是赞助人。到了18世纪中叶时，赞助人制度已成明日黄花。塞缪尔·富特1757年曾写过一部叫《赞助人》（Samuel Foote, *The Patron*）的戏剧，该剧描述了迪克·戴克提尔的烦恼。这一烦恼源自马上要成为他赞助人的托马斯·洛夫提爵士和他的出版商帕富之间的矛盾。帕富掌控了整个场面，戴克提尔离了爵

---

1 参见Albert C. Baugh and Thomas Cable, *A History of the English Language*, 3d ed.（Englewood Cliffs, N. J.: Prentice-Hall, 1978），第九章。

2 关于英国的艺术保护人制度，参见Guy Fitch Lytle and Stephen Orgel, eds., *Patronage in the Renaissance*（Princeton, N. J.: Princeton University Press, 1981）；以及Edwin Haviland Miller, *The Professional Writer in Elizabethan England*（Cambridge: Harvard University Press. 1959）, pp. 101—128。

3 参见Margaret Barnard Pickel, *Charles I as Patron of Poetry and Drama*（London: Frederick Muller, 1936）；Michael Foss, *The Age of Patronage*（Ithaca, N. Y.: Cornell University Press, 1971）。这两本书主要探讨了音乐和绘画两方面的艺术保护。其他也参见A. S. Collins, *Authorship in the Days of Johnson*（London: Robert Holden, 1927），特别是第一、第三章；John Harris, *Government Patronage of the Arts in Great Britain*（Chicago: University of Chicago Press, 1970）；Janet Minihan, *The Nationalization of Culture: The Development of State Subsidies to the Arts in Great Britain*（New York: New York University Press, 1977）。

士尚可活，而离了出版商则是万万不能。于是这位新近获得独立的作家激动地拒绝了赞助人关系中必有的不平等地位。而塞缪尔·约翰逊在回应切斯特菲尔德伯爵迟到的帮助时也曾尖锐地说：“伯爵大人，有人眼见落水者在水中拼命挣扎而无动于衷，等他安全上岸后才施以援手，这难道叫作赞助人？承蒙大人您如今关照小人我的劳作，原本是好事一桩，可惜来得太迟。迟到我已心灰意冷，无福消受；迟到我已伶仃一人，无从分享；迟到我已功成名就，无须保护了。”[1]

约翰逊的这种态度可能会使他同时代骄傲的法国同行感到震惊。 31
虽然卢梭曾拒绝了一份王室年金，但几年后他还是欣然接受了使他能自立自主的帮助。当然，法国作家一定也是不满的，仰仗他人的生活总是令人烦恼，不过他们也只能三缄其口，至少在公开场合，因为他们必须注意并尊重本国的等级制度。我们必须认识到，英国等级制度的法律地位无法与法国相比：在旧制度时期，法国全国就分为僧侣、贵族和平民三大等级。虽然在理论和实际生活中，这些等级不是不能被打破，但它们毕竟是存在的。如果三等级制是法律虚拟，那么这种虚拟至少到1789年仍能获得普遍赞同。[2]

众所周知，美国文学文化是其他传统的产物。美国的联邦制度给予各州和各地政府以自治权，并旗帜鲜明地支持地方身份。地方主义与美国社会频繁出现的平民主义相互支撑，而地方政府与地方自豪感也导致了对国家精英、国家权威的怀疑。自建国之日起，美国就拒绝接受贵族制的社会模式和文学。除了个别孤立的政府支持案例，美国基本不存在对文学或艺术的固定赞助制度。[3]杰克逊主义有效地粉碎了约翰·昆西·亚当斯关于

1　参见Samuel Johnston，letter to Lord Chesterfield，February 1755，引自J. W. Saunders，*The Profession of English Letters*（London：Routledge & Kegan Paul，1964），pp. 142—143。

2　参见Stone，*The Crisis of the Aristocracy*，该书作者指出，和欧陆贵族制不同，英国贵族并没有与社会其他人群脱离关系，有头衔的贵族和高级绅士同属一个阶级。伦纳德·克里格也将英国社会的融合与法国社会的分离（以及俄罗斯社会更极端的分裂）做了对比（参见Leonard krieger，*Kings and Philosophers，1689—1789*［New York：Norton，1970］）。

3　就美国早期对视觉艺术的赞助制度，参见Neil Harris，*The Artist in American Society：The Formative Years，1790—1860*（1966；并重印于Chicago：University of Chicago Press，1982）。

建立国家艺术与科学学院的梦想，而当参议员查理·萨姆纳四十年后提出类似主张时，这种关于学院的想法在当时仍显得非常反常。

所以，在美国文学、艺术文化方面名垂青史的不是贵族及他们的后人，而是“新的”、“现代的”、自立的男性和女性。他们的财富来自商业，并以基金会、博物馆、图书馆、大学等形式播撒到全国各地，这种捐献行
32 为反映了地方自豪感，也更强调了美国文化生活的分散性。在这些文化机构中，大学、学院和作家的联系最近。如今它们成了各类文学奖的最大来源，更重要的是，自从朗费罗到博多因学院和哈佛任教后，大学也成了作家的避风港。和朗费罗一样，这些作家受聘来到大学教授文学课程（朗费罗开始时是教授法语），但自从罗伯特·弗罗斯特成为阿默斯特学院的驻校诗人后，美国校园里出现了越来越多的驻校作家/诗人。特别是过去一二十年，很多高校增加了创作课程和项目，甚至颁发相关学位，这意味着作家不仅能进行写作实践，还能教书育人。但在法国，情况就不同了。法国教育中没有类似“创作”的课程。其实，要把“创作”这个词翻译成法语都不是那么简单，因为法语中的“写作”和“风格”概念缺乏对应语汇。

在美国，至少从19世纪中期起，政治界和文学界就分道扬镳了。只有在极少的情况下，文学家才会关心政治生活。爱默生曾劝诫作家们要心系崇高，远离政治。亨利·亚当斯对政治完全嗤之以鼻的态度在其小说《民主》（1880）中表露无遗，虽然太过极端而显得有点贵族派头，但基本没有美国作家对此有异议，同时也基本没有作家去投身政治。在美国，律师才是政治主力军，而自从19世纪中期起，律师也和文学生活脱离关系了。[1]

当然，美国政治人物也曾提笔写作。在历任总统中，托马斯·杰斐逊因其《弗吉尼亚纪事》（1787）而被视为重要作家和真正的美国哲学家。约翰·昆西·亚当斯写诗，他关于演讲术本质的著作也颇有名气。尤利西斯·格兰特的回忆录由马克·吐温出版。格罗弗·克利夫兰曾

1 就美国早期文学中法律和律师的作用，参见Robert A. Ferguson，*Law and Letters in American Culture*（Cambridge：Harvard University Press，1984），第一至第三章。

出版《垂钓与田猎概略》（1906）。西奥多·罗斯福被视为严肃史学家和
传记作家，其激动人心的叙事在西方颇受称道。伍德罗·威尔逊关于政 33
治理论的几部著作都很出名，而约翰·肯尼迪的《勇者侧影》（1956）一
书还获得过普利策奖。无数学童都曾背诵过亚伯拉罕·林肯的“葛底
斯堡演讲”，这篇演讲既体现了人道主义的爱国精神，又是写作风格的
模范作品。尽管如此，美国人的重点可不在此。这些政治人物在文学领
域的地位绝比不上拉马丁、维尼和上文所提到的其他法国作家。所以，
约翰·昆西·亚当斯的诗歌以匿名发表，在他死后才得以用原名收入诗
集。根据其出版商所言，亚当斯的诗歌只是“闲暇之作”，并且写诗也并
非出于爱好，而是出于责任：

> 看那文采飞扬的贤者，
> 将他的辛劳智慧，
> 贡献于国家繁荣，
> 和人类昌盛。[1]

地理因素更加确立了文学与政治的分野。将人力和资源集中在巴黎的做法在地域广袤的美国是行不通的，特别是在交通不便的年代。同样重要的是，美国缺乏作家和政治家可以引用的本土文学历史。反观法国，作家们在上流社会可以求得社会上、知识上的提携，也能得到经济上的赞助，因为在法国上流社会，政治与文学本来就水乳交融；不仅如此，法国作家另一项他人无法比拟的巨大优势是，他们的工作属于一个声望卓著的文学传统，所使用的也是曾经雄霸欧洲的语言，法语。美国人没有自己的文学，不少早期美国人还带着怀疑的目光审视欧洲习俗。在大

1　John Quincy Adams, *Poems of Religion and Society*（1848）（New York：William H. Graham，1850），Publisher's Notice and “Justice”，p. 98. 罗伯特·A. 弗格森曾将《弗吉尼亚纪事》一书作为文学文本进行了分析研究，参见Robert A. Ferguson，“ ‘Mysterious obligation’：Jefferson's *Notes on the State of Virginia*”，*American Literature* 52，no. 3（November 1980）：381—406。埃德蒙·威尔逊曾探讨过林肯成熟的修辞风格，还论证了格兰特的回忆录是重要的文学杰作，参见Edmund Wilson，*Patriotic Gore*（New York：Oxford University Press，1962）。

革命和后大革命时期，法国可以靠语言和文学来重建一个新的国家；法语是建立法兰西民族的重要手段。而美国人则不得不在没有文学传统的基础上建国，他们不仅要建立国家，还要建立文学，事实上，国家还排
34 在文学之前。文学是供“闲暇时刻”的，是一种放纵，即便具备极强的责任感和道德目的，仍得不到什么大成果。虽然杰斐逊热爱文学，他还是把精力投向别处。美国独立战争后五十年，丹尼尔·韦伯斯特在分析当时的情况时谈到：“那是行动的时代，而不是沉思的时代。我们需要保卫、拯救国家，之后才可能去享受它。哲学愉悦和文学追求……都不得不被推迟，让位于更加紧迫的公共服务事业。”[1]

早先，约翰·亚当斯为严肃的美国人设定了处理事务的优先顺序。亚当斯在1780年从巴黎给妻子写信，他在信里承认很想再次漫步凡尔赛，细细品味它的美丽，但可惜他没有时间：“我们国家真正需要的不是艺术……我必须钻研政治和战争，这样未来我的儿子们才可能去研究数学和哲学。而我的儿子们必须学习数学、哲学、地理、自然历史、造船、航海、商业和农业，这样他们的后人才会有权学习绘画、诗歌、音乐、建筑、雕塑、织毯和瓷器艺术。”[2]难怪约翰·昆西要匿名出版自己的诗集。诗歌的到来实在是早了一百年！时间终会给美国造就它自己的文学传统，但是早年的偏见仍然阴魂不散，并且围绕偏见产生的文学机制和文学文化更加固化了这种印象。

在法国，文学伦理则是另一番景象。作家拥有特权，这种特权往往来自作家与政治生活的联系，来自文学的道德权威；还因为作家是公共人物，而法国文学触及了过去的政治生活。法国文学诉说着一个国家的理想和壮志。毫无疑问，每样文学作品都会缅怀过去，而每位作家都会仰望前人。在法国，各种文学机构使文学充满了历史感，也在今天重塑了过去。

---

1 Daniel Webster，“Adams and Jefferson”（1826年纪念仪式上的讲话），*The Writings and Speeches of Daniel Webster*，8 vols.（Boston：Little，Brown & Co.，1903），1：300。

2 John Adams to Abigail Adams，May 1780，*Adams Family Correspondence*，ed. L. H. Butterfield et al.（Cambridge：Harvard University Press，1963），3：342.

法国处理当代社会及其施加在文学上的经济社会局限性的模式特 35
征，就是这种历史的传承性。这就是重要的区别，是告诉我们文学必要
性和社会环境重要性的区别。法国文学文化存在于过去和现在动态交
汇的时刻。要理解这种传承性，我们必须把目光投向古代，投向赞助人
制度，投向国王、宫廷和沙龙的构成，以及它们所代表的文化。 36

第二章　赞助人制度的逻辑

> 一个民族的社会政治状况和其作家天赋之间的关系总是错综复杂；了解一方，就必然不能忽视另一方。
>
> ——阿列克西·德·托克维尔，《论美国的民主》

法国文学文化是一种现代现象。在旧制度下，赞助人制度的逻辑强迫文学活动服从于贵族的文学文化观，因此阻碍了强大的文学自我感或文学社区感的萌芽。直到19世纪，赞助人制度消失，加上市场的扩张，才终于摧毁了旧制度下的文学世界，知识和制度方面才有了对相应文学文化的协助。这种转变并不仅限于法国，也并不局限于文学界。虽然时间顺序和文学事件的上演在各个国家都有所不同，但在欧洲整个局面是类似的：赞助人制度逐渐没落，而市场则逐渐壮大。在每个国家，文学的新读者们都在改变文学的本质。

为了确定到底什么是法国所独有的，我们必须遵循托克维尔的建议，来看看19世纪初的法国社会政治状况。赞助人制度一直到18世纪末期仍对各种文学活动提供帮助。而文学活动从依赖赞助人制度到转向市场，读者群体的扩张及重新定义，小说成为现代社会中的代表性文
37 类——法国社会直到19世纪初才感受到上述这些发展所带来的冲击。

法国文学文化在这些巨变发生时仍带着过去的印记。

之后，当然就是法国大革命。英国从17世纪末到18世纪以一种和平的方式逐步从赞助人制度过渡到市场；而在法国，传统文学则在暴力氛围中突然解体。在政治风波中诞生的新文学和新文学世界，因此都带有强烈的政治色彩。

这些巨变都集中在一个时间段和一座城市里，本来就颇富戏剧性的转变由此愈发戏剧化。法国作家和更加陌生的市场之间的矛盾加剧了原本就紧张的局势。而对旧制度的记忆也强化了这种陌生感。反过来，旧制度和这种陌生感也脱不了干系，因为赞助人制度和传统文学体制在其经济社会基础崩塌后还继续存在着。法国文学文化就是在新与旧的对抗中诞生的。

一

> 他对我太好我无法说他坏话，
> 他对我太坏我无法说他好话。
>
> ——皮埃尔·高乃依，《红衣主教黎塞留》

现代文学市场的两大特点分别是相对理性化的经济关系以及相对的自治度。市场体制既象征着广大公众，同时又支撑着他们，为了使文学能在社会上流传并生存，市场必须具有吸引力。而旧制度下，书籍属于另一个世界。的确，15世纪时印刷机造就了重要的书籍市场，文学作品得以流通买卖，甚至有作家从中发了点财。然而，旧制度下的文学生活中心可不是市场、销售，而是赞助人制度及其对作家的支持。和市场 38
里冰冷的商业关系不同，赞助人制度建立在人际关系之上。这一制度不仅提供经济帮助，还维持了一种生活方式。反过来，它也得到了相应的、与市场对立的价值观与信仰的支持。一场碰撞在所难免。

如果说市场的不稳定性源于销售额的不可预见性，那么赞助人制度的不稳定性则来自人的不可预见性。虽说赞助人的偏见并不比当今出版商更多，但他们的兴趣毕竟大相径庭。这些贵族赞助人渴望得到的回报是荣耀，而不是利润。艺术是通往永生的钥匙，至少寻找赞助人的艺术家是如此声称的。美德、美貌和勇武永远都会被歌颂：“只要世间尚有人吟诵我的诗篇，这诗就将不朽，永葆你的芳颜。”虽然莎士比亚的这首十四行诗（第18首）可能是献给爱人的，但其效果也适用于赞助人，因此经常被没完没了地引用。由于诗歌是无形的，因此它比其他易消亡的艺术更具优势。19世纪时，泰奥菲尔·戈蒂耶就认为诗歌的高贵性即在于此（尽管他没有直接提到赞助人制度）：“神祇死去，但至高无上的诗篇永存，比那黄铜更坚固。”[1]

比起其他人，有些赞助人更在意永生。文学传统的庆贺功能使国王和王子们似乎获得了死后也能继续统治的权力。不过那是来世的事，而赞助人制度管的是现在。作为文化、社会和政治控制的工具，赞助人制度在此时此地就能行使这些功能。传说古罗马时期奥古斯都皇帝想名正言顺地进行统治，他的谋臣梅塞纳斯（Meacenas，这个名字里有mécène和mécénat这两个词根，在标准法语里这是赞助人和赞助人制度的意思）便在文艺方面花费不菲。维吉尔的《埃涅阿斯纪》还没开始谈历史，就先为帝国和皇帝进行辩护。其他皇家赞助人的意图也和梅塞纳
39 斯如出一辙。一首称颂军事功绩的诗歌，加上身着戎装的君主雕塑或肖像，便能加强传统贵族与雄壮体格和政治力量之间的联系，从而象征性地使其权力合法化。壮观的凡尔赛宫虽然充满了奢华物品，但却传递了重要的价值观。赞助人制度和让宫廷具有意义的各种展示让每个人都忙得团团转。凡尔赛宫里一轮又一轮不间断的活动使人无暇他顾同时也负债累累，于是具有破坏潜能的不满现状者再没有时间、金钱和环境来坚持自己的独立或挑战君主的权威。路易十四成为最卓越的艺术赞助人并不是因为他的统治有多了不起，而是因为他使赞助人制度成了国家政策中不可缺少的一部分。

在执行这一政策的过程中，作家与建筑师、园丁、画家、装饰师、作曲

1 Théophile Gautier,“L’Art”, *Emaux et camées*（1852）.

家、芭蕾舞演员和歌剧演员等一起，美化、庆祝贵族那金光灿灿的奴役。不过作家的立场稍有不同，因为他们的作品无论从本质还是从语境来说都与其他艺术家相异。由于文学作品可能会而且经常要和多人分享，所以在争取赞助的过程中，作家处于不利境地。出版社改变了作品的性质，使它们成了第一种大众媒体。一个人可以独立拥有一幅画或是一尊雕像，而他却不太可能独立拥有出版了的文字。特殊的精装本和书本上的题词可能会稍微改善这一不利境地。（一个大胆的17世纪作家在自己的著作几次出版时居然都插入了不同的题词页。）

一方面，文学作品由于大量传播而显得太过公共；而另一方面，它却又显得太过私人。对赞助人来说，如果不能像拥有一幅画一样拥有一部文学作品，那么他就无法像影响一场芭蕾或一出戏剧或凡尔赛宫外观那样去指导文学消费。由于文学的公共消费性质，戏剧作品的宫廷首演都把该剧等同于赞助人，从而确立了赞助人对作者和演员的掌控，因此也间接确立了他对观众的影响。所以，戏剧成为旧制度下法国最具特色 40
的文体。由于文学作品既构成公益事业，同时也是私人消费品，所以作家就不能像那些“产品”受到赞助人绝对控制的艺术家一样与赞助人制度互惠互利。贵族不事生产，却拿着高额的王室津贴，他们因此负有巨大责任，必须要为国王生产出一些像样的东西来。作家和贵族要解决这个问题，一个方法就是尊重赞助人。像拉辛和布瓦洛这样的作家本身就是颇具地位的朝臣。其他人，如伏尔泰，曾因言辞不当而遭流放；或卢梭，曾认为自己不适合沙龙社会的要求，也曾因不够圆滑而没能获得良好赞助。[1]

赞助人竭力要保持赞助人制度中的不对称关系，即，要让所有权力居于己方。为使人相信这个制度建立在自发性和公正性基础上，赞助金会不定期发放。路易十四的文学和学术受赞助人名单每年都在变化；失宠的人会被粗鲁地除名，如1675年衰老的高乃依；而冉冉升起的新星则

1 卢梭一想到要被引荐给国王，便拒绝了给他的歌剧《乡村占卜师》（*Le Devin du Village*，1752）发放的津贴（Jean-Jacques Rousseau，*Les Confessions*，bk. 8，*Oeuvres complètes*［Paris：Gallimard-Pléiade，1959］，1：379—381）。

会受到更多资助。拉辛的赞助金从1663年的每年600里弗涨到1680年的2000里弗。而总赞助金额也会出现波动，如1663年是77500里弗，1669年涨至110000里弗，而1676年则因密集的军事行动而跌到49000里弗。同时，赞助金本身也不会按时发放。艺术家们应该会同意高乃依在一首给国王的讽刺新年诗里所说："祝陛下一年拥有十五个月，就像您的仆人一年分十五次给我们发钱。"[1]

赞助金根据实际情况或心血来潮的想法分为多种形式。礼品、津贴和补助只是其中的几种，大概因为这些钱没有什么附加条件。文学作品可以在王家出版社免费出版，或者可以保证最低销量。又或者，作家可
41 以得到免费食宿：拉封丹就曾住在德·拉·萨布利埃尔夫人家；高乃依1662年曾住在吉斯公爵家；伏尔泰曾在腓特烈大帝的宫廷里受到宴请款待；卢梭也曾使用蒙莫朗西领地里的小屋。另一种形式叫作"职位"（office），设有一定数量固定收入，甚至还附带授爵。拉辛曾借此获得了不少名义上的教会职务，之后还被封为国王侍臣。伏尔泰在1746年同样获此职位，每年收入达到1600里弗。伏尔泰很善于投机，三年后他把这个职位卖掉，净赚3000里弗，但仍保留了头衔。[2]这些挂在王室和贵族宅下看似数不胜数的职位（如私人秘书、家庭教师、图书管理员、历史编纂学家等）也并不一定都是清闲的美差。拉布吕耶尔曾担任孔代亲王孙子的家庭教师，波舒哀曾担任路易十四儿子的家庭教师，费讷隆曾担任路

1 Pierre Corneille, "Au Roi Pour le retardement du paiement de sa pension"（1665）, *Oeuvres complètes*（Paris: Le Seuil, 1963）, p. 885.

2 Antoine Adam, *Histoire de la littérature française*, 5 vols.（Paris: del Duca, 1962）, 3: 10—11, 235—236; 4: 265; *Europe* no. 453（January 1967）（on Racine）; Jacques Donvez, *De quoi vivait Voltaire*（Paris: Les Deux Rives, 1949）, p. 106 and passim; Jacques Proust, *Diderot et l'Encyclopédie*（Paris: Colin, 1967）, pp. 105—110. 关于作家收入的来源、类型和数量，参见John Lough, *Writer and Public in France from the Middle Ages to the Present Day*（Oxford: Clarendon Press, 1978），第三、四、五章。又见阿兰·维亚拉关于17世纪文学界的著作：*Naissance de l'écrivain*（Paris: Minuit, 1985），尤其是pp. 76—80以及pp. 305—316上的收入对比表格。维亚拉的第二章区别了"赞助金"以及他所谓的"保护金"。前者是对作家天资的认可，而后者则是对作家付出一定劳动的报酬。这两者在实践中是有重合的。也参见Maurice Pellisson, *Les Hommes de lettres au XVIIIe siècle*（1911）（Geneva: Slatkine Reprints, 1970）。

易十四孙子的家庭教师（就是为了这个学生，费讷隆主教写了《太雷马克历险记》），这三位可都不是好对付的学生。（不过王室家庭教师可以被选入法兰西学术院，对他们也算是个补偿了。）

显然，赞助人制度对双方都有不利之处。作家没法指望这个来获得稳定收入，而赞助人制度的逻辑意味着他们不能依靠任何一个人，而必须时刻寻找下一个赞助人、职位、差使、津贴，等等；他们必须计算自己的贡献，忍受不同赞助人变化的私人幻想或是政治经历。高乃依给黎塞留写的墓志铭（黎塞留是当时作家最重要的经济资助者）：“他对我太好我无法说他坏话，他对我太坏我无法说他好话。”[1]

不稳定性对赞助人来说也相当不利。作家要增加隐性收入，就要逃避任何一个人的影响。毫无疑问，在社会控制方面有最大利益的赞助人就是国王，他想方设法要使由赞助人制度养成的依赖性能够长久保持下去。法兰西学术院就是为了这一目的而建立的。1635年法兰西学术院的建立得益于红衣主教黎塞留的支持保护，但同时也受到他警惕双眼的监视。该学院对文学活动授予官方认可，并进一步规定了必须符合王家 42
利益、接受王家监督。这类控制机构的成功鼓励了其他人的效仿。黎塞留渴望扩大政治范围，因此他将非正式的作家集会变成了学院这样的由国家来“保护”的正式机构。同样的渴望促使路易十四把凡尔赛宫变成了法国的文化中心。通过绑定文学活动和官方赞助，法国国王清楚地表明：文化与国家相关。[2] 17世纪后期，又有不少类似的国家学院成立，从而将国家意志延伸进了建筑、美术和科学领域。另有一些地方发起创立了本地的各种学院，但是有好几个很快就申请了王家保护特权，从而也

1　红衣主教马萨林任命的继任者马上就砍掉了所有王家津贴（尽管这一政策可能是路易十三自己提出的）。参见Mark Bannister，“The Crisis of Literary Patronage in France，1643—1655”，*French Studies* 39，no. 1（January 1985）：18—30。

2　蒂莫西·默里分析认为，路易十三和黎塞留赞助戏剧是为了“表演”法律和文学权威。两人都曾干涉过剧团的组织，黎塞留曾监督马莱剧院的工作，对让他不满意的剧本做出指示，甚至亲自上阵修改剧本。参见Timothy Murray，“Theatrical Legitimation：Forms of French Patronage and Portraiture”，*PMLA*（Publications of the Modern Language Association）98，no. 2（March 1983）：171—172。

和中央挂上了钩。[1]

国家权力还延伸进了市场。旧制度时期的出版业受到严格管制。想要出版一本书，作家必须和出版商签订合同，而出版商必须是书业公会成员。一旦原稿到了出版商手里，则作家不再对该作品享有任何权利。他可能会拿到一笔微薄的稿费，也可能免费拿到几册印刷好的书。例如，笛卡尔在他的《方法论》出版后获得的所有报酬就是两百本书而已。出版商可以申请“国王特许”，这样他就可以垄断一年、两年，甚至十年、十五年的出版。出版商要自己去协商获取审查许可、定价，并与盗版书做斗争，而且也只有出版商可以续约“国王特许”。难怪许多作家根本不想靠书来挣钱而更愿意依赖赞助人，或者，像伏尔泰这样的人别有他法：“我已经看到太多作家穷困潦倒、遭人唾弃，因此很早之前我就认定自己不该再给世上多添这么一个人了。”[2]

技术方面同样也有限制：书籍出版受到木制手工印刷机功能、繁重
43 的手工排版、笨重的厚纸张以及不便的零售渠道等的局限。但即便如此，如果有心的话仍然有绕开这些限制的途径。巴尔扎克的小说《幻灭》中，主人公大卫·塞夏狂热地寻找便宜纸张，这种对发现的热情绝不同于传统公会、作者和赞助人的精神。

由于市场只提供经济支持，它便没法和赞助人竞争，因为后者还提供广泛的社会支持。赞助人可以定义文学生活，因为作家没有其他生活来源。在19世纪市场扩张之前，作家没法指望从书籍出版中挣得一份家业。伏尔泰曾抱怨说，一本好书也只能卖掉五十本，而关于私奔的故事

---

1 参见Alain Viala，*Naissance de l'écrivain*，该书第一章记录了17世纪私人学院的兴衰，当时国家的接管迅速压制了私人办学的兴趣。参见Bannister，“The Crisis of Literary Patronage”，该文展现了所谓“英雄的美德”在被重新定义为为国效力后，文学作品中语调以及赞美内容的变化。

2 参见*Mémoires pour servir à la vie de M. de Voltaire écrits par lui-même*（1759）（Paris：Emile Hazan，1927），p. 64。伏尔泰还说：“没有什么比靠自己的双手挣得财富更高尚的了。”虽然伏尔泰在这里是特指赞助人制度的缺陷，但他的话放在市场的环境下也同样适用。由于伏尔泰在投资方面十分精明，他还吹嘘说：“在国王们的宫殿居住过后，在家里我把自己变成了国王。”

能卖五百本。他有点夸张，不过旧制度时期很少有书能卖超过两千本。[1]即便18世纪时读者面得到极大拓展，作家的机会仍然很有限。法国剧作家、小说家勒萨日，以及小说家普雷沃神父，都靠写作为生，但他们主要是靠给报纸写庸俗花边故事挣钱，并且一生中绝大部分时间都穷困不堪、负债累累。普雷沃神父被迫做起了伪造支票的勾当，他曾经愤愤不平地抱怨自己堕落到只能写“食物文学”。卢梭懊恼地发现，他所有的文学和哲学著作加起来，挣的钱还不如他的歌剧剧本演出、出版来得多。因此他在绝望中干起了抄乐谱的活儿，因为这起码能保证一份微薄而稳定的薪水，使他可以不必受赞助人或出版商的约束。狄德罗并不穷，除了父亲给他的补助（后来他继承了父亲的遗产）外，他还可以靠着《百科全书》的版税和自己当编辑的工资来过活。但即便这样，狄德罗仍然因为担心女儿嫁妆太少而把自己的图书馆卖给了叶卡捷琳娜大帝——这也是赞助的一种形式，因为狄德罗的书在他死后才传入俄国。除了少数像伏尔泰这样的百万富翁，以及一部分因为贫穷而只能写庸俗侦探小 44
说、色情小说和其他类似文字的作家，绝大多数作家的生活介于这两者之间。[2]

“体面”（honnêteté）的思维也是作家和市场之间的另一大障碍。业余主义支持文学和精英活动的融合而反对专业主义的发展。文学若要保持绝对高贵，就必须不受商业或专业的染指。一位17世纪晚期的作者曾说：“一个作家，当他坐下来开始写作，脑子里想的就只能是公众的福祉。一旦他拿着笔进入商业领域，成为商人的同时他也损失了作家的品质。”[3]贵族们特别注意防止作家出现分类，因为任何职业中的专业化都会违反“体面”原则。布瓦洛曾抱怨，印刷术使文学变成了没有人情味

1　Ferand Cuvelier, *Histoire du livre: Voie royale de l'esprit humain*（Monaco: Editions du Rocher, 1982）, p. 65.

2　参见Robert Darnton, *The Literary Underground of the Old Regime*（Cambridge: Harvard University Press, 1982）, pp. 1—121。作者强调了这些文学世界中被歧视的低级作家的怒火，正是这种怒火推动了日后革命的发生。

3　André Chevillier, *L'Origine de l'Imprimerie de Paris*（1694）, cited by Pellisson, *Les Hommes de lettres*, p. 78.

的交换，买家的善变也往往把作家变成“奴隶”。[1]更糟糕的是，市场冰冷的逻辑丝毫不考虑个人。“只有作品能代表一个作家”——没有其他理由可以为他辩护。高乃依曾因为对商业的渴望而饱受批评（“高乃依很不错，但他推销自己的作品”[2]）。布瓦洛在《诗的艺术》（1674）一书中，劝诫作家们要“为了光荣而写作”，并严厉指责那些情愿向出版商出卖“他们的阿波罗”、“把一项神圣的艺术变成充满铜臭的行当”的作家。[3]虽然抱怨这么多，让人不由怀疑是不是真有这么严重的冒犯，但是商业主义侵犯了文学这一看法确实证明了当时的思想准则之强大。

社会构成以及上层社会环境（法国人称之为“le monde”）的倾向更强化了贵族的“体面”意识。在旧制度下，上层社会给予文学的支持（如赞助等）远远超过金钱方面的补助。不过赞助人偏爱其他艺术形式，而上层社会则偏好文学，因为相比其他艺术，文学允许甚至鼓励沙龙的举
45 办，而沙龙是上层社会经常出入的场所。由于文学不属于体力劳动，文学创作也不会被认为与贵族精神相悖。写作不会引起贵族权力的流失，而绘画则正相反，除非它可以不受商业交易的污染。[4]

另一个使作家得以融入上层社会的原因是文学具有非专业性、非技术性的特点。作家除了接受普通教育外不需要进行额外培训，而他们所使用的媒介通常也是精英人士的工具。此外，写作本身具有的“高贵品质”，加上为数不少的贵族作家，这些都赋予了文学贵族化的特性。贵族作家如拉罗什富科、拉法耶特夫人、孟德斯鸠等都出身于上层社会；而出身低微的作家如高乃依、拉辛、伏尔泰、卢梭等则是靠自己的天赋跻身其中。即使在今天，作家仍然和上层精英有着种种联系，而这种显赫的地位可以一直追溯到旧制度时期的各种沙龙。

法兰西学术院象征着作家与精英之间的联系。在赞助人制度下，上层社会甚至王室赞助人可以与社会地位较低的作家相交往；同样地，在

---

1 Boileau, *Satire IX*（1668）, *Oeuvres complètes*（Paris：Gallimard-Pléiade, 1966）, p. 53.

2 诗人安托万·加亚尔，转引自 Adam, *Histoire de la littérature française*, 1：514。

3 Boileau, *L'Art poétique*, chant 4, p. 183.

4 Marcel Reinhard, “Elite et noblesse dans la seconde moitié du XVIIIe siècle”, *Revue d'histoire moderne et contemporaine* 3（1953）：23.

法兰西学术院，文学家可以与其他社会精英往来。作家在法兰西学术院中属于少数派，而他们的作用，正如一则谚语所讲，是为了使“文学更高贵，并使贵族更有文学修养”。布瓦洛曾经抱怨说：“在宫廷里，每天都有出身高贵的傻瓜在大放厥词。”[1]对贵族粗鲁言辞的指责屡见不鲜，而心怀不满的作家出于对他们赞助人的出身的羡慕和嫉妒也往往会夸大这个问题。

作家和贵族在法兰西学术院、宫廷和沙龙里（法兰西学术院就像沙龙的延伸）的交流使文学必须服从于社会关系。“体面”实际上是文学工作的伦理和审美基础。[2]法律和商业惯例强化了社会限制，使作家与特定
社会环境相联系，同时也使文学活动成为一种受到社会话语影响的社会 46
事务。如此，附加了社会因素的文学排除了角色分化的可能性，也排除了建立某些机构以支持特定的、有区分的文学身份的可能性。[3]

大部分作家缺乏具体的文学意识，因为作家并非独特的职业性群体，而之所以没能建立这样的职业性群体是因为写作本身不是独特的职业。写作其实是一种适合巴黎沙龙或凡尔赛王家沙龙消费的行为。并不是所有文学都适合在沙龙上表演，但是17世纪特别受到追捧的某些文学体裁确实很适合：例如诗歌可以大声朗诵；戏剧在公演前可以进行私人朗读会；而格言和人物描写虽然多少都建立在时效的基础上，也流行了好多年。朝臣甚至王室成员都有可能在宫廷表演中上台演出。路易十四自己就跳过芭蕾，还写过一两首十四行诗。（国王曾向布瓦洛征询他对这些文学创作的看法，布瓦洛作为一名圆滑老练的朝臣，既渴望留住赞助人的恩宠，又明白这恩宠来自自己的批评意见，于是回答：“陛

1　Boileau，*Satire IX*，p. 53.

2　斯坦顿认为“体面的人”是对自我的艺术创造，参见Domna C. Stanton，*The Aristocrat as Art: A Study of the “Honnête Homme” and the “Dandy” in Seventeenth- and Nineteenth-Century French Literature*（New York：Columbia University Press，1980），第一、二章。

3　参见Alain Viala，*Naissance de l'écrivain*，该书的分析指出，这种意识确实存在，并且在17世纪已经出现了真正文学场域的萌芽（这里指的是布尔迪厄意义上的半自主领域）。菲利普·德桑认为16世纪的法国诗人已经迈向了专业化道路（Philippe Desan，“Ronsard's *Odes* as a *Curriculum Vitae*”，in *Renaissance Studies*，ed. M. Hororwitz）。问题在于其中的“度”。维亚拉承认这第一个（最初的）文学场域的主要特征就是模糊性。

下，对陛下来说没有什么事是不可能的。您想要写糟糕的诗歌，您也做到了。”[1]）

当然，贵族文化并不总是根据原则来运作。文学和精英社会活动和谐融合的理想只是一个理想，它具有一定影响力，但并没有达到绝对支配的程度。不论是对审查制度或赞助人制度的公开控制，还是加强了这种控制的价值观都不能防止矛盾的发生。17世纪时，闹得沸沸扬扬的文学事件时有发生，如关于《熙德》、《太太学堂》、《伪君子》的争论，关于旧与新的争论等。如果说法兰西学术院对《熙德》有所保留，那么高乃依令人激动的巨大成功证明了他在挑剔的世俗观众中的地位。即使是吹毛求疵的布瓦洛也承认他们的重要性：“大臣徒劳地反对《熙德》/全
47 巴黎人都用罗狄克的眼睛看着施曼娜/不管学院要不要禁它/大众为它欢呼喝彩。”[2]莫里哀敢在《太太学堂》里嘲弄书呆子，敢在《伪君子》中嘲弄教会骗子，是因为他得到了国王和体面绅士们的支持：对那些贬低者，莫里哀机智地反驳说“伟大的艺术是要使人愉悦，这部喜剧（《太太学堂》）能让它的观众喜笑颜开，我想其他就不必考虑了”。[3]尽管选手们并不赞同某些时候的某些游戏，但是他们大体都同意游戏规则，以及由这些规则所规定或暗示的文学观念。

二

我不觉得会喜欢上伏尔泰。

——舒瓦瑟尔公爵夫人致德芳夫人信件

1　引自Charles Augustin Sainte-Beuve，“François I Poëte”（*Le Journal des savants*，1847），*Oeuvres*（Paris：Gallimard-Pléiade，1960），2：564。15世纪时，人们认为国王应该写出“优秀的”十四行诗，虽然布瓦洛怀疑弗朗索瓦一世到底有没有写出来过。

2　Boileau，*Satire IX*，p. 54.

3　关于17世纪法国贵族与资产阶级的文化融合，参见Paul Bénichou，*Morales du Grand siècle*（Paris：Gallimard，1948）；Erich Auerbach，“La Cour et la Ville”（1951），*Scenes from the Drama of European Literature*（New York：Meridien，1959），pp. 133—179。

1715年，路易十四驾崩，一个时代结束了。这个世纪因为伏尔泰而经受了洗礼，而路易十四漫长的统治（1643—1715）则给整个世纪都打上了他的烙印。在路易十四当政期间，审美、意识形态、政策等都等同于国王。18世纪时，专制君主仍然统治着国家，摄政王执政至1723年，路易十五至1774年，路易十六名义上统治到1791年，但是通常人们称这一时期为启蒙时代，哲学的时代。从1715年至1789年间，与君主的联系被打破，国王的控制得以放松，其中包括：君主绝对的法律控制、中央集权式的官僚控制以及法国古典主义的审美控制。

然而尽管在实际生活中控制放松了，但18世纪的法国并没有完全放弃控制的观念以及理想。[1]虽然有越来越多的人进入更高社会阶层，但是法国社会仍然分为多个等级。实际上，对法律和社会障碍的跨越恰恰肯定了这两者的存在。进入上层社会并不意味着作家和其他沙龙常客具有同样的地位，因为上层社会和赞助人一样，预设了聚会中的不公 48
平性。旧制度下，社会等级无小事，人们对此高度敏感，再小的头衔都不能省去。伏尔泰恐怕永远不会忘记他受到罗昂爵士手下听差的肆意侮辱，随后又被投入大牢的遭遇。作家地位的上升（18世纪时称此为“尊重”）确实存在，然而却十分缓慢、无规律，也并非始终如此。例如，舒瓦瑟尔公爵夫人就表示无意与作家往来，即使对伏尔泰也没兴趣，读读他们的书倒还可以。[2]

总体来说，18世纪中，法国旧制度下的冲突浮上了水面，而文学则是冲突最明显的领域：有天赋的人反对等级制度，有成就的人反对出身论，而其他个人也反对传统。这些问题随着时间流逝越来越突出，而且在新旧制度交替之后，也只得到了部分的、暂时的解决。

虽然18世纪文学生活持续受赞助人制度逻辑的控制，金钱的来源却多样化了。王室和王侯家庭提供各种职位，而日益增长的杂志社也需要

1　关于控制与限制的讨论，参见Robert Mauzi，*L'Idée du Bonheur au XVIIIe siècle*（Paris：Colin，1965）。

2　Louise Honorine，duchesse de Choiseul Stainville，letter to Mme du Deffand，quoted by Sainte-Beuve，“Madame du Deffand”，*Causeries du lundi*（9 May 1859）（Paris：Garnier，n. d. ），14：226—227.

主编、审查员、作者等正式职员。[1]政府对指导整个文学界仍有相当的兴趣。警察部门跟踪资金的来源走向，有时候还会雇佣囊中羞涩的作家来监视其他作家。[2]

旧制度下，作为社会控制的审查制度既低效又无用，部分原因是因为这项制度由多个部门管理，而不同部门在执法时也往往有不同目的。[3]但不管如何低效，审查制度确实存在，而且让越界的作家过得很不舒服。伏尔泰和狄德罗都曾身陷囹圄：前者1726年因为一首讽刺诗进了巴士底狱，后者因其反宗教的《论盲人书简》（1749）而被投入凡圣城堡地牢。
49 卢梭在《爱弥儿》（1762）被最高法院判决烧毁后，为避免同样的命运而四处流亡。《忏悔录》记录了为让《爱弥儿》出版而进行的无数次协商谈判，卢梭在既没有“特许”又没有“默许”的情况下，因为别人的坚持，由马勒赛尔卜（1751到1763年主管出版业）出版了该书。卢梭身居高位的朋友们试图平息高层的愤怒，但是没有成功。根据卢梭的叙述，他在乘坐马车逃离法国时还偶遇了乘坐租用马车来抓捕他的四个官员。他们甚至还向他微笑致意！[4]

这样类似的危险场景经常发生在18世纪的法国作家身上。政治和宗教当局具有绝对权威，并且绝不惮于使用各种手段。同时，这些作家与政治权力之间的纷争也揭示了文化权威的转移。审查和迫害恰恰证明了“文学共和国”已经成了一股不容小觑的势力。虽然个别作家可能

---

1 参见John Lough，*Writer and Public in France*，第四章；Pellisson，*Les Hommes de lettres*，第二到第五章关于18世纪收入的内容。前者认为，相比路易十四，职位的增长使得路易十五和路易十六能为作家做得更多。Darnton，*The Literary Underground*，pp. 1—40详细描述了叙阿尔具有代表性的文学生涯。他是第二代哲学家，精明地收集了各种职位、礼物和一堆美差。约翰·洛在其书中（pp. 233—234）用马蒙泰尔的例子说明了同样的观点。

2 参见Robert Darnton，*The Great Massacre and Other Episodes in French Cultural History*（New York：Basic Books，1984），pp. 145—189以及*The Literary Underground*，pp. 1—70，作者在这两本书中探讨了文学界的下层生活。

3 Madeleine Cerf，“La Censure royale à la fin du XVIIIe siècle”，*Communications* 9（1967）：2—27. 审查制度由国王、几个地方最高法院（其中巴黎最高法院特别重要）、教会、书商（书商联合会）、警察部门和图书行业检查员（书商检查者）等行使。唯有王权可以在出版前进行干涉。

4 Rousseau，*Les Confessions*，bk. 11，pp. 573—584.

遭遇败仗，但作家这个集体已经聚集了力量。

到18世纪中期时，对作家的尊重已经日渐平常。尽管伏尔泰在1726年被贵族的仆从当众杖击，但二十五年后他就像一个大领主一样受到隆重接待；又过了二十五年，到了1778年，他像英雄凯旋般回到巴黎。曾经莫里哀面对体面绅士们的评论所表现出的顺从态度，如今被伏尔泰尖酸刻薄的评论所取代。伏尔泰说，一个作家最大的不幸就是被傻瓜评论，或是被达朗贝尔评论，因为后者温和而固执地认为，对一个伟人的文学评论只有当评论者本身也是作家时才能算数。舒瓦瑟尔公爵夫人拒绝会见伏尔泰暴露了她的怀疑和轻蔑，这其实恰是对文学共和国所行使的文化权威的含蓄认可。

文化权威的转移表明文化生活正逐渐从凡尔赛的宫廷转移至巴黎的沙龙。上层社会一方面逐步扩大，另一方面也体现了社会多样性，因
此文学生活与宫廷的联系变得愈发松散。此时，法语语言和法国文学 50
在国际上声誉日隆，也给相关领域从业者装点了不少门面。但最重要的是，18世纪的文学共和国基本等同于知识界的发酵剂。哲学家的作品中所蕴含的政治影射，如对理性话语的追求等，都推动着法国文学去开发新天地。托克维尔认为，法国哲学家通过其高超的思辨水平，引领同时也误导了公众意见。[1]政治一进入文学界就受到热情追捧，由此两者的关系得到巩固。法国文学文化保留了这一政治敏感性，这也在19世纪得到了充分体现。

政治敏感性、社会责任和批评模式——这些便是哲学家的主要贡献。他们反抗旧制度的种种控制，特别是来自赞助人的控制。他们中的绝大多数人持保守立场，但大革命却由他们而起，这也成了日后作家在涉及政治时会具有的模糊地位。法国的**参与**传统始自启蒙时代，从那时起，作家一面致力于社会评论，一面又被迫向社会习俗和传统妥协。

1　Alexis de Tocqueville, *L'Ancien Régime et la Révolution*（1856）（Paris: Gallimard, 1952）, bk. 3, chap. 1, pp. 193—201. 大革命平息后，指认、接受或推卸革命责任成了极具争议的话题。参见Lough, *Writer and Public in France*, pp. 246—247。

对文学的控制既限制了文学生活，又滋养了文学生活。大革命对这类管控发起了攻击。王室被推翻后，王室赞助被废除，同时，对流亡分子财产的剥夺也彻底打击了上层社会的势力，导致各种传统艺术赞助形式的突然终结。经此一役，上层社会再也没有恢复他们曾经在文学生活中的地位。即使当流亡分子高高兴兴地返回法国，复辟政府赔偿了他们的财产损失后，他们已没有了对作家进行赞助的资源和意愿。

审查制度被废除，王室审查官们受到镇压。（不久就出现了间接审查
51 制度，如以特殊税收、罚款等名目实施的间接审查。根据对不同政权的恐惧程度，该制度的执行力度也有轻有重。）国民议会也迅速并更有效地改革了在旧制度下曾严重妨碍了印刷业、出版业和书商竞争的古老商业法规。国民公会于1790年废除了书业公会，于1791年废除了国家剧院（法兰西喜剧院）的垄断，于1793年通过了首部法国知识产权法（英国首部相关法律于1711年施行）。“作者权利”紧紧跟随着“人权”出现。[1]从此，与出版商合同过期后，书的版权就自动转给作者，作者可以按照个人意愿自主选择续约方。

书业公会的废除粉碎了阻碍竞争的法律障碍，使得出版商可以更好地利用人们日益增长的文化水平。法国大革命时只有少部分人能读会写，一个世纪后，识字率已经超过了95%。[2]尽管识字率本身并不一定能让人看懂即使是最简单的文学作品，但是它指出了一条发展道路，即通过新读者、作者、出版社、书商和记者等数量的增长来摧毁传统文学体制。

1 讽刺的是，考虑到共和国的背景，“作者权利”（droits d'auteur）在英译中往往被翻译成“版税”（royalties）而非直译成“rights of authors”。现代意义上的“版税”概念（即销售额的一部分）一直到19世纪中后期才正式出现，即使在那时（现在也一样），例外总是多于对法律的遵守。

2 这些识字率都是估算得出的。关于地理和时间细节，以及关于识字率的思考，参见François Furet and Jacques Ozouf, *Lire et écrire: L'Alphabétisaton des Français de Calvin à Jules Ferry*（Paris: Editions de Minuit, 1977），vol. 1。我们决不可认为识字率的提升是毫无问题的。在美国，虽然教育、卫生以及福利部门的数据显示美国人口中只有1. 5%是文盲，但根据盖洛普公司1978年的调查显示，有15%的人口是功能性文盲。这是因为“识字”基本标准已经大大提高，而当今社会越来越依赖于复杂的印刷媒体。关于法国的残余文盲率，可参见*Lire et écrire*, p. 58。

新读者们主要聚集在城市里，特别是巴黎。凡尔赛失去了其存在的意义。在大革命及拿破仑当政时期，法国社会的集中化程度飞速提升，最终确立了巴黎一直以来毫无争议、当之无愧的文化中心地位。而技术革新既刺激了，又回应了新读者的需求。金属印刷机取代了繁重的手工印刷工作；廉价的木浆则取代了原本造纸工艺中的亚麻或棉絮。读者群体不仅数量在增长，需求上也在变化。19世纪的流行文学正是回应了读者的这些变化，此时的读者由于只接受过初等教育，因此对古典主义的条条框框不仅不熟悉，也没有兴趣。他们不了解浪漫主义和古典主义 52
两派之间的激烈争论，但他们的数量改变了文学天平的平衡。为了迎合新口味，批评家们发现自己将不得不重新定义长期以来所接受的文学规范。很多作家和评论家不习惯与文学界的“下界”打交道，对“下界”所发生之事也毫无兴趣，因此“口味”的多样化在这批作家和评论家中引发了极大混乱。

当然，在旧制度下也存在着流行文学，但这和19世纪“大众文学”的内容和形式都有很大差别。老的大众文学并非上层社会所理解的“文学”，因为它所依赖的条件和前提存在于赞助人制度文学之外。这种所谓“贩夫文学”由小贩在村镇之间传播，其传播对象绝大多数是不识字的人，他们与上层社会以及寻求赞助的作家之间没有任何关系；而书籍本身是随手收集、粗糙印制而成，破烂的书页上也没有页码。里面的作品很短，一般在八到十五页之间，题材不是启蒙时代的高雅文化，而是口头流传故事、流行闹剧、中世纪史诗和文艺复兴时期的传说。而非文学作品则一般包括园艺、礼仪、宗教仪轨等。[1]

与之相对的是19世纪的大众文学和严肃类作品一起进入了文学市场，和后者一样，这很大程度上是一种都市现象。大众和严肃类作品拥

1　关于旧制度下的流行文学，参见Robert Mandrou，*De la culture populaire aux XVIIe et XVIIIe siècles*（Paris：Stock，1964）；Geneviève Bollème，“Littérature populaire et littérature de colportage au XVIIIe siècles”，in Geneviève Bollème et al.，*Livre et société dans la France du XVIIIe siècles*（Paris and The Hague：Mouton，1965），pp. 61—92；以及经典作品：Charles Nisard，*Histoire des livres populaires*（Paris：E. Dentu，1864）。识字率的上升最终使“贩夫文学”于19世纪下半叶完全消亡。

有一样的出版社、书商和读者群体。令人苦恼的是，人们常常无从分辨到底何者更为“大众”。[1]确实，这两种分类的命名很有启发性。“大众”可以指生产方式（系列小说），可以指书中角色低贱的社会地位，或者可以指预设的读者群体（虽然每个社会阶层的人都读过欧仁·苏或雨果的作品）。当然，并不是所有和旧制度有关的东西都是上流的，而小说更是
53 一种只要不符合社会规范就会流行起来的文学体裁。但18世纪的批评家们仍然满怀热忱地想给小说划一块自留地；19世纪所质疑的正是这种定义完整的、显然次要的、属于小说的“文学空间”。

新群体所起作用的一个显著标志是新书名数量的持续增长。18世纪时每年出版大约600到800种新书，而1850年在《法国国家书目》名录下的书名已经上升至7600种，1889年上升至15000种之多，而1890年到1900年间，每年都大约出版12000种。虽然这些书并不都是文学作品，但文学作品所占比例也不小。1840年到1870年间平均每年出版450种新小说、诗歌和戏剧作品，1876年到1885年就已经增长到790种，1886年到1890年间则增至1000种以上。其中小说增长尤快，考虑到小说在1751年到1789年间平均每年不过出版54种。期刊杂志也加入到了这一增长热潮中，在从中极大受益的同时也为文学创作提供了一个出路，并为作家提供了一定的甚至是主要的经济来源。《公报》在1638年印刷量为1200份，1762年也不过增至12000份，考虑到一百多年的时间流逝，这一增长并不惊人。巴黎所有的政治报刊（周刊）在1824年总共发行了56000份，但到1846年就增至200000份。到1899年，仅《小巴黎人报》一家一天就能卖出775000份，1914年其发行量更是达到了1500000份。1836年杂志开创出连载小说，加上引进了广告降低售价，使得杂志成为文学生活中的一支重要力量。到了19世纪末，市面上还大量出现了小型的、短期出版的期刊：1857年是《法国国家书目》开始记录期刊数目的元年，该年中共记录出版了601种

1 “阅览室”（cabinets de lecture）在扩展读者群体和迎合读者口味方面扮演了重要角色。参见Françoise Parent-Lardeur，*Lire à Paris au temps de Balzac: Les Cabinets de lecture à Paris，1815—1830*（Paris：Editions de l'Ecole des hautes études en sciences sociales，1981），pp. 107—165。

新杂志，次年记录出版269种，1890年至1900年间平均每年记录出版824种！[1]

能与新读者群体发生共鸣的作家面对着前所未有的机遇，例如极其多产的大仲马、保罗·德·科克、欧仁·苏、雨果、左拉等。不论他们的文学观、文学技法有何差异，他们的作品在市场上都极其热销。尽管巴 54
尔扎克抱怨欧仁·苏的巨大成功[2]，但他自己的作品卖得也还不错——当然还没有好到能支撑他毫无节制的生活习惯。小说自然是面向最广大市场的体裁，然而拉马丁的《沉思录》（1820）在出版后的三年内销售了三万余册，这个记录足以让今日的诗人和诗歌出版商感到汗颜。左拉的第一本畅销书，《小酒馆》（1877），挽救了他的出版商的破产命运。福楼拜的《包法利夫人》（1857）也卖得很好，不过在所谓“有伤风化”的指控出炉前他便把手稿版权卖掉了，因此尽管后来该书闹得满城风雨，作家本人并没有在销售方面有所获益。

作家可以从写书中获得收入，有时甚至是不菲的收入。然而很少有作家能做到这一点。闪亮的钱币的另一面往往是黑暗的失败。每一个微小的成功背后都是无数的挫折。《立宪主义者报》连续十五年每年付给欧仁·苏十万法郎薪水，而尚弗勒里估算后发现自己整个文学生涯中，在杂志故事和短篇故事上一年最多挣三千法郎。法国作家协会为钱拉·德·奈瓦尔支付了葬礼费用。大仲马每写一行都挣两个半法郎，而波德莱尔的《恶之花》（1857）总共只卖了二百五十法郎。并且，该书还受到激烈围攻，被指控伤风败俗，最后导致出版商破产。福楼拜的《包法利夫人》卖得还不错，但他的下一本小说《情感教育》（1869）则销售不佳，作家终身受到债主的围逼。

---

1 比较一下美国的数据：1880年美国出版2076种书目，1890年至1900年间平均每年出版5001种，只有法国的一半。1890年平均每100000名法国居民出版35种书目，与之相对的，美国只有7种。更详细的数据参见拙作“Stratégies d’auteur au XIXe siècle”，*Romantisme* 17（1977）：92—102；以及Christophe Charle，*La Crise littéraire à l’époque du Naturalisme—roman，théâtre，politique: Essai，d’histoire sociale des groups et des genres littéraires*（Paris: Presses de l’Ecole normale supérieure，1979），pp. 92—102。

2 巴尔扎克习惯戏谑地把欧仁·苏的小说《流浪的犹太人》（*Le Juif errant*）称为《流浪的猪油》（*Le Suif errand*）。

ÊTES-VOUS BALZAC ?

Vous avez un diplôme de grande école ou de 2e cycle ? Ou vous travaillez depuis plusieurs années dans les métiers de la communication ? Vous voulez aller plus loin ? Vous pensez qu'à l'âge de la télématique, le jeune Balzac ne resterait pas passivement assis sur les bancs d'une vieille université ? Qu'il chercherait à connaître toute la nouvelle panoplie des outils de communication : radio, vidéo, télévision, presse, médias informatisés ? Mais vous ne regrettez pas ce que vous avez appris dans vos premières études ?

Vous pensez que la « communication », en soi, cela ne veut rien dire, que le problème est d'avoir quelque chose à communiquer ?

Vous voulez être de ceux qui concevront et réaliseront ces fameux programmes que les modernes machines à communiquer attendent impatiemment ? Vous voulez être les créateurs des grands médias de l'avenir ?

ALORS VENEZ A LA FONDATION POUR LES ARTS ET LES SCIENCES DE LA COMMUNICATION, LA PREMIÈRE GRANDE ÉCOLE DE COMMUNICATION MULTIMÉDIA.

Vous y deviendrez un(e) généraliste de la communication, en un an d'études complémentaires intensives à Nantes. Si du moins vous avez déjà une tête bien faite et bien pleine. Avec des idées et des projets. S'il y a du Balzac en vous... Et si vous réussissez le concours, en septembre 1984. Trente élèves seulement (littéraires, scientifiques, artistes, IEP, managers).

Documentation, inscriptions : Fondation ASCOM, 3, allée des Tanneurs, 44000 NANTES. Tél. : 16 (40) 35-79-80.

FONDATION ASCOM : LA PREMIÈRE-NÉE D'UNE NOUVELLE RACE D'UNIVERSITÉS

1983年《世界报》上Ascom基金会的广告显示法国文学传统在快速变化的社会中仍然保有强大的影响力。

"你是巴尔扎克吗？……你可能会认为，在如今电信的时代，年轻的巴尔扎克不会只坐在一所古老大学周边了。他会去学着掌握新的通讯方式……"

"你可以成为通讯领域的多面手……如果你有巴尔扎克的潜质……如果你通过了测试……"

这样，巴尔扎克这位征服了19世纪30、40年代大众媒体的作家，成了当代电子教育中的巴尔扎克式英雄。

由此可见，市场重塑了文学，既有好的一面，又有糟糕的一面。市场曾经在旧制度下为作家提供了少量支持，而19世纪的市场成了文学活动最主要的推动力和资金来源。尽管个人在市场中无法确定成败，但市场定义了文学的地位。赞助人制度的剩余能量已经不足以改变文学逐渐依赖于新规则的现状了——这些新规则认定文学是一种商业活动，而写 55
作是一种职业。

然而，文学的商业化也不全然是完美的。书籍并非普通商品，作家也不是普通工人。市场无法完全按照其逻辑来运作，这往往让人感到惊讶。有些出版商就像过去的赞助人。弗朗索瓦·布洛兹，著名的《两大陆评论》杂志编辑和出版人，曾借钱给乔治·桑，还邀其参加家庭晚宴。《巴黎评论》、《立宪主义者报》的维隆博士在19世纪30年代通过参加每周的“比较文学课程”，来拜访“他的”作者们，给他们鼓劲，还给手稿提出建议。维隆后来还给作家协会设立了一份一万法郎的文学奖。夏庞蒂埃夫人是福楼拜的出版商的妻子，她为作家极力争取了一份国家养老金。出版业毕竟是一份靠运气的工作，正如巴尔扎克自己在试水之后所说，没有文学触觉的人士不会感兴趣。

市场为文学活动提供了强大的经济支持，由此也创立了新的社会结构、新的文学体制、新的角色甚至新的态度，这些都赋予文学活动前所未有的独立性。这些改变共同孕育了法国独特的文学文化。市场对于文学机构的数量和范围有着巨大影响。就跟在赞助人制度下一样，作家无法依靠任何一种单一经济来源。市场的优越性在于其所支持的准文学职业的多样性，即便在商业上不成功的作家也可以依赖文学市场。

当然并非所有人都乐意欢迎这样的改变。市场还带来了对立冲突，但这也是改变的一种方式。作家、戏剧家、小说家的数量增长之快令人
咋舌，然而文学作品生产和销售方面的从业者是作家人数的三倍。大量 57
郁郁不得志的作家们把怒火发泄在了批评家和出版商身上，因为这两者都在时不时提醒他们：文学活动中，市场才说了算。“美德总是与恶习并行，”一个巴尔扎克文中的记者说，“文学催生了出版商。”出版商是铁石心肠的商人，是“守旧派”；巴尔扎克笔下的吕西安曾天真地向一个出版

商售卖他的诗集，此人“就好似想把伏尔泰和孟德斯鸠锁在阁楼里饿死的古代出版商一样”。其他出版商的销售额让他看起来就像“文学大臣一般”。吕西安很快就明白，记者将灵魂和笔杆卖给出价最高者，而评论家只不过是“无能的作家”。“今天，随着一切都物质化，批评已经变成一种海关办公室。”[1]

少数人的成功不可避免地吸引了更多作家，以至超过了市场能支撑的数目。“您不知道，”另一个出版商对无助的吕西安说，“拜伦、拉马丁、雨果给我们带来了大麻烦……他们的荣耀带来了野蛮人入侵……过去两年作家繁殖得就跟苍蝇一样多。”[2]巴尔扎克站在诗人吕西安一边，但他自己也知道出版商不是慈善家。出版商已经习惯于市场，因此吕西安也必须习惯起来。正如卢卡奇在指出文学的商品化的同时所说的，巴尔扎克表达了对这一代人的愤恨与失望。[3]对于这样一代人，法国文学文化需要清楚说明其基本态度。

文学市场交易的无情与赞助制度的人情形成了鲜明对比。除了小道消息和销售量，一个人还有别的什么办法去判断上千个读者的喜好吗？出版商自然会以销量为衡量成功与否的标准，虽然非常残酷，但也着实简单。赞助制度里只有松散的义务，而市场则对收支有着严格要
58 求。作家经常谴责出版商铁石心肠，然而这正体现了市场要求立刻得到实际投资回报的特点。赞助人可以有长久考虑，但出版商却没有闲心也没有闲钱来操心长远问题，因为市场中最重要的是卖出去多少本书，而不是表达了多少感情。

作家对市场的不满还有另外一个原因：他们不得不和商业机构打交道。旧制度时，作家与贵族出入为伴；而在市场体制下，他们不得不离开宫廷、沙龙，走进办公室去和一群对上流社会及其习俗一窍不通的人会面。19世纪时，社会上一贯蔑视职业化和商业化的观念更给作家的愤怒火上浇油。市场对文学领域的无情进攻也加剧了原本就针对资产阶级的

---

1 Balzac，*Monographie de la presse parsienne*（1843）（Paris：J. J. Pauvert，1965），pp. 113，115.

2 Balzac，*Illusions perdues*，5：368—369.

3 György Lukács，“Balzac：Lost Illusions”，*Studies in European Realism*（1948）（New York：Grosset & Dunlap，1964），pp. 47—64.

嘲讽，面对这个老熟人，作家们的火力更猛了。但是资产阶级（此时已经成了一种固化的阶级刻板印象）不仅仅只是受到鄙视；随着市场物质主义入侵文学生活，人们感受到了空前的恐惧，同时展开了空前的批判。[1]

市场和旧制度遗留下来的价值观、态度和行为发生了激烈碰撞，由此也给19世纪以来所形成的文学文化铺开了舞台。法国文学文化既表达了，又同时激起了对多种审美价值的意识，并为其做出了辩护。由于这种文学身份产生于和市场的对抗之中，因此文学文化本身就具有反社会结构。从一开始，法国文学文化就是大社会中的反主流亚文化。它的成员们，或是主动选择或是为环境所迫，组成了社会中的边缘少数群体。尽管很多作家出身资产阶级，他们在信念上却反资产阶级。这种姿态显示了“文学”和“社会”，文学活动和其所属的社会文化背景之间的关系发生了剧烈转变。上层社会的精英文化没有反对，而是延伸了传统文学体制；文化详细规定了 59
社会结构。19世纪文学文化则正相反，它是通过在市场中和社会结构的对立斗争而存在的。文学文化标志着连贯的社会文化单元的崩溃。由此，尽管文学文化和大社会相互依赖，却又相互猜疑，并最终分道扬镳。

旧制度的理想格外顽固，也格外引人注目，因为旧制度的消亡本身就让人震惊。围绕着文学建立起来的反主流亚文化声称自己更优越，同时又充满了对往昔的怀念：那时候，商业还没有成为生活的中心；文人生活在和谐的、“甜蜜的友谊”之中；作家“有效地统治着自己的王国……爱国者出于习惯，而慈善家则出于同情”。一位作家在19世纪30年代将这种怀旧情绪总结为：“在我们的见证下这个世纪结束了，但在结束时它没有忘恩负义地对待作家，反而向他们保证文学是特殊的、享有特权的存在。”[2]在这种明显带着失落感的情绪里，法国文学文化酝酿了成见，建立了制度，也提出了自己的理想主张。 60

1 Jean V. Alter, *Les Origines de la satire anti-bourgeoise en France*, 2 vols.（Geneva: Droz, 1966, 1970）; César Graña, *Bohemian versus Bourgeois: French Society and the French Man of Letters in the Nineteenth Century*（New York: Basic Books, 1964）, pt. 1; Priscilla Parkhurst Clark, *Battle of the Bourgeois: The Novel in France, 1789—1848*（Paris: Didier, 1973）.

2 Auguste-Hilarion de Kératry, “Les Gens de lettres d'autre-fois”, in *Paris; ou, Le Livre des cent-et-un*（Paris: Ladvocat, 1832—1834）, 2: 395—422（quotations from pp. 398, 404, 418, 421）.

第三章　制度与理想

当人们审视法国社会时，往往会被“过去”在法国社会的大量再现，以及法国人用过去赋予现在合法性、用过去证明将来合理性的现象所震惊。“现代的”19世纪其实在很多方面并不现代。尽管从1789年起法国发生了许多“革命”，包括政治、社会、经济等方面，但整个国家仍然坚持着过去的观念以及个人在其中的作用。观察法国社会的人们会发现，旧制度通过种种形式以新面目存活了下来，这也导致了法国社会中过去与现在、传统与现代之间的长期对立。

逐渐成形的新制度与观念并没有取代老的一套，而是与之并肩共存。19世纪早期和中期所形成的文学市场不仅受到欢迎，也受到抵抗，这些都逐渐改变了文学生活。在经济、社会和观念三方面，市场都面临着不小的挑战。它必然会同赞助制度的残余发生冲突，并面临多方反对意见，从保守的法兰西学术院、沙龙，到更激进的文学团体（即作家圈子）等不一而足。最后，市场逻辑所面临的问题还包括：在传统艺术道德观下的充满感情的文学创作定义，为艺术而艺术的超级唯美主义，以及科学方法所提倡的客观性。

这些制度和观念一方面试图颠覆市场，另一方面又相互竞争试图占
61 据市场的一席之地。这一矛盾所带来的后果是法国文学文化研究中不

可忽视的一个方面。事实上，19世纪法国制度与意识形态的扩张中重要的一环，便是文化通过微妙的方式吸收差异、包容斗争。有些制度和观念明显比较传统，而其他则显得更激进和现代。有些面向过去，而有些则面向未来。它们都是法国文学文化的基础，而19世纪以降所有的制度和观念都是在此基础上发生冲突或逐渐调和。

一

在法国文学文化中，继承与改变这对矛盾，最明显地体现在受冲击最大的几方面：贵族精神和旧制度下的做法（即赞助人制度）。赞助人制度即便在消亡并不再以任何经济方式支持文学活动后仍然能影响法国文学生活。在许多方面，赞助人制度在缺乏经济说服力的情况下仍持续对标准规则施加着影响，显示出象征性的重要性。

确实，国王、皇帝一直统治着法兰西直到1870年，他们可以动用宫廷内库，并且不少人也确实这么做了。雨果在复辟时期收到了一笔津贴；勒贡特·德·李勒和泰奥菲尔·戈蒂耶从拿破仑三世处获得了慷慨的馈赠，戈蒂耶是马蒂尔德公主（即皇帝的堂妹）的被赞助人。但内库属于私人金库而且用途有限。赞助人制度从很大程度上来说从个人转移到了体制，从国家元首转移到了内阁大臣。皇帝个人也许可以拨出几笔小额津贴——给戈蒂耶三千法郎，给李勒三千四百法郎——但皇帝可以要求立法机构投票支持赠予拉马丁两万五千法郎助其摆脱贫困，也可以任命圣佩甫、梅里美为议员，以使其能每年固定领取三万法郎的工资。[1]
公共教育部在预算中保留了一些项目以“鼓励”学者和作家。莫泊桑曾 62
于19世纪70年代在该部门工作，他声称该部门每年要发出六百多份津

1 关于津贴和其他款项的细节，参见John Lough, *Writer and Public in France from the Middle Ages to the Present Day*（Oxford: Clarendon Press, 1978），第五章；及P. Clark and T. N. Clark, “Patrons, Publishers, and Prizes: The Writer’s Estate in France”, in *Culture and Its Creators: Essays in Honor of Edward Shils*, ed. J. Ben-David and T. N. Clark（Chicago: University of Chicago Press, 1977），pp. 197—225。

贴，有些津贴高达五千到六千法郎。[1]但是莫泊桑一定是为了私人目的而夸大了事实——他想让原本不情愿的福楼拜接受津贴。事实上，预算拨款绝不可能有如此大数额[2]，只有少部分作家能从中受益，而且他们还得与学者分享这一点点好处。明显重点不在此，而在于：预算的绝大多数拨给了能够体现帝国荣光的项目，例如1862年的预算中马匹所占比例远超作家，而用于充实皇家马厩的款项额也大大超过为帝国图书馆购书的数额。

官僚主义通过削减赞助人数量来降低赞助人制度的效果，这使赞助关系比旧制度时更不均衡。大臣被经常更换，以防止产生任何私人联系。在任何情况下官僚所代表的不是他个人，而是政府的意志。因此，作家不会有任何个人义务，例如他们无须为公共教育部写颂诗。赞助人制度，往昔文学大厦的基石，此时变成了无关痛痒的慈善义举。难怪福楼拜对津贴流露出鄙夷的态度。

闲职的流行也表明了赞助人制度的官僚化及其与政府部门日益密切的关系。曾经把作家与贵族联系起来的职位在19世纪时使作家与政府挂上了钩。旧制度时期，图书馆曾被视为穷作家的天堂，但如今很多私人图书馆变成了国家所属机构。阿森纳图书馆本来是阿图瓦伯爵的私人财产，但1824年当伯爵继位成为查理十世后便将图书馆捐给了国家。该馆为馆长提供的优厚条件包括极其宽敞的住房以及一份工资。类似情况还有不少，例如内政部（但据当时的人说，该部门并没有图书

1 Lough, *Writer and Public in France*, pp. 310—312；Benjamin Bart, *Flaubert*（Syracuse N. Y.: Syracuse University Press, 1968）, pp. 727—735.

2 "鼓励学者和作家"的预算拨款从1833年的73042法郎涨到1843年的373563法郎，1833年到1880年的平均拨款是221000法郎（参见Charles Nicolas, *Les Budgets de la France depuis le commencement du XIXe siècle*, Paris: Berger-Levrault and E. Guillaumin, 1883, pp. 282—283；Fèlix Faure, *Les Budgets de la France contemporaine depuis vingt ans*, Paris: Guillaumin, 1887, pp. 248—249）。两个具体案例参见：*Projet de loi pour la fixation des recettes et des dépenses de l'exercice 1862*（Paris: Imprimerie nationale, 1862）；和*Projet de loi du Budget Général de l'exercice 1881*（Paris: Imprimerie nationale, 1880）。正式津贴只能来自内政部（参见*Budget*，第九章）。有注释指出，这些款项多数是颁给"受到1851年事件影响的人士"（*Projet ... 1881*, p. 523）。1862年，这些款项被用于"拯救一些不幸者，特别是一些值得关注的人"（*Projet ... 1862*, p. 253）。

馆）在1837年给阿尔弗雷德·德·缪塞找了个图书馆的职位；而公共教 63
育部在第二帝国时期也步其后尘。马萨林图书馆（位于法兰西学院内）曾任命圣勃夫、儒勒·桑多和福楼拜等为馆员。当第二帝国覆灭，李勒无法再从皇帝处领取津贴后，参议院图书馆很快就给他另寻了职位，该职位后来又给了阿纳托尔·法朗士。此类事例不一而足。

这些职位的薪水一般比较微薄，但工作相当轻松。法朗士于1890年从参议院图书馆辞职，因为馆长抱怨称，法朗士先生在八年里一个图书条目都没有编纂。[1]考虑到这些职位与政府圈子的关系，他们享有一定的特权，而高于市场的地位更加强了这种特权。普鲁斯特当图书管理员的例子证明了这个体制的古怪之处：为了向父亲证明自己有一份正当职业，普鲁斯特设法在1895年6月谋得了马萨林图书馆荣誉馆员的位子。7月他就开始变着花样请假（书里的灰尘加重了他的哮喘病，而即使是最轻微的工作也因为他的假期而被迫推迟）。这出闹剧一直持续到1899年，图书馆在一次总检查之后勒令普鲁斯特来上班。而作家，自然是辞职了事。[2]

但这些职位也并非全部都是清闲的差事。普罗斯佩·梅里美做历史纪念物总监时干得相当不错；斯特凡·马拉美做中学英语老师也很认真，甚至写了一部英语语法书。公务范围的扩大增加了作家与政府机构打交道的机会。20世纪，保罗·克洛岱尔、让·吉罗杜和阿莱克西·圣莱热·莱热（笔名圣琼·佩斯）都进入了外交领域，而且工作业绩甚佳。罗曼·罗兰先是在巴黎高等师范学校教历史，然后又在索邦教音乐史；而萨特、西蒙娜·德·波伏娃等，和很多人一样都在中学教过书。[3]

显然，官僚化并没有根除，而是在改造赞助人制度。尽管政府机构 64

1　参见George D. Painter, *Marcel Proust*, 2 vols.（New York：Random House，1959），1：179，n. 1。也参见Lough, *Writers and Public in France*, pp. 306—307，310—313。一位专业图书管理员曾指出，法国图书馆资源不发达与习惯任命非专业人士做馆员有关，参见Roger Pierrot, “Les Bibliothèques”, in *Le Livre français*, ed. J. Cain et al.（Paris：Bibliothèque Nationale，1972），p. 202。

2　Painter, *Marcel Proust*, 1：179，184，187，266.

3　参见Victor Brombert, *Intellectual Hero*（New York：Lipincott，1961），该书的第一章回顾了19世纪末到20世纪中期作家们的教育背景。

给作家发津贴减弱了传统赞助人制度中的人情味，但人情味却通过别的方式开始冒出来。和政府的关系减弱了作家与市场的关系，这种重视人情的关系与市场交易不近人情的特点形成了对抗。

19世纪早期到中期开始扩张的市场给法国文学生活带来了很多变化。虽然很多当时和后来的批评认为这一时期的文学变成了商品，但文学其实一直都是商品。然而比起赞助人制度，市场的入侵带来了前所未有的陌生感，因此便成了众矢之的，其中部分原因是赞助人制度一直以来都是规则制定方，部分原因是赞助人制度以及作家使命感中重要的部分，即人情关系，被市场粉碎了。

面对市场的不确定性和残存无几的赞助人制度，作家们只能向别处寻求支持。一些团体组织允诺可以帮助他们摆脱市场冰冷的文学理念，因此作家们希望能得到这些团体的帮助。但这些团体并非存在于真空中，他们也无法脱离社会生存，因此他们所谓的“帮助”其实是通过与社会，与社会传统和文学体制，甚至是与市场的联系来实现的。尽管宣称与市场和社会“分离”，这些团体其实从来不是单纯的“文学”组织。

对一部分文学和一部分作家来说，沙龙还保有传统的精英成分。和旧制度下的沙龙不同，19世纪的沙龙往往有很多出版商、评论家和记者参与，因此又回到了市场的路子上。福楼拜和左拉的出版商的妻子，夏庞蒂埃夫人（也就是大都会博物馆里雷诺阿名画中的主角）甚至也拥有自己的沙龙。

沙龙从某种程度上来说也是上层社会的延伸，它们维系着文学的传
65 统精英关系，主要是和法兰西学术院的关系。法兰西学术院完全依赖政府的拨款来运作，并且每个成员的选举都要通过国家元首的认可（这在今天也是如此）。但即使是在旧制度下，法兰西学术院也不是政府的代言人。学术院成员不仅与政府，也与法国社会其他精英分子、教会（最后还包括新教徒）、贵族、军方，以及所谓知识“新贵”（作家、学者和科学

家）保持着密切联系。[1]

法兰西学术院声誉卓著是因为它极其善于吸收现代新事物但又不至于放弃传统，并且能重新定义新老事物。革命政府曾发动对特权阶层的猛攻，并于1793年关闭了法兰西学术院及其他国家学术机构。三年不到，另一个革命政府就将它们合并，以“法兰西学院”（Institut de France）之名重新开张。不管新老学院有什么差异，它们都代表了继承，而非革命。在这个政权更迭频繁，而社会又把17世纪看作是“伟大的世纪”、把17世纪的作家认作是经典的国家，这种象征性的对过去的继承延续有着不可低估的重要性。很少有作家能无视高乃依、拉辛和拉封丹的传统。讽刺的是，革命反而把法兰西学术院变成了和凡尔赛宫、巴黎圣母院、卢浮宫同等的国家财富。在这个极其传统的文学机构里，传统得以传承，法兰西学术院的重要性也就无须解释了。继承过去，即使是被否定的过去，也是格外重要的。

法兰西科学院的情况也相差无几。它成立于1666年，和法兰西学术院一样历史悠久、极受景仰。法兰西科学院更具专业性，然而它始终只是法国的学院之一，没有达到法兰西学术院的高度。科学虽给法国带来荣耀，却没有像法国文学和法语一样被看作是“法兰西精神”。18世纪末，神甫莫里的一番话或许总结了这种难以消除的偏见：“在法国，只有
法兰西学术院才受到尊重、获得实际地位。没什么人去关注科学院…… 66
达朗贝尔因为是科学院成员而感到羞耻……在法兰西学术院，我们把科学院成员看作是我们的贴身男仆。”[2]

法兰西学术院成员在维护体面和地位时十分坚决。正是传统的力量而非政府的干涉使得法兰西学术院如此“后进”（arrière-garde）。为了

1　法兰西学术院几个世纪来都接受政府补贴，同时它自身也拥有一定财产。据最近的历史记录，政府补贴占其现有运作资金的1%（Duc de Castries，*La Vieille Dame du Quai Conti*，Paris：Hachette，1978，p. 110）。法兰西学术院最初的五百名成员（1635—1906）中包括统治家族的三名成员，二十位公爵，四十八位红衣主教、大主教或主教，十五位总理（首相），以及四十八位政府大臣（部长）。参见Emile Cassirer，*Les Cinq Cents Immortels*（Paris：Henri Jouve，1906），pp. 210—212。

2　神甫莫里与迈斯特的谈话，参见Charles Augustin Sainte-Beuve，“L'Abbé Maury”，*Causeries du lundi*（23 June 1851），4th ed.（Paris：Garnier，n. d.），4：283。

保持其示范性质的特权，学术院不能放弃任何特权，这也就是为什么每次成员选拔总是传统价值观受到认可。一直到1862年才有第一位纯写小说的小说家当选学术院成员。其他学术院成员当然也写小说，但是他们（如雨果等）进入法兰西学术院的资格通常建立在其诗歌和戏剧等传统文体方面的成就上。奥克塔夫·弗耶的当选标志着小说这个在法国已经存在两百多年的文体终于得到了认可。意料之中的是，第一个正式代表了小说的学术院成员是一个文学保守主义者。自然主义小说家从来没有当选过；正如一位评论家所说，他们的“腐烂的文学”不可能指望获得学术院所代表的道德认同。没人愿意讨论自然主义者所写的污秽之事，从很多方面来看学术院就像一个沙龙。同样，学术院虽不能赐予成员较高的社会地位，却要求成员具备这种地位。查理·诺迪埃曾建议巴尔扎克摆平他自己混乱的财务状况，他解释说：“学术院无法接受因为债务而蹲监狱的情况。它对穷困潦倒、深陷麻烦的天才们既不同情也不可怜。因此……找个职位……你就能选上了。”[1]巴尔扎克没能找到什么职位，因此从来没选上过。

法兰西学术院的政治保守性只是它和政府保持联系的第二大因素。它的保守性反映的是上层社会的保守性、习俗、习惯、态度和人情观。埃德蒙·德·龚古尔在观察拿破仑三世的堂妹马蒂尔德公主的热门文学
67 沙龙后，曾特别指出保守势力对上流社会的影响：“啊公主，您不知道您为政府提供了何种服务，您的沙龙平息了多少仇恨和怨怼，您在政府和文人之间充当了怎样的缓冲。福楼拜和我，如果您没有用您的高贵、您的关怀、您的友谊‘收买’我们，我们一定会全力攻击皇帝和皇后！”[2]龚古尔还指出，如果第二帝国对左拉更宽容，左拉不会和民主派报纸来往，也绝不会变得政治化。

很明显，这些文学机构来自旧时代。但是，它们所处的环境已经大

1 Charles Nodier, quoted by Marcel Bouteron, “Balzac et l'Institut de France”, *Etudes balzaciennes*（Paris: Jouve, 1954）, p. 132.

2 Edmond de Goncourt and Jules de Goncourt, *Journal*（13 November 1874）, 22 vols.（Monaco: Editions de l'Imprimerie nationale, 1956）, 10: 209.

大改变。法兰西学术院可以忠诚于它的传统，但它没法再假装这些传统代表了文学全部。尽管学院和沙龙都强烈反对其他文学机构，但也不得不承认它们的存在。沙龙内部的竞争一直很激烈，而从那以后，沙龙还要与另一种具有强烈自我意识和斗争意识的文学团体竞争，后者对特定审美意识形态尤其具有信念。这些先锋文学团体自诞生之后，就把传统和经典称为“后进”。它们无法如法兰西学术院那样代表国家和历史。它们所代表的是现代性。

这类文学团体中最原始的是“文艺圈子”（cénacle）。该词原指“最后的晚餐”（词根cena是拉丁语“晚餐”之意），后从浪漫主义中借用以代指拥有同样理想的作家、艺术家和知识分子的小范围聚会。这类聚会发生在一定社会背景下，通常围绕晚餐进行，但它们和沙龙不同，因为通常在这类聚会中不会有社会人士与艺术家混杂相处。一般具有社会排外性的沙龙在知识领域比较开放，愿意接受任何能展现“法兰西精神”的名人进入；然而“文艺圈子”则拒绝接受意识形态方面的“外人”，尽管它们也很希望能让更多人“皈依”门下。正如其名字所示，“文艺圈 68
子”招人的标准是是否有信仰。泰奥菲尔·戈蒂耶描绘过浪漫主义者围绕在雨果身边形成一个“文艺圈子”，这也加深了这个名称的隐喻含义。弗朗索瓦·戈贝也曾嘲弄地说过，高蹈派成员就像“伊斯兰信徒去朝拜麦加一样”对待勒贡特·德·李勒。[1]巴尔扎克笔下刚从外省来到“沙漠般”巴黎的诗人吕西安，当遇到四风街文艺圈子中同情他的人们时如同发现了“绿洲”一般。所有的圈子成员都是些额头上“有着特殊天才标记”的“高等人物”，因此吕西安不得不耐心等待直到别人认可他有资格加入这个“大人物的小圈子”。当他放弃理想，屈身进入新闻行业后，他就被从团体中开除了。[2]虽然“文艺圈子”一词在19世纪中期就不再流行，但它还是成了法国文学的永久特点。

1　Rémy Ponton，“Programme esthétique et accumulation de capital symbolique”，*Revue française de sociologie* 1（April—June 1973）：202—220. 庞顿的分析建立在韦伯的范畴上，特别是领袖气质本身就是基本宗教隐喻的变体。

2　巴尔扎克对文艺团体的看法是非典型的，他认为文艺团体不应局限于某个审美意识形态，但必须反对市场。

“文艺圈子”的长处同时也是它的弱点。尽管理由不同效果也大相径庭，文艺圈子和传统文学机构一样面临着孤立的问题。它的孤立性使它远离更广大的文学世界。由于文艺圈子致力于推广它自己的文学定义，因此排外性必然成为其阻碍，或者说本应该会这样，如果不是文艺圈子经常集合起力量攻击外部文学世界。雨果的《欧那尼》（1830）一剧首演时的狂热场景是文艺圈子对文学体制发起攻击的绝佳例证。

从长远来看，非正式文艺圈子平稳转化成正式组织的话更能动员起各种资源。文学团体在转向市场后建立或兼并了一些文学评论期刊和出版社。通过这种方法，它们得以生产和传播文学作品。自然主义者跟随左拉来到出版商夏庞蒂埃门下；象征主义者和《白色评论》联系在一起；夏尔·佩吉让《半月丛刊》发表他的文章和评论；尽管《新法兰西评论》并不特别倾向某个流派，但它确实是“现代主义”文学的最佳代言
69 人。这种市场动向在19世纪末特别明显，但它在早几年其实已经出现了，例如雨果兄弟主办的杂志《保守派文学》（1819），戈蒂耶担任编辑的杂志《艺术家》（1856），以及其他一些寿命不长的杂志。[1]每种文学流派都有自己的杂志，而每本杂志也宣传自己认可的文学流派，由此，文艺圈子显得愈发重要，它的文学理念也得到确立和宣传。

和许多后来者一样，龚古尔学会将文艺圈子正规化，正如法兰西学术院赋予“沙龙精神”以组织基础。龚古尔学会正式成立于1902年，其基础是埃德蒙·德·龚古尔的遗嘱和遗产。但建立学会的想法则可以追溯到1880年龚古尔兄弟俩的愿望。学会的十个成员由龚古尔的遗嘱指定，年收入六千法郎津贴。他们要举行晚餐会，每年还要给前一年出版的最佳原创作品颁奖，奖金为五千法郎。最后这个要求实际指的是小说。龚古尔学会的首要任务是反对市场，市场的要求是两兄弟所不乐于见到的，因为埃德蒙·德·龚古尔希望这笔津贴能让十位成员免于新闻业费时费力的工作要求。龚古尔学会的另一个任务是反对法兰西学术院及其三教九流的成员构成。龚古尔明确说：“只有作家才能获得成

1 参见Luc Badesco，*La Génération poétique de 1860*（Paris：Nizet，1971），作者将这些杂志称为诗歌界的“战斗杂志”。

为本学会一员的荣誉。我们只接受作家，不接受大贵族或政治家。”难怪1880年的报纸已经将其称为给没能进入法兰西学术院的不幸之人以“报仇和安慰的学会”。[1]

尽管龚古尔学会声称要保护成员不受市场的伤害，但它却比文艺圈子走得更远，更不拘于文学本身：它颁发年度奖项，帮助有需要的作家，根据其章程规定“鼓励”年轻作家（这点做得不太够）。同时和文艺圈 70
子一样，龚古尔学会对文学生活的影响也和它参与市场的程度成正比。第一次颁奖后的几年中它已经开始影响销售量了。今天，获得龚古尔奖的作品能够保证二十万到四十万册销量，这是个巨大的成功，考虑到法国的文学作品中只有不到0. 5%的作品能卖到十万册以上，而小说的平均印刷量是三千到五千册。另外有五到六个其他奖项也会极大影响作品销量，但是没有一个能比得上龚古尔奖的影响力。[2]

二

文学体制并非存在于学识真空中，在关于文学定义的争论背后都有相似的力量在起作用。传统与现代的体制之争也同样导致了文学创作的形式之间激烈的竞争。要理解这些文学体制之间发生的战争，要理解它们在法国文学文化形成过程中所扮演的角色，我们必须面对这些体制所特有的审美意识形态。

19世纪定义文学的主要有三派：认为文学有别于道德标准的传统主义，声称文学神圣不可侵犯的唯美主义，以及宣扬客观性、宣扬依照真实的价值来评价文学的科学主义。正如文学机构内部相互竞争并反对

---

1 参见龚古尔的遗嘱：Jacques Robichon，*Le Défi des Goncourt*（Paris：Denoël，1975），p. 332。这本书中还介绍了龚古尔学会的地位，截至1974年的历届成员名单和历年奖项名单，以及该学院的详细历史。但其中多数雷同的材料被认为并不值得信赖，参见Roger Gouze，*Les Bêtes à Goncourt*（Paris：Hachette，1973）。

2 1838年成立的作家协会具有不同目的。该协会既不是联盟也不是职业协会，而一直是个保护性协会，它收取版税，推动更有效的著作权法，保护成员不受抄袭之害。该协会的资金主要来源是成员年费，而该年费也来自版税。

市场一样，这些文学模式也互相竞争，并且都反对将文学降格为商品。由于各种文学机构的存在，不同文学观之间紧张关系的重要性得以凌驾于这种种文学观之上。

直到19世纪，人们都普遍认为文学应由某些标准来评判，这些标准必须包括政治、宗教、社会等因素，但是从根本上来说，必须是道德的。
71 从西方角度来看，这种道德文学观的鼻祖无疑是柏拉图，他为了保持文学不受污染，竟提出将诗人逐出他的理想国。贺拉斯的名言“甜蜜与用途”（utile et dulce）中也许包含了更多积极的要素，但是这一观点所遵循的仍然是“艺术必须服从于道德要求”的基本前提。

由于道德标准建立在特殊情境下，因此道德批评往往千变万化。个人表达的愤怒，和由教会、国家支持的愤怒是两码事。法国的国家审查跨越世纪：从旧制度下的复杂体系，到第一、第二帝国下的严苛管制，到七月王朝和第三共和国下相对宽松的监督。但这些干涉行为都无法解释后来作家、出版商和编辑们的自我审查。

道德批评并非全然教条主义。19世纪最开明的批评家圣勃夫，就自认完全属于道德传统：“对我来说文学不能完全，至少无法与人类生活分开。我可以很喜欢一部作品，但是我无法脱离人本身去评论它。文学研究将我自然引向了道德研究。”[1]雨果的话则更简洁、更明确：“真理包含道德；伟大则包含美。”[2]

传统文学观念也有更激进的转变，19世纪的法国就是如此。18世纪哲学家曾将文学用作传播启蒙思想的武器，19世纪的作家追随着前者的脚步，拥护一切政治事业。在社会浪漫主义的旗帜下，在女性主义、社会

1 Sainte-Beuve，“Chateaubriand jugé par un ami intime”，*Nouveaux lundis*，22 July 1862（Paris：Calmann-Lévy，1892），3：15. 1867年，一位名叫拉普拉德的诗人因为在里昂丢了一把椅子而写了一首讽刺诗，显然是在嘲讽审查制度：

> 这一天会到来，这是圣勃夫梦想的一天，
> 国家的缪斯女神，将我们握在手中
> 用我们编织人类的精神。（转引自Albert Cassagne，*La Théorie de l'art pour l'art en France*，Paris：L. Dorbon，1959，p. 95）

2 Victor Hugo，préface to *Marie Tudor*（1833），*Théâtre complet*，2 vols.（Paris：Gallimard-Pléiade，1964），2：414.

主义、人文主义等思想激发下，作家们写出了不同的作品。他们宣传离婚、刑事改革、改善工人阶级生活条件和结束奴隶制。很多这类“改革”
作品其实是非常模糊的，它们所表达的往往是一股热情的冲动，而不是 72
具体的计划：如欧仁·苏写《流浪的犹太人》是为了“调和在社会阶梯两个极端的阶层之间的矛盾”。[1]

对这些作家来说，他们的责任超越了党派政治，19世纪的作家和哲学家一样，开始把自己看作是人类的立法者。巴尔扎克在《人间喜剧》前言里阐述了他的原则，这套原则不仅是为一代人而讲，也是为了之后的作家，特别是法国作家的事业而讲。巴尔扎克呼吁作家们“应该充当诲人不倦的老师”。作为一名保皇党人，巴尔扎克还认为这条建议应该不分政治派别地进行运用：“我早已将这段名言奉为圭臬，它是保皇派和民主派作家共同的金科玉律。”[2]

不过，上述矛盾的形式不应模糊传统文学定义中的基本完整性。不管目标如何分歧，这些不同意见都认为文学是为了达成更高目的的手段，因此评判文学时必须包括一些文学之外的标准。更为激进的是，19世纪30年代开始流行的文学审美理论消解了真善美，并声称文学只能从其纯艺术角度来进行定义。这种唯美主义背后的哲学理论部分来自康德。康德曾提出，良知（伦理）、想象（审美）和智性或理性（形而上学或认识论）是三个截然不同、不可相提并论的领域。有意识或无意识地，许多19世纪作家都在此基础上写作，并论证这些差异事实上在文学内部也存在。

认可为艺术而艺术，就是赞同审美是法外之物，但唯美主义是对审美标准的理想，它不仅仅只包含文学史上的特定时刻。与其说是一种运动，不如说它是一种情感；与其说是一种学说，不如说它是一种对真正艺
术优越性的信仰。“我们相信艺术的自主性；对我们来说，艺术是手段也 73
是目的。”[3]由此，唯美主义以及文学的唯美主义定义就在文学领域永久

1 Eugène Sue, epilogue, *Le Juif errant*（1844—1845），2 vols.，rev. ed.（Paris: Librairie internationale, 1869），2: 321.

2 Balzac, avant-propos to *La Comédie humaine*, 1: 12, 13.

3 Théophile Gautier, introduction to *L'Artiste*, cited by Cassagne, *La Théorie de l'art*, p. 137.

留下了印记。

要严格定义审美标准是非常困难的。尽管各种热情洋溢的言论认为可以有唯一的标准，但实际上是不可能的。正如语境最终定义了传统的文学观，社会环境也最终决定了唯美主义能采取什么样的形式。形式主义是一个答案。勒贡特·德·李勒呼吁诗人“用复杂、熟练、和谐的方式结合线条、颜色、声音……来实现美”。然而，即便是那些坚信唯美主义的人也意识到一种独特的文学语言（如果能想象出这样一种语言的话）会仅仅因这一特点而丧失交流的能力。在戈蒂耶担任《艺术家》杂志编委期间，关于该杂志的讨论一度十分晦涩不堪、佶屈聱牙，以至于龚古尔兄弟认为自己“落入了一群罗马帝国晚期语言学家的争吵之中”。[1]勒贡特·德·李勒和很多人一样意识到了形式主义最终将贫瘠没落，因此李勒为诗歌的形式成分加上了“所有热情、思考、知识和幻想的来源”。[2]

无法确定一种客观、总体的审美标准，意味着和传统的道德文学观一样，唯美主义也会随着支持者群体的变化而变化。和政治激进分子的文学一样，唯美主义恰是因为其反对态度而繁荣起来——反对市场、反对传统文学，特别是反对给予这些文学以权威地位的文学体制。至于唯美主义支持了什么，它确实促进了文学的独立性，帮助文学摆脱了压迫性的体制和定义。

这种反对态度催生了极端主义立场、气势汹汹的态度和争强好胜的论调：戈蒂耶在谴责市场时声称：“只有无用的事物才是美丽的；所有有用的都是丑陋的。”并且因为唯美主义往往更注重形式而非内容，戈蒂耶
74 又补充说：“房子里最有用的地方就是厕所。”[3] 19世纪30年代，戈蒂耶及其放荡不羁的同伴们的华丽服饰和夸张举止更衬托了他们反对资产阶级社会物质主义，反对后者所支持的与传统文学体制相关的市场和道德

1 Goncourt, *Journal*（11 April 1857），2：94.

2 Leconte de Lisle, avant-propos to *Poètes contemporains*（1864），*Articles, préfaces, discours*（Paris：Les Belles Lettres, 1971），p. 159.

3 Gautier, préface to *Mademoiselle de Maupin*（1834）（Paris：Garnier, 1966），p. 23.

的态度。

即使是19世纪末现实主义和自然主义支持者们非常强调的科学主义和客观性，其实也是唯美主义的变体。勒贡特·德·李勒在其《古代诗歌》（1852）一书的前言部分中呼吁艺术与科学携手共同努力。[1]“科学”很快成为新口号，在新的审美事业中被大肆使用。左拉是最出名的“科学”方法倡导者：“谁与科学为伍，谁就与我们为伍。”[2]左拉不是唯一一个。半个世纪之前，巴尔扎克也深受科学理想影响，尽管他的科学观很不一样。连李勒也将科学包括进了诗歌要素（毫无疑问他是使用了“科学”在知识中较旧的一层意义）。

文学变化的各派别由此发现，在使用自己的新术语来定义新事物时陷入了僵局。这一任务似乎是无法完成的。反对也需要引用对手，也需要引用被反对的传统。作家们发现要避免传统非常困难，因为即使是没有政治主张的作家也倾向于从传统角度来看待自己的文学，如果不是看待自己的话。而知识界要完全剥离传统标准的努力，更因为后者背后的传统文学体制的支持而备受挫折。因此，即便是最反对把道德强加给艺术的作家也不得不使用熟悉的道德观词汇。艺术在呈现时并非与道德、审美、科学无关，而是被看作一种更高的道德，这一部分出于策略原因， 75
而另一部分则是由于真实的知识困境。“存在几种道德。有更积极、现实的道德，人人都应该遵守。但是还有一种艺术的道德。这是截然不同的道德。”[3]这来自波德莱尔《恶之花》（1857）的介绍部分，该诗集曾因内容不道德而遭起诉和谴责。勒贡特·德·李勒则是另一个例子。大约在同一时期，他坚持“‘美’不是‘真’的仆从”，这也就回到了原来的老路上。他声称，一部作品若不能实现美，“则是坏的作品，是懦夫的行径，是犯罪，是令人羞耻、彻头彻尾的不道德行径”。[4]而尽管左拉为科学发

1　Leconte de Lisle，*Articles，préfaces，discours*，pp. 118—119.

2　Emile Zola，*Le Roman expérimental*（1880）（Paris：Garnier-Flammarion，1971），pp. 60，74.

3　Charles Baudelaire，*Les Fleurs du mal*（Paris：Garnier，1958），p. 255. 关于艺术作为更高道德的部分，可参见Cassagne，*La Théorie de l'art*，pp. 226—261。

4　Leconte de Lisle，*Articles，préfaces，discours*，pp. 159—160.

声，他也曾说出类似混乱到几近荒唐的话："一个人要是写得很差他就有罪，这是我认为文学中的唯一罪过。"而这位自封的科学支持者在结束他对审查制度的叫骂时更是说出了惊人的话："写得精妙的句子是一桩好事！"[1]

那么这些文学机构和文学定义之间有什么关联呢？可惜这两者间的关系并没有绝对明确地划定过。确实，传统文学与各种长期确立的文学机构之间有着天然联系，而先锋派审美则更多与短时存在的团体相关。法兰西学术院不会选择无政府主义者或极端审美派别的支持者。但文学不是一成不变的，文学体制机构也不是。曾经被认为极端的审美最终进入了文化传统，曾经让人无法容忍的最后也进入了寻常人家。曾经最大声反对传统的人敲响了法兰西学术院的大门并且经常得到承认。而曾经的敌人，法兰西学术院，也是许多人志向的焦点。"谴责它，但是要努力挤进去"，福楼拜对这种矛盾现象的总结如此说道。[2]

能否入选法兰西学术院不仅事关个人，它还关系到一种审美。波德
76 莱尔、巴尔扎克、戈蒂耶和左拉不止一次提出申请。他们无疑是要追求个人荣誉，但同时他们也是在为他们所信奉的文学观追求荣誉与传承。他们失败了，自有别人上前。有了拉马丁、维尼、雨果、缪塞等，浪漫主义最终登顶，并且在这过程中，浪漫主义也改变了法兰西学术院，扩大了学术院对文学的认知范围。同时，被法兰西学术院接纳也改变了先锋派。1841年由雨果带入法兰西学术院的光荣的浪漫主义，再也不是《欧那尼》首演时充满战斗精神的"文艺圈子"了。而1830年，浪漫主义及其作家确实生活在风险中。

先锋派被传统文学体制招安的过程，显示了这些审美流派是如何被自己反对的传统所束缚。而通过吸纳这些新审美流派，文学体制也显示了其适应性，一种能够超越一时冲突和意识形态定义的适应性。不论是

---

1 Zola, "La Littérature obscène", *Le Voltaire* (1880), reprinted in *Le Roman experimental*, p. 334.

2 Gustave Flaubert, *Le Dictionnaire des idées recues*, *Oeuvres* (Paris: Gallimard-Pléiade, 1952), 2: 999.

知识界还是体制内都没有划定绝对分界线，因为双方都承认过去与现在的矛盾是法国文学文化的一种准则。改变不会一帆风顺，但最终会被接受，因为总体上来讲接受具有更大意义。传统正是通过由自身引起的对抗而掌控全局，它为知识界的争论做了限定。我们也看到，作家们正是
通过自己的创作理论来和这些限定进行妥协或斗争。 77

第四章 集体策略与个人回报

一天又一天，文学生产变得越来越庞大而恐怖。书籍增长、泛滥、到处都是；简直成了洪灾。从拥挤的书店里涌出一股黄色、蓝色、绿色、红色的激流，倾泻而下，令人头晕目眩。那些被浪涛从不知哪处深渊里抛上来，仅在浪尖停留片刻就滚得四处都是的名字，你对它们一无所知，然而很快它们就被扔到沙滩某个被遗忘的角落无人理睬，甚至连海滨拾荒者都不屑一顾。

——奥克塔夫·米尔博，《作家们》

奥克塔夫·米尔博是第二代自然主义者，少数在文学事业上得以出人头地的幸运儿，但他敏锐地察觉到，等待着绝大多数雄心勃勃的作家的不过是被遗忘的命运。巴尔扎克笔下的吕西安在19世纪20年代就把全副精力都投入到出版作品当中，因而也全身心地痛恨着那些精明的、瞧都不瞧他诗集一眼的出版商。到了19世纪90年代米尔博写作时，很明显光靠出版已经不可能让人声名鹊起、成就事业了。市场的扩张，随之而来的文学机构数量的增长和审美意识形态的多样化都改变了成功文学事业的准则。作家团体和个人都对文学现状进行了观察思考，在评估了自己现有条件和期望达到的目的后，他们采用了多种策略来平衡两者。

作家们所看到的泛滥的商业主义和竞争（就是米尔博所说的书的激 78
流）迫使作家们在这场争取事业成功的战争中不得不寻找和加入同盟。结果，各种各样的文学团体层出不穷，特别是到了世纪末竞争特别激烈的时候。大部分团体存在时间很短，但是某些团体（包括下面要讲到的三个，浪漫主义、高蹈派、自然主义）却逐渐成为法国文学生活中重要的力量。然而，这三个团体的发展揭示了任何集体行动都会充满矛盾。每个团体都很脆弱，无人能及的大诗人的神话削弱了它们的基础。从此以后，具有代表性的个体和整个团体之间的矛盾将贯穿整个法国文学文化。

一

作家们对付市场的策略的集体性质使文学与意识形态捆绑在一起，即，与某种阐释捆绑在一起，而这种阐释是文学团体与社会打交道时所依赖的。[1]不管是“理论”这个强调辩论逻辑的概念，还是“哲学”这个暗示了抽象思考的术语，它们都没能表达出意识形态和某个社会团体之间的特殊关系。在多数情况下，理论和哲学也无法表达意识形态中非常重要的、极具象征意义的话语。意识形态作为对一个特殊社会团体和社会其余部分之间关系的转化，只要它在历史中扎根，在一个可识别的社会团体的社会构成、经济、政治、文化立场中扎根，它便是“客观的”。同时，意识形态又是“主观的”，因为它表达了这个团体在社会中的经验。

19世纪法国的唯美主义意识形态来源于其发展或反对其发展的语境。尽管唯美主义对很多方面有所推动，但它的多种变体都呈现了艺术
家在现代世界里的优越性和边缘性，以及艺术的独立性。基于这种定 79
义，唯美主义宣称自己在现代社会中对艺术家讲话、为艺术家讲话，并且特别为作家发声、为作家保留一席之地。巴尔扎克在《人间喜剧》中的

1　Clifford Geertz，“Ideology as a Cultural System”（1964），*The Interpretation of Cultures*（New York：Basic Books，1973）.

写法可能有些格外激进，但他吹嘘作家“（的）法则使他能和政治家平起平坐，甚至更高一筹”[1]的话倒也不是异乎寻常、独树一帜。

虽然唯美主义并不只关注作家，并且作家也并不是唯美主义宣传的唯一受益人或拥护者，但他们确实从不少特权中获益。除了落在诗人身上的预言功能外，作家比其他艺术家更有优势，因为后者往往专注于某一样特殊的艺术传播媒介而远离普通知识和社会话语。作家为唯美主义代言，是因为文学能清晰阐述唯美主义所包含的能够为艺术的理念和实践立法的意识形态。

同一主题的不同变体或许是因为环境和秉性所致。在批评文章里出现的直接攻击展现了在更严格的批评模式里暗含的不满。例如，资产阶级代表了艺术家在现代社会中厌恶的一切。作家们兴奋地攻击资产阶级，以至于这两种人都超越了社会学范畴而带上了神话般的色彩。对艺术家来说，资产阶级是他者。如果说只有少数艺术家真正过着波西米亚式的生活，那么作家对这种个人生活方式浓墨重彩的描画实际是在公开表达对社会的抗议，因为社会已经不太关注少数人的怪癖了。同时，作家们的高调行为（如奈瓦尔曾用狗绳拴着他的龙虾在王宫花园散步）也是为了吸引资产阶级这唯一观众的注意力。[2]

考虑到阵地相近，作家们自然会在其他艺术家、画家、音乐家的作品里发现可供文学参考的养料，因此后者的办公室也往往在文学战争中被作家征用。戈蒂耶的事业起步于一间画室，他发现画室非常适合文学战
80 斗——“我们当时在画室里阅读了大量作品”——戈蒂耶因此犹豫了很久才最终选择了文学。[3]库尔贝在他的画中描绘了波德莱尔和其他画家，这使人不禁想到“现实主义”一词其实是在库尔贝的画室中诞生的。又如左拉，他支持印象派，特别是马奈；而塞尚也一直是左拉的亲密朋友，

1 Honoré de Balzac, avant-propos to *La Comédie humaine*, 12 vols.（Paris: Gallimard-Pléiade, 1976—1981）, 1: 12.

2 参见我以下著作的结论部分：*Battle of the Bourgeois*（Paris: Didier, 1973）。

3 乔治·马托雷也注意到了画家圈子对文学的贡献（Georges Matoré, “Les Notions d'art et d'artiste à l'époque romantique”, *Revue des sciences humaines*, April—September 1951: 120—137）。

直到两人因左拉在小说《杰作》中对艺术家的描写而交恶。[1]一方面，这种关联是特定审美观合乎逻辑的延伸，另一方面，它也是艺术界重合地带的自然生成。我们不应该忘记，19世纪的巴黎，是各种艺术的中心。

普通作家和艺术家面临着压力和困境，但我们不应该忘记作家分多种类型。除了唯美主义之外，还存在着许多种审美意识形态、文学潮流和实践方法，这些共同塑造了法国文学文化长久以来的矛盾关系：强烈的、公开化的团体冲突，以及基本的，导致了个人与团体、个人与社会秩序之间冲突的紧张关系。一方面，作家从浪漫主义那里继承来的理想坚持着作品的唯一性。另一方面，个人和市场之间日益不均衡的力量对比使得作家不得不联合起来，为了自己和自己的文学理想而进行斗争。因此，在19世纪市场逐渐扩张并统治了文学生活后，集体策略的重要性开始日益增长。19世纪20、30年代松散结盟的浪漫主义者们在60、70年代被加强了联系的高蹈派诗人所取代，并在70、80年代被更紧密结合在一起的自然主义者取代。

这些团体的鲜明特征和它们的内部凝聚力使其与同时代的团体，甚至后来者截然不同。这三者也代表了19世纪中有竞争关系的主要文学创作模式。19世纪20、30年代时，浪漫主义还是一个比较松散的团体，其成员遍布各种文体创作。他们围绕着传统文学观念联合在一起，同时也通过重新定义文学和作家在现代社会中的地位来更新文学观念。当今作家远离主流又高人一等的形象，就是从浪漫主义者不懈的自我宣传 81
中固定下来的。过了几年，到了19世纪中期，高蹈派（主要是诗人）纷纷聚集到勒贡特·德·李勒朴素的唯美主义旗下，并雄心勃勃地将他们的集体创作集命名为《现代高蹈诗集》。最后，到了70、80年代，自然主义者声称拥护左拉所提倡的科学主义，以描绘一个“真实的”世界，使小说成为“生活的切片”。这几个文学团体所取得的成功，它们在社会和文

1 参见Pierre Martino，*Le Roman réaliste sous le Second Empire*（Paris：Hachette，1913），pt. I，chaps. 3，4；书中分析了文学和艺术“运动”的互动。也参见左拉对马奈的研究（1866）：Zola，*Mes haines*（Paris：Charpentier，1879）；René Dumesnil，*L'Epoque réaliste et naturaliste*（Paris：Tallandier，1945），chap. 18。

学上所投射的鲜明形象，以及它们的社会和文学地位都证明，一方面集体策略在法国文学文化中已经越来越重要，而另一方面，这些策略也会导致种种矛盾。[1]

这些集体策略可被视作是为特定团体及其文学观标示疆界的一系列步骤。自我定义的第一步是在知识和审美领域划定界限。那些高调公开审美主张的宣言实际上赋予了该团体一个身份和存在的理由。这种宣言和传统观念差别越大，越会招致新闻界的激烈批判，用左拉的比喻来说，就是“每写一篇文章，就如榔头更进一步敲击”。[2]突出的地位和尖锐的话语不仅吸引了支持者，也为反对者提供了攻击目标。对以上三个团体的成员以及局外人来说，雨果的《〈克伦威尔〉序言》（1827）、勒贡特·德·李勒的《古诗》（1852）和左拉的《实验小说》（1880）一起建立了审美相关性与意识形态身份。通过这种方式，这些团体在文学空间

1 浪漫主义者（按照出生先后顺序）包括：司汤达（原名亨利·贝尔）、阿尔封斯·德·拉马丁、阿尔弗雷·德·维尼、奥诺雷·德·巴尔扎克、维克多·雨果、大仲马、普罗斯佩·梅里美、乔治·桑（原名奥罗尔·杜邦·杜德旺）、钱拉·德·奈瓦尔（原名钱拉·拉布吕尼）、阿尔弗雷德·德·缪塞、泰奥菲尔·戈蒂耶等。信息取自：Dr. Hoefer, ed. , *Nouvelle Biographie générale*（Paris：Firmin-Didot，1865）。

根据Rémy Ponton，“Programme esthétique et accumulation de capital symbolique：L’Example du Parnasse”，*Revue française de sociologie*，1（April—June 1973）：202—230，高蹈派包括：勒贡特·德·李勒、阿尔贝·格拉蒂尼、莱昂·迪尔克斯、苏利—普吕多姆（原名雷内·弗朗索瓦·阿尔芒·普吕多姆）、卡图勒·蒙戴斯、何塞·玛利亚·埃雷迪亚、弗朗索瓦·戈贝、格扎维埃·德·里卡尔等。

自然主义者包括《梅塘之夜》（1880）这本合集的六位著者：爱弥尔·左拉、保罗·阿莱克西、乔里—卡尔·于斯曼（原名乔治·夏尔·于斯曼）、亨利·塞阿、居伊·德·莫泊桑和莱昂·厄尼克。除此六人，我还加上了三位“前辈”：亨利·贝克、阿尔封斯·都德与（在此算为一人的）龚古尔兄弟。参见Pierre Martino，*Le Naturalisme français，1870—1895*（1925）（Paris：Colin，1945）；Jacques Dubois，“Emergence et position du groupe naturaliste dans l’institution littéraire”，*Le Naturalisme: Colloque de Cerisy*（Paris：Union Générale d’Edition，10/18，1978），pp. 75—91；Rémy Ponton，“Naissance du roman psychologique：Captial culturel，capital social，et stratégie littéraire à la fin du XIXe siècle”，*Actes de la recherché en sciences sociales* no. 4（July 1975）：66—81（作者将自然主义者作为比较的基础）；以及Christophe Charle，*La Crise littéraire à l’époque du Naturalisme—roman，théâtre，politique: Essai d’histoire sociale des groups et des genres littéraires*（Paris：Presses de l’Ecole normale supérieure，1979），esp. pt. 2，chaps. 1，2。

2 转引自Edmond de Goncourt and Jules de Goncourt，*Journal*（19 February 1877），22 vols.（Monaco：Editions de l’Imprimerie nationale，1956），11：128—129。

中占据了自己的一席之地。

各种文学机构的出现加强了文学身份，也将个人实践与更广大的社会背景联系在一起。我们会很轻易地夸大作家团体的重要性，然而他们绝不是后世文学史家为了从一堆作家和作品中研究出点意义而分门别类梳理得整整齐齐的简单历史事实。当时的文学史家也面临着同样的混乱，他们往往自己给文学团体命名。但如果这些被命名的个人、团体 82
不为自己设计标签的话，一旦别人给你贴上标签，它最后常常就变成埃德蒙·德·龚古尔所说的“标志”。左拉曾经承认“根本不在乎‘自然主义’这个词”，但他还是会重复使用，“因为要让公众认为它是个新词，就必须经过洗礼”。[1]

如果有人质疑龚古尔的话，这也是能理解的。当时几乎每个人都举着不同的大旗来占领文学机构。那些“某某主义”的术语只不过是内心信仰的外部表现罢了。虽然正如左拉所言，这些词可能看起来有点傻，而且往往是偶然所得，但其中的理想却并不傻。如果没有知识和文学基础，组织性策略便毫无意义。巴尔扎克所组织的昙花一现的“红马协会”（Société du cheval rouge）就是对狂热组织性策略的绝佳讽刺。戈蒂耶后来详细讲述过巴尔扎克这个轻率的计划，按照设想，这是个纯粹公益性的互助协会，其成员应忠实地（并且秘密地）相互提携。“按计划，我们应该接管报纸，占领剧院，坐上法兰西学术院的高座，发表成串的宣言，最后，也许，我们会成为贵族、内阁大臣、百万富翁。”[2]但是由于未来的文学雇佣兵们空有一腔热情，除此之外并无太多共同之处，所以巴尔扎克的这个计划除了戈蒂耶的牛皮之外似乎并没能产生别的效果。巴尔扎克自己在《人间喜剧》中提到了失败原因。在四风街围绕着达尼埃尔·德·阿泰兹所组成的小团体之所以能成功，是由于它拥有“红马协会”所极度缺乏的审美和知识信仰。

显然，在不同文学团体中信念的坚定程度是不同的。个人和文学上

1　左拉此话引自Goncourt, *Journal*（19 February 1877），11：128。埃德蒙·德·龚古尔在《桑加诺兄弟》的前言中称现实主义是“标志”。

2　Théophile Gautier, *Honoré de Balzac*（Paris：Poulet, Malaissis, et de Broise, 1859），pp. 90—94.

的联系越紧密，组织就越有凝聚力，集体身份就越强大。浪漫主义者无人领导，他们非常分散，在几波思潮中都有代表人物，但是没有一个人能集中大家的志向并指明一条发展之路。虽然夏多布里昂被视作是可敬
83 的前辈，或者如戈蒂耶所言，是法国浪漫派的“酋长”，但夏多布里昂在好争吵的青年一辈加入战斗时往往远离战场，超然物外。从另一方面来说，雨果所取得的惊人成就以及振聋发聩的文学呼吁都激励了年轻一代的未来浪漫派。戈蒂耶曾生动描述过他和雨果在后者的浪漫主义戏剧《欧那尼》获得巨大成功之后的第一次会面：即使那时雨果才不到三十岁，他所散发出的特殊魅力已经让戈蒂耶紧张到不敢去按门铃；他在台阶上徘徊许久，直到雨果出门差点绊倒在他身上。尽管戈蒂耶对雨果无限崇拜，尽管他加入了雨果一方热情地捍卫《欧那尼》，但他并没有立即成为后者的弟子。无论如何，雨果缺乏将团队拧成一股绳的气质。勒贡特·德·李勒和左拉后来倒是建立了类似的团体，他们的示范作用、活力和名气（更不用说他们的人脉）对弟子们的事业发展起了很大推动作用。勒贡特·德·李勒比其他高蹈派诗人大了二十到二十四岁，而左拉则比其他自然主义后辈作家大了八到十岁；他们两人都努力工作，也为朋友和后辈做了很多事。勒贡特·德·李勒把高蹈派诗人带到自己的出版商勒梅尔处，左拉则要夏庞蒂埃保证出版自然主义作家的作品。而他们的弟子则在恰当的时机予以回报。在高蹈派作家中，苏利—普吕多姆于1881年第一个被选入法兰西学术院。显然他也孜孜不倦地为团体工作，1884年戈贝入选法国科学院四十人委员会，随后勒贡特·德·李勒在1886年、埃雷迪亚在1894年也相继入选。

定期联络对加强集体团结有很重要的作用。在咖啡馆、餐厅或是沙龙的非正式聚会使团体成员与某个地点、某种仪式形成联系。大多数情况下，与会人员中什么人都有。一般来说，沙龙里有作家也有上流社会成员，就和旧制度时一样。但是就算是作家内部也分多种，一般聚会往往是朋友和赞助者的聚会，而非大师与弟子之间的会面。乔治·桑在乡间的住宅大门向朋友们敞开，就算是像巴尔扎克这样文学主张被她强烈
84 反对的人也不例外。在马涅餐厅的晚餐能吸引来福楼拜、龚古尔兄弟、

圣勃夫、丹纳、屠格涅夫等，甚至乔治·桑也经常参加这类“专业晚餐会”。其他作家则会在特定日子选择“在家聚会”，如福楼拜是周日，马拉美是周四，埃德蒙·德·龚古尔是周日上午在其郊区的家中（这种聚会成了日后龚古尔学会的惯例）。而多数作家会在几个圈子里游走。

但在某些情况下，一些团体会紧密团结在一起，其聚会越是仅限于自己人（如成员、支持者等），该团体的成员身份就越是鲜明。勒贡特·德·李勒的沙龙是高蹈派的标志；左拉在梅塘的乡间住宅主要向自然主义者开放。总的来说，长期与一位公认的大师保持联络即是最宝贵的师徒关系，是一种测试想法和获取批评意见的途径。埃雷迪亚说勒贡特·德·李勒教会了所有高蹈派成员如何写诗。塞尚的名画《保罗·阿莱克西向爱弥尔·左拉念手稿》就展现了这样一个场景：画中左拉披着一件东方式长袍，面色凝重，似在深思。塞尚此画准确地捕捉到了这种师徒关系的精华，其中的尊重、大师所扮演的角色及其赞扬的重要性。

公开示威通常会加强这种联系并将其公开化。雨果《欧那尼》的首演曾引发剧院的一片混乱，包括互相投掷西红柿等，但从另一个角度看这也强化了浪漫主义的胜利，并使这生动鲜明的形象延续了一百五十年之久。虽然没有浪漫主义这么激烈，但是《现代高蹈诗集》（1866，1868，1876）以及短篇小说集《梅塘之夜》（1880）都起到了类似的作用，即公开自己的原则和主张。勒贡特·德·李勒的文学地位在第一期《现代高蹈诗集》出版前就已经广为人知，而左拉不知疲倦的新闻工作也已经使他在《梅塘之夜》出版前就成为自然主义的标杆人物。合集的出版亮明了其他合著者的自然主义者身份，并突出了不同文学团体、文学审美之间的差异。而左拉的“榔头”（新闻）也同样加深了这种差异，开启了文学战争。 85

在这些文学团体创建过程中激烈的竞争无处不在，这对团体的生存也是一个长期的威胁。团体内的竞争最终无可避免地会导致分裂。普鲁斯特对维尔迪兰夫人的沙龙灾难性的描写只是对类似集会不稳定性的嘲讽。维尔迪兰夫人对“背叛”的恐惧，以及她提到对不忠者必须施以“暗杀”都反映了这种半社会、半艺术关系的脆弱。这些团体，即便是

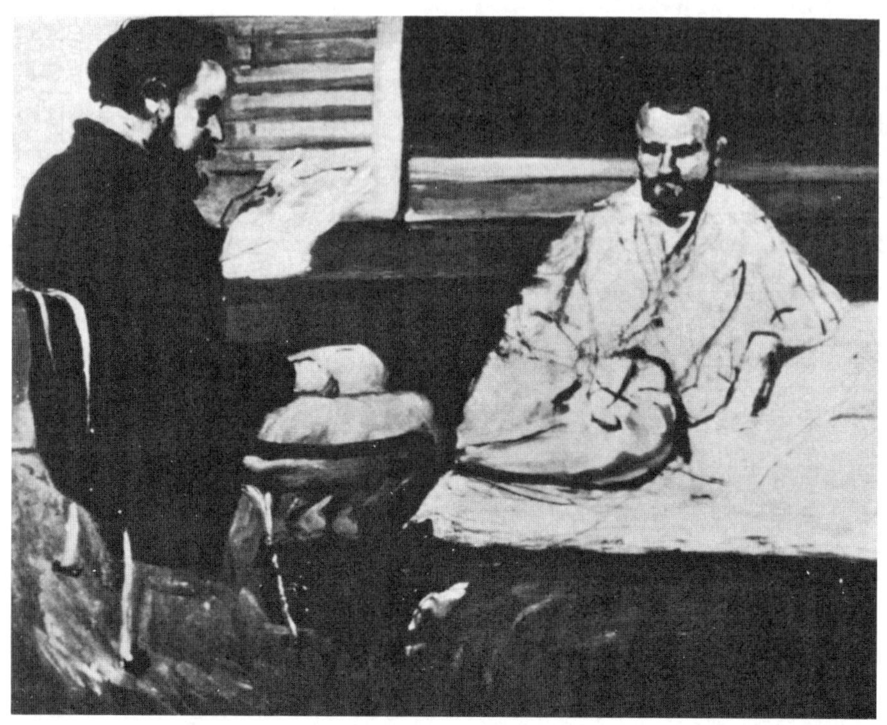

保罗·塞尚的名画《保罗·阿莱克西向爱弥尔·左拉念手稿》突显了文学团体的活力。画家敏锐地捕捉到了大师与弟子关系中的精华。在画中，弟子只见半边侧影，他正投入地念着手稿，期望得到大师的赞许。左拉身上隐约可见东方式罩袍，他的淡色衣料、正面向前的姿态，以及高深莫测的表情，都显示出长者与后辈之间的距离。（感谢贝特曼图库供图）

其中最具凝聚力的，也只存在了短短几年。它们面临着巨大的压力，对大师的完全服从逐渐变得更加难以接受。过了一段时间后大师太过突出的个性就不再是魅力而成了烦恼，弟子们也对一开始颇有吸引力的集体身份变得心怀不满。勒贡特·德·李勒的沙龙一直延续到1896年他去世为止，但是在70年代戈贝和苏利—普吕多姆都开始主持自己的沙龙。只有埃雷迪亚这位高踣派中最忠实的成员（因此勒贡特·德·李勒将自己的法兰西学术院院士礼服赠给了他）一直等到李勒去世才举办了自己的沙龙。更强硬的独立声明恐怕要数刊登在《费加罗报》上的《五人宣言》（1887）。在这份宣言中，五位第二代自然主义者声明脱离左拉在其最新小说《土地》中所走的路线。弟子们果断地出击，拒绝再承认自己的学徒身份，而希望以熟练工的身份获得承认，甚至希望自己也能成为大师。

二

这么多作家采取了相似的集体策略，这与他们所取得财富的悬殊程度形成鲜明对比。尽管集体策略对文学事业的成功很重要，它却无法保证成功，而所谓成功，一般也是对个人而非集体的衡量。成功不仅要靠文化背景，也要靠个人所掌握的资源。不论采取什么策略，不同审美观 87
或不同个人在文化资产或“文化资本”[1]方面都不可能是平等的。19世纪和过去一样，文学以外的因素在此过程中占了很大比例。

19世纪时的法国文学圈中激烈的竞争气氛使得集体策略变得十分必要，特别是那些掌握的文学和文化资源较少的团体。一个团体的文学主张越是激进、先锋，其成员越有可能向文学圈外寻求在圈内无法得到的支持。此外，拥有资源越少的作家越有可能比其他人更好斗。自然主义者不得不起来战斗；而受人喜爱的高蹈派则不然。前者迫切需要他们在文学以外的一切支援。有形支持也有助于坚定审美信念。正如左拉很快指出的，福楼拜拥有一笔家产，虽不大却也足以令他可以蔑视市场。但左拉自己就不行。[2]

在无形的文学外因素里，社会背景是最明显的一个。随着时间推移，扩大的市场吸引了越来越多来自下层社会背景的作家。浪漫派中的贵族背景，在自然主义者中已经很稀有，就算在高蹈派中也已式微。浪漫主义十一人中，七人有贵族背景，虽不是公爵也不是侯爵，但也算是低级贵族。拉马丁、维尼、缪塞等本人就是旧制度时的贵族；雨果的父亲被

1　布尔迪厄把任何社会场景下的文化（即，非经济的）资源称为“文化资本”，参见Pierre Bourdieu，“Les Trois Etats du capital culturel”，*Actes de la recherché en sciences sociales* no. 30（November 1979）：3—6。

2　Goncourt，*Journal*（19 February 1877），11：128.

拿破仑封为伯爵；梅里美的祖母是贵族；大小仲马和乔治·桑虽然是私生子女，但都是旧制度时的贵族后裔。乔治·桑的丈夫虽然在她的生活中不是重要人物，但也是个男爵。我们甚至可以算上前浪漫派的两位贵族：斯塔尔夫人是男爵夫人，而夏多布里昂子爵夫人在浪漫主义文学和政治圈中一直是个重要人物。

高蹈派中有三位贵族成员，自然主义者中有两位，即龚古尔兄弟。
88 奥克塔夫·米尔博自己是第二代自然主义者，当他发现要找到一个不是半吊子闹着玩的贵族作家非常困难时，他对世纪末的情形便做出了正确评价。[1]作家的出身背景确实在下降：浪漫主义者中没有小资产阶级——戈蒂耶后来说他和同伴们“都是好人家出身”——但是自然主义者和高蹈派中有两位小资产阶级。[2]这种变化弱化了，但并没有彻底改变法国文学生活中上层阶级主导的特点。[3]尽管贵族比例在下降，下层比例在上升，但是大多数浪漫派、高蹈派成员和自然主义者仍然出身于中上阶级，这意味着社会分层不仅在某个团体内存在，在不同团体间也存在。出身中产的巴尔扎克在贵族占多数的浪漫派中显得格格不入。而到了19世纪末，整个局面已经完全反了过来，出身贵族的龚古尔兄弟反倒变得分外惹眼。

第二职业则提供了另一种联系。作家们很自然地会被市场和政府所吸引，考虑到两者为他们提供的机会。实际上，这些作家基本都和市场或政府有些关系：他们当中没有专职人员、医生、律师（虽然某些作家拥有法律学位或曾研习法律）和神职人员。在我的抽样调查中，二十九名作家里只有三人有直接津贴补助（雨果是在复辟时期，勒贡特·德·李勒和戈蒂耶是在第二帝国时期），但是到第三共和国时期，法

---

1 Octave Mirbeau，“La noblesse et la littérature”，*Les Ecrivains*，p. 66.

2 Théophile Gautier，*Histoire du romantisme*，p. 101.

3 文学团体成员出身的规律也印证了阿尔弗雷德·奥丁的观察：他发现，1300年到1830年间的623位法国作家里，贵族的比例从1330年到1500年间的50%下降到了1776年到1825年间的16%，参见Alfred Odin，*Genèse des grands hommes: Gens de lettres français modernes*（1895），in Alain Girard，*La Réussite sociale en France*（Paris：Presses universitaires de France，1961），p. 287。

国迅速发展的政府机构创造了不少职位，使得不少作家能从法国高度集中化的政府制度中获益，并同时和巴黎文学圈保持密切接触。但是该时期的法国政府也可以轻易将公务人员调往边远地区。马拉美被派到巴黎一所中学教书，他认为自己已经很幸运了。奥克塔夫·米尔博是副县长，因此经常被派到法国各地的区县任职。在争取作家方面，市场和政府形成了竞争关系：在这一百年里，新闻业越来越多地占据了作家的时间和精力，因为他们要努力跟上报纸杂志扩张的步伐。浪漫派里有两个全职批评家（戈蒂耶和奈瓦尔），高蹈派有三个（戈贝、曼德斯、格拉蒂 89
尼），而自然主义作家除了龚古尔兄弟外几乎人人都跟新闻业有关。

教育是另一种资产。19世纪法国的正规学校教育飞速发展，这使得受教育水平成了区分人群的重要指标。受过教育的人成了新贵族，这种情形直到20世纪才有所改变。浪漫主义仍遵循不接受学校教育的传统模式（这也符合该派别的贵族特点，贵族一般更依赖私人教师）。只有巴尔扎克有高等教育文凭（法律），虽然梅里美也上过一段时间的法学院。到了19世纪末时，社会整体教育水准有了显著提高。和浪漫派以及同时代其他人相比，高蹈派和自然主义者几乎人人都取得过中学毕业文凭，甚至上过公立高中、大学。仅中学毕业文凭这一项就标志着这些作家的精英地位。

此外，审美资源与社会、职业、教育分层原则遥相呼应。诗歌和戏剧自旧制度时起就是文学等级上的皇冠，即便到了19世纪，绝大多数情况下诗人都被视作是文学潮流的化身。诗人就是创造者的原型，正如诗歌是文学的精华。作家—预言者神圣的声音就好比是诗歌的替补。散文，特别是小说，则因其语言而显得格外世俗。小说从定义上来说是散文类，它因为与普通读者日常生活的明显关联而经常受到质疑，也因此常常被冷落。在文学等级上小说排得很靠后，它是一种资产阶级文体而不是贵族文体。17、18世纪的人们认为小说对读者和作家来说都是种放纵，因而也决不能以诗歌和戏剧的标准去衡量它。这种声誉上的差异也影响了作品和作家。在浪漫主义者中，诗人和戏剧家往往比小说家更加 90
成功。而许多小说家也写剧本（福楼拜、龚古尔、左拉、都德和屠格涅夫甚至举办了“被嘘作者”聚餐会，即“被嘘下台的作者”），这也反映了戏剧所享有的声望以及可观的经济回报。到19世纪中期，商业主义更加让小说声名狼藉，甚至成了“连载长篇”的代名词，而新闻则与潜在的大众市场绑在一起，进一步加强了它明显平民化的定义。

但是，小说和资产阶级一样，逐渐取得了声望。随着资产阶级慢慢成为社会主导阶层，小说也在文学领域名声渐涨。资产阶级在等级意义上越发高雅，小说的地位也如影随形。这一文体在高低两端（即通俗小说和获得了“谱系认证”的小说）都证明了自己和传统的高雅文体一样严肃、一样要求严格。不过，对小说的认可是逐步的、不情愿的。我们应该注意到，1862年第一位被选为法兰西学术院院士的小说家奥克塔夫·弗耶，其风格完全是现实主义的反面，并不属于巴尔扎克、福楼拜一系。弗耶对小说的恶名有非常清醒的认识。他在法兰西学术院的就职演说中承认，直到这最终的加冕仪式前，小说和其他文学形式在平等的基础上“与其说是被接纳认可还不如说是被原谅”。除了“一些了不起的个例”，法兰西学术院还不太确定小说是否可以单独作为“我国文学的合法形式”。因此，弗耶最出名的小说《一个穷小子的故事》（1857）的目的就是为了消除这种疑虑：这本小说讲述的是一个贵族祖先战胜贫穷的故事，主角继承了一笔遗产，得以和同样出身贵族的情人结为连理，从此在女方家族的城堡里过上了幸福的生活。弗耶在完成了小说的“责任”后终于获得了对小说“权利”的认可。[1]

那么文化资源赋予这些审美价值以成功到底有何意义？到了19世
91 纪末的时候，原来只有一种文学圈子的社会里如今有了两种：第一个是精英圈，这是由它所针对的观众、读者决定的；而第二个则是普罗大众圈。这两个圈子虽有交集，但总体仍然泾渭分明。[2]要从大众转向精英、从商业转向传统的成功是非常困难的，这也印证了个人和集体意义上分

---

1 弗耶在法兰西学术院院士当选仪式上的讲话，转引自Paul Bourget，“Le roman à l'Académie”，*Trois Siècles de l'Académie française*（Paris：Firmin-Didot，1936），p. 213。

2 Pierre Bourdieu，“Le Marché des Biens Symboliques”，*L'Année sociologique* 22（1971）：49—126.

界的重要性。要理解法国文学文化，就必须理解不同因素在每个圈子里的含义，它们如何相互强化，以及它们如何排除从一个圈子转向另一个的可能性。尽管传统的定义一直在变化，但无论怎么变它总是与市场，与市场所代表的大众截然对立。

高蹈派拥有相当可观的社会、经济、文化资源，这使得他们更倾向于在市场之外寻求成功。他们有门路可以进入精英圈子。自然主义者则全然相反，因此他们的文学生涯也受到限制，而加诸他们领袖身上的审美标签使他们的选择愈发稀少。如果要选一个人来向公众展示某种文学审美流派的话，勒贡特·德·李勒代表了高蹈派，左拉则代表了自然主义。此外，大师身上的强烈色彩往往会让人忽略该流派中其他不那么出名的作家的多样性。戈贝出身小资产阶级，所受教育相对有限，然而这些在他的文学事业里并不重要，重要的是他与贵族出身的李勒之间的紧密联系。拒绝这种联系会让其他人敬而远之，比如有贵族背景的埃德蒙·德·龚古尔就认为左拉太像个暴发户。[1]

浪漫主义者、高蹈派、自然主义者清晰地勾勒出商业和传统成功之间越发尖锐的对立。总体来说，浪漫主义者，特别是第一代诗人，像拉马丁和维尼，能够结合市场的成功与精英圈子的认可。拉马丁的诗集卖得很好，他也被选进了法兰西学术院。而19世纪30年代的第二代浪漫主义作家，如雨果、大小仲马、巴尔扎克，甚至乔治·桑等，则与他们的前辈完全不同。文学是他们的生活，也是他们的谋生之道，因此市场显得格外重要。在这个群体中，只有雨果进入了法兰西学术院，而且是在多次 92
失败之后。

如果19世纪30、40年代的浪漫主义者证明了市场成功和传统文学机构认可间存在着距离，那么到了1850年左右，这种距离已经非常明显了。除了个别特例外，市场空前的火爆绝不是按照传统文学机构的规定出现的。一旦连载小说获得普通大众的欢迎，诗歌很快就被排挤到文学市场的边缘，尽管它仍保持着文学地位上的威望，但就商业角度来说诗

1　Goncourt, *Journal*（19 February 1877），11：128.

歌已岌岌可危。换言之，由于诗歌仍然保持非商业化，因此它仍保有一
93 定威望。随后，高蹈派在精英读者那里取得了成功，而自然主义者则在商业领域收入颇丰。高蹈派八人中有四人进入了法兰西学术院，有一人获得了诺贝尔文学奖（苏利—普吕多姆）。自然主义者则是另一派景象。左拉靠着作品热卖几乎成了百万富翁，莫泊桑的作品也非常畅销，其他几人同样也因为作品而获得了巨大的经济收益。但是没有一个自然主义者能够进入法兰西学术院。

这些联系并非偶然。作家和其他知识分子一样，在对待市场的态度上颇为暧昧，一方面他们渴望受到大众关注，另一方面又害怕被认为不是真正的艺术家。传统文学机构，如沙龙、法兰西学术院等，允许作家从商业以外的角度来定义自己的作品。巴尔扎克虽然嫉妒欧仁·苏的走

为了进入图右后方的大门，候选人必须先讨好“老太太”，这是法兰西学术院的俗称，图中被画成一位年老而丑陋的门房太太。候选人中最左为背着一包作品的大仲马，旁边是手提两捆书册的雨果，最右则是拄着手杖的时髦的巴尔扎克。这里，只有雨果比其他两人稍强，因此能进入大门。（感谢巴黎各博物馆供图，SPADEM©1986）

红和因此所积聚的财富，但他却不允许自己被看作是流行作家。他一方面极力利用市场，但另一方面也希望贵族沙龙和法兰西学术院能给予他合法性。左拉不常去沙龙，但他同样渴望获得法兰西学术院的认可。他们俩所面临的困难表明，要调和两种成功有多么困难。

所以，当一位作家试图调和这两类成功时，他有可能失去自己的优势，同时又消费，甚至浪费自己的文化资本。龚古尔兄弟就是这样的例子。他们最初支持现实主义，后来又与自然主义结盟，这使得他们原来拥有的上流社会出身的优势丧失殆尽，并且严重妨碍了他们取得传统的成功。类似的例子还有，戈蒂耶曾长期从事新闻业，这抵消了他的诗歌赋予他的“高贵性”。他三次落选法兰西学术院院士。至于波德莱尔，考虑到他放荡不羁、声名狼藉的生活，他落选法兰西学术院也就在情理之中了，正如高蹈派诗人入选学术院，并不是因为诗艺更佳，而是因为他们品行更端正。左拉在德雷福斯案件中的立场导致法兰西学术院对自然主义者无法认同，同时也导致他自己作品销量的下跌。左拉的“民主” 94
姿态反过来又与他缺乏选择有关。例如，埃德蒙·德·龚古尔就认为左拉没有坚定的政治立场，他为“民主”杂志写文章仅仅是因为他被其他杂志拒了。

19世纪市场的扩张、意识形态和文学机构数量的增长大大加剧了作家之间的竞争。作家不得不选择抱团应战，这也强化了法国文学文化中的典型模式及其独特的矛盾。若联合起来，作家们更可能获得成功。但是这些文学团体所采取的集体策略让法国文学文化中固有的矛盾更加激化。当然，我们也有证据表明，无论是对社交性，还是对辩论性这两个团体精神中不可或缺的部分来说，作家之间的密切往来都是非常重要的。但是，法国文学文化中有个更大的、压过一切的矛盾：即个人与集体的矛盾，这不仅是针对短期的人际关系而言，在长期来看也是一样。

浪漫主义、高蹈派和自然主义的命运确证了个人与集体之间的鸿沟。如果说在那个年代他们是靠抱团取胜，那么在我们的时代他们则是因为个人成就而存在于历史中。我们会记得（或是忘记）巴尔扎克、司

汤达、雨果这些作家，是因为他们鲜明的个人特点，而不是因为他们之间
的关系或是和别的浪漫主义者的关系。左拉和莫泊桑显然是自然主义
者中的领军人物；勒贡特·德·李勒则领衔高蹈派。模仿者很快就被人
忘记。[1]这些文学团体之脆弱也许说明，追随者们最清醒地意识到团体的
局限性，以及集体事业中暗含的贬义。因此，作家们必定会拒绝集体身
95 份，并发誓要坚持其独立性。在1891年由记者儒勒·桑多所发起的文学
家调查中，接受采访的大多数作家都拒绝文学标签，特别是贴在他们身
上的标签。[2]类似地，20世纪60年代“新小说”的倡导者们也曾抱怨过标
签的不公平性。

正如一位批评家最近所说，这些激进到“恐怖的”团体会致力于强
推一种文学概念，然后解散，剩下一群具有强烈个人色彩的大作家，这是
不是法国特有的现象？[3]当然，作为典范的个人和成为典型的群体之间
的矛盾是法国文学文化史上不可或缺的一部分。只要人和人存在依赖
关系，那么强行区分两者就是愚蠢的。法国文学文化既是个人又是集
体，既需要个人也需要集体，或者更进一步说，法国文学文化的基础就是
96 这两者之间的紧张关系。

1　参见本书附录二。

2　Jules Huret, *Enquête sur l'évolution littéraire*（Paris：Charpentier，1891）.

3　Maurice Mourier，“Y a-t-il encore un roman français?” *Esprit*, May 1985：113.

第五章 几何学精神与团队精神

法国人没有真正的民族作品，因为他们有一整套民族文学。

——路易·德·博纳尔，《随想》

伊迪丝·沃顿曾劝告她的美国读者："任何想要了解法国文学体制的人都必须记住，法国文化是世界上最均一、最连贯的文化。"[1]对于如此直截了当的评论，我们必须多加思考。不过，法国文学在几个世纪里的身份以及法国文学文化的连贯性确实十分突出。如果说法国文学史上没有像但丁、塞万提斯、莎士比亚、歌德这样高屋建瓴的"公认的"天才，但法国却完全可以骄傲地列出一长串让人无法忘怀的文学成就。[2]因此，

1 Edith Wharton, *French Ways and Their Meaning* (New York: D. Appleton, 1919), p. 80.

2 阿尔弗雷德·奥丁关于社会力量对天才的影响（见本书第84页的注释3）的研究使其选择了1300年到1830年间的法国作家作为研究对象，因为法国文学不仅贡献了重要的作家，而且这些作家在时间上也呈均匀分布，参见Alfred Odin, *Genèse des grands hommes: Gens de lettres français modernes* (1895), in Alain Girard, *La Réussite sociale en France* (Paris: Presses universitaires de France, 1961), pp. 280—292。人类学家克罗伯特别指出法国文学"从1100年前开始……就展现了一种延续性，这在全欧洲都是独一无二的"，参见Alfred Kroeber, *Patterns of Culture Growth* (Berkeley and Los Angeles: University of California Press), 1970, p. 236。克罗伯的这一评论是基于对课本和百科全书的传统评价做出的。法国文学的延续一贯性是毫无疑问的，而它是否具有独特性却并不相关。

法国“无与伦比的个性”是由文学传统而不是单个作家来体现的。类似地，作为整体而非个体的文学，才能表达这个社会。[1]要掌握这“整个”法国文学传统，就要求我们从事件和机构，转向顺序和结果，以及价值观和规范，因为正是后者整合了所有这些元素，并赋予它们存在的理由。

一

97 法国文学文化属于法国，因为语言及其可能性的特殊而又复杂的方式不仅建构了表达方法，还建构了思维方式。评论法国社会中语言地位的人，往往会注意到作为工具的语言和作为价值观的语言是复杂交织在一起的，也有人说这是混乱。法语不仅仅是表达方式，甚至不仅仅是文学创作的手段，它本身就是一种独特的文化价值。在任何关于法语的讨论中，经常被提到、被夸赞的一个特点是法语的精确性，而且它往往被认为既是语言特点，又是文化准则。“不精确者绝非法语”，这句名言是一种分析判断，也是一种信心的展现，这句话经常被法国人和外国人反复引用来证明法语的优越性。我们大概也可以猜到，这句话是一个法国人提出的，出处是安托万·里瓦罗尔的《论法语的普遍性》（1784）一文。里瓦罗尔并非狂热的民族主义者，他写这篇文章是为了参加柏林学院组织的一次比赛，而比赛的规定题目是关于普遍性，里瓦罗尔将其发展成了法语的优越性。

里瓦罗尔的文章建立在大量关于法语的陈词滥调上（即使在18世纪看来也是如此）。和许多人一样，里瓦罗尔将法语的优越性归功于对自然的忠实——从语言学角度来说这意味着直接的形式，即主谓宾结构。法语的精确性是“天然的”，因为它遵循了思维的逻辑；与之相反的语言则破坏逻辑，即用相反的形式构造词句，大量运用比喻及其他类似的异常用法：“不精确的就比如英语、意大利语、希腊语或是拉丁语。”精确性同时也是保证这种语言优越性的特点，是使用这种语言的规范，是

1 Louis de Bonald, “Pensées diverses”, *Oeuvres* (Paris: D'Adrien LeClere et Cie, 1847), p. 379; Ernst Robert Curtuis, *Essai sur la France* (Paris: Grasset, 1932), p. 190.

所有其他语言和文学应该致力于达到的最高理想。[1]

由于法语没有阻碍思维运动的构造，因此更加强了法语句法所要求的次序。一位17世纪的观察家曾承认，法国民俗道德也许不像想象的那 98
么纯洁，但是他感到法语的“贞洁”能弥补这一缺陷。[2]更早之前，这种高雅，不论其背后的道德含义如何，已经获得了特定的语言学定义。17世纪时，一些批评家们指责文艺复兴运动不加限制地摘用古典语言，并据此对法语进行“净化”。布瓦洛批评龙沙的诗里缪斯女神讲希腊语、拉丁语超过法语，同时他称赞马勒布终止了这一趋势：“马勒布终于来了，他是法国第一人/文章写得明白晓畅/他将词语力量运用恰当/他把缪斯请下，把责任之神供上。”这场运动非常成功，效果也非常显著，以至于一百五十年后，德·博纳尔平静地断言，法语是“所有现代语言中最完美的语言，也许是所有语言中最完美的”，因为它遵循了“万物的自然秩序以及它们之间的关系”。[3]

语言文学中的精确性来自对理性和智性的推崇。古代法国就认为抒情必须服从流畅，情感必须服从理智。布瓦洛呼吁作家“热爱理智”，让理智成为文字作品光辉与价值的来源。灵感无疑是有用的，但文学和艺术被认为是雕琢的成果。未来的作家应该“慢慢来”，即使要从头来过二十遍也不能灰心丧气。“不断地修改，然后重新再修改”是布瓦洛的劝诫；此外，“时不时加一点，但是要经常删除”。[4]

对精确性的培养以及对理智的推崇形成了法国文学文化中的基本理性基础。法语、法国作家、法国文学所呈现的“理性”面貌是其他语言、其他国家的作家和文学所缺乏的。甚至其他知识分子也难以和笛卡尔故乡的同行们比肩，因为在法国，据说笛卡尔逻辑至今都影响着整个

---

1 Antoine Rivarol, *De l'universalité de la langue français* (Paris: Cocheris, 1791), p. 40; Ferdinand Brunot, *Histoire de la langue français*, 13 vols. (1905—1943) (Paris: Colin, 1966—1972), 8: 839—864.

2 Le Père Bouhours, cited by Brunot, *Histoire de la langue français*, 4: 280—281.

3 Nicolas Boileau, *L'Art poétique* (1674), chant 1, *Oeuvres complètes* (Paris: Gallimard-Pléiade, 1966), p. 160; De Bonald, "De l'éducation dans la société", *Oeuvres*, pp. 408—409.

4 Boileau, *L'Art poétique* (1674), chant 1, pp. 158, 161.

文化。当然，笛卡尔的实际影响力是有一定问题的，因为旧制度下的学
99 院和后来的高中里所教授的古典修辞学的影响力，在培养帕斯卡（不是
笛卡尔）所说的几何学精神方面并不亚于（如果不是更大的话）笛卡尔式逻辑学。并且，古典修辞学和文学、文学文化的影响关系更深。

这种几何学精神，即秩序感、系统感和逻辑感在从古代作家中提炼出的，并在现代重新阐释的文学规则中得到了明显强化。这种规则（时间、地点、行动的统一，即规矩）并不比"文学创作必须遵守某种规则"的信念来得更重要。智力的存在是为了整理经验，引用17世纪作为半官方代言人的诗人夏普兰的说法，"愉悦是秩序和逼真的产物"。由于感情的流露从本质上来说是无序的，因此必须不惜一切代价去避免。与夏普兰同时代的盖兹·德·巴尔札克完全赞同这一说法，甚至走向极端，认为清醒的失败胜过空洞的佳作。一个世纪后，自然主义作家布封将风格定义为"思维的秩序与流动，其判断标准是恰当的理性之美"时也有力地论证了文学表达必须与理性思维相结合。[1]

对文学的理性看法背后是几何精神的支撑，而这种理性看法也鼓励了法国人的所谓批判精神，鼓励了批判实践。法国文学文化能随意结合批评与文学，因为两者的精神是相通的。在盖兹·德·巴尔札克看来，"沉思、学习和工作是启发诗人、塑造批评家的太阳神"。两个世纪后，波德莱尔仍然坚持认为诗人必须同时是批评家，而圣勃夫这位职业批评家，也特别指出法国具有真正的批评能力。法国"天才"与批评的结合发展成了一种亲和力；对许多人来说批判精神**就是**法国精神。[2]毫无疑问这种精神是属于法国的，对任何仔细思考这个问题，在别处，特别在海峡对岸寻找答案的人来说这都是显而易见的。德芳夫人在写给英国小

1 转引自Daniel Mornet, *Histoire de la clarté française*（Paris: Payot, 1929）, p. 53; Georges-Louis Leclerc, comte de Buffon, "Sur le style", *Oeuvres complètes*（Paris: Delangle Frères, 1827）, 1: 5。

2 盖兹·德·巴尔札克的话转引自Mornet, *Histoire de la clarté française*, p. 53; Charles Baudelaire, "Richard Wagner et Tannhäuser à Paris"（1861）, in *Critique littéraire et musicale*（Paris: Colin, 1961）, p. 373。圣勃夫认为"法国一直具有真正的批评能力"，参见*Revue des deux mondes*, 15 June 1835, in *Oeuvres*（Paris: Gallimard-Pléiade, 1966）, 1: 588。

说家霍拉斯·沃波尔的信里总结她所熟悉的旧制度沙龙中流行的经典 100
时写道:“你们英国人没有规则或方法;你们任由天才成长而不要求他们遵循一定规范。你们要一口气占尽所有智慧,就如前人从未有过智慧一般。我们可不这样。我们有很多书,其中一些是关于思考的艺术,另一些是关于演讲、写作、比较、判断等的艺术。我们是艺术的孩子——一个完全自然的人在这里会被放在市场里展览。这会是个奇迹!”[1]

规则、方法、形式、艺术、书籍,这些都标志着法国人对美的概念。它们合在一起让艺术和文明对抗自然,精确对抗混乱,理性对抗感性,书籍对抗经验。艺术只有在赋予秩序,成为成功的形式之后,才得以成立。它代表了几何精神和批判精神,这两者根据保尔·瓦雷里的说法,是“智慧的激情”,它维持了法国文化中极为突出的对形式的狂热崇拜。[2]

形式感和与之相联系的思想性反过来也得到了文学体制所内含的文化权威的支持。法兰西学术院仅仅是这种思想秩序基础中最突出的例子。法兰西学术院的雄心难道不是展现和法兰西精神等同的批判精神吗?厄内斯特·勒南曾说,法兰西学术院的功能就是捍卫有益的见解,就是以关于文学和文化的特定思想观念为名进行抵抗而非创造。勒南认为:“法国的天才是最完善、最均衡、最有能力创造出综合思想文化的一群人。”[3]尽管法国文学文化在旧制度下的文学假设和文学实践中已经表露得相当明显,但文学机构持续集中在巴黎并在19世纪期间持续发展壮大这一事实仍然加强了法国文学文化中的知识分子和批评家的阵容。

几何精神与批判精神对法国文学产生了深远的影响。后来成为斯克里布纳出版社重要编辑的W. C. 布朗内尔声称19世纪80年代的巴黎

1 Marie de Vichy-Chamrond, marquise du Deffand, letter, 17 May 1767, *Horace Walpole's Correspondence with Madame du Deffand*, ed. W. S. Lewis and W. H. Smith (New Haven: Yale University Press, 1939), 1: 294.

2 Paul Valéry, “Images de la France” (1927), *Oeuvres* (Paris: Gallimard-Pléiade, 1960), 2: 1002; W. L. Wiley, *The Formal French* (Cambridge: Harvard University Press, 1967).

3 Ernest Renan, “L'Académie française”, *Essais de morale et de critique* (Paris: Michel Lévy, 1860), p. 345.

101 是“思想的典范”，这可不单单指文学方面。几年后当伊迪丝·沃顿向她的美国杂志读者解释法国人的“特别优越之处”在于他们“思想的勇气”时，她也是这个意思。[1]但是，这两位外国人都认为文学非常依赖于坚决自信的理智能力，并且文学受到批判精神以及法国各种文学机构中知识权威的极大影响。

当马修·阿诺德在海峡另一端思考法国和英国的差异时，他也特别提到了法兰西学术院，指出它是法国思想的良心、是别处（特别是在英国）早已消失的纪律的源泉。正是由于缺乏思想权威，导致英国异象丛生、不受束缚，不过阿诺德同时承认这种状况特别有利于诗歌的表达。他在表扬了英国人的活力和诚实后，也指出法国人才思特别敏捷；因此他认为将英国天才和法国思想对立起来看是很自然的。而法国天才则又是另一回事，他们绝不是英国的诗歌天才，而是具有批判精神的人，也正是这种精神滋养了具有批判精神的文学。葡萄牙作家埃萨·德·盖罗斯在法国居住的时间更长，与阿诺德大致是同时代人，两人也英雄所见略同：“法国是思想的国度；而我们则是想象的王国。法国文学基本上是一种批判的文学。”[2]

一种批判的文学，一种重视理智的准确性的文学，在严格构造意义上来看很可能显得平淡无奇。不管怎么说，法国文学史上散文确实占了主导地位。波德莱尔曾哀叹法国人对诗歌抱有深深的恐惧。福楼拜也有同感：在法国，诗歌遭人厌恶以至于必须改头换面。英国诗人A. E. 豪斯曼有一次曾用完美的法语向让安德烈·纪德提了个问题，让后者目瞪口呆：为什么法国没有诗人？豪斯曼承认法国有维庸和波德莱尔，但是认为这两者之间相隔的漫长岁月是一片修辞沙漠。（纪德在五十年后做

1 W. C. Brownell, *French Traits*（New York: Scribner's, 1886）, p. 86; Wharton, *French Ways and Their Meaning*, p. 59.

2 Matthew Arnold, “The Literary Influence of Academies”（1864）and “The Function of Criticism at the Present Time”（1864）, *Complete Prose Works*（Ann Arbor: University of Michigan Press, 1962）, 2: 232—257; 3: 258—285; Eça de Queirós, “O Francecismo”, cited by Alexander Coleman, *Eça de Queirós and European Realism*（New York: New York University Press, 1980）, p. 9.

出了回答：他选编了一本不太成功的法国六百年“诗歌”选。）20世纪的 102
文学史学家古斯塔夫·朗松承认法国人的抒情具有偶然性。瓦雷里不赞同这种寻常的偏见，他认为法语努力消除了刺耳的发音和口音，不过他不得不承认法国最了不起的文学作品仍然是无与伦比的抽象散文。[1]

这些作家，以及其他持有相似观点的人们，其实是在塑造另一种刻板印象。所谓法国文学中的散文“天才”是法语语言结构中存在的“精确性”所带来的特定文学后果，也正是这些“小心翼翼的天才”限制住了诗人的想象力。里瓦罗尔对法语的概括本身也迫使他默认了诗歌的次等地位，但他这么做的目的是为了夸耀法语散文的优越性。因为散文，不论是原创还是翻译，都比诗歌更容易跨越边界，法语散文毋庸置疑的光辉形象更鼓励了法语语言文学中的自命不凡情绪，并将其推至普遍性的地位：绝对的保守主义者德·博纳尔曾带着恐惧和震颤吹嘘道：“一篇用法语写就的危险的文章，就是对全欧洲宣布开战。”相比太阳神的七弦琴，法国文学更多地与智慧女神的理性话语产生共鸣，这样便把诗歌天赋的匮乏转变成了对散文天赋的庄严肯定。这种转变非常彻底，以至于到了浪漫主义时期，曾经被赋予诗歌的传统声望以及曾经被赋予诗人的预言者身份已经涵盖了所有文学种类，特别是散文和小说。[2]

法国文学文化的批判性转向和其后散文所占据的绝对优势都更有利于一种思辨性的文学批评，同时也有利于关于思想作品的文学概念从文学问题扩展到写作本身。旧制度下老练的读者并不会区分种种作品。体面绅士在阅读笛卡尔、莫里哀、布封时的狂热就跟阅读博马舍一样；法
国和欧洲其他国家文艺复兴的基础就是受过教育的公众能够理解任何 103
事物，这里的“任何事物”指的是恰当描述的任何事物。关键是要“恰当”，这在实践中又加强了哲学家们对特定的、非文学话语的偏见，正是在这种话语中产生了法国人所偏爱的、能够再现固定化非正式场合中的

1 André Gide，introduction to *Anthologie de la poésie française*（Paris：Gallimard-Pléiade，1962），pp. 7—8；朗松的话转引自Curtius，*Essai sur la France*，p. 190；Valéry，“Images de la France”，2：999—1006。

2 Rivarol，*De l'universalité de la langue française*，pp. 33，34—35；de Bonald，“Pensées diverses”，p. 345.

沙龙对话。丰特内尔的《关于多重世界的对话》(1686)呈现了一位学者叙述者和一位迷人而略显轻浮的侯爵夫人之间的对话。在被认为有伤风化的《波斯人信札》(1721)一书中，孟德斯鸠提出了他的人口理论；而伏尔泰则在《哲学通信》(1734)中对笛卡尔和牛顿的思想进行了比较。狄德罗的《达朗贝尔之梦》(1769)详细叙述了德·勒皮纳斯小姐与她的情人兼数学家达朗贝尔以及他的医生之间发生的对话；该文较早的一部分中还有狄德罗自己出场。在这些例子中作家、科学家或是学者之间的区别并不是那么泾渭分明。

为科学和文学的混合进行辩护的人中，最知名、讲得最好的当属自然学家布封。布封自己的科学作品，特别是里程碑式的《自然史》一书一直因文笔晓畅优美而广受称赞。1827年动物学家居维叶在提到这位前辈的作品时曾说，不管人们对布封的科学怎么批评，他的写作风格是毋庸置疑的，而且居维叶认为布封是法国文学史上的一位伟人。布封二十六岁就入选法兰西科学院，1753年又入选了法兰西学术院。他的《论风格》一文不仅完整表达了法国人对本国语言的迷恋，也刻画了另一个事实：法国人相信语言如何运用(而这也是文学定义的一部分)决定了思想作品的品质。“后世子孙只会保存优秀的作品。知识、纯粹的事实，甚至新的发现都不能保证永远存在。”形式优先于主题不仅是个长期
104 形成的习惯，也是一种深刻的信念，一部作品中的思想性和内容同样重要，甚至更有价值。[1]

18世纪时，科学和学术知识的相对非技术性状态使得学识和文学能够以某种方式结合，而到了19世纪末这已经基本不可能了。然而，即使是今天，法国文学文化在普通学术交流中还是吸收了专业学科知识。有时候这些吸收了其他专业学科知识的作品被归入法国光荣的“高等通俗化”传统(haute vulgarisation，这个术语强调了通俗化的质量)，这一传统从伏尔泰论牛顿物理学、巴尔扎克论弗兰茨·约瑟夫·加尔的颅相学，一直延伸到左拉论克洛德·贝尔纳的生理学。有时候专家也会自己搞

1 Buffon,“Sur le style”, 1：13—14.

通俗化工作。克洛德·贝尔纳的论文《实验医学研究导论》(1865)本身设定的读者对象就是非专业人士。比较近的例子有:雅克·莫诺,诺贝尔生理学或医学奖获得者,在其《偶然性和必然性:略论现代生物学的自然哲学》(1970)一书中,以一种不同寻常的、更为普遍化的方式向大众介绍了他极具技术性的研究。"科学作家"并不局限于法国一地。但是和其他国家的文学文化不同的是,法国文学文化会将科学或学术的狭小世界与更宽广的大众世界联系在一起。

这里的吸收并不是单向的。专业化语汇最终也重新定义了知识话语。今天的法国文学文化和以往一样向"外部"学科进行借鉴。而20世纪末出现的新情况并不是借鉴这一事实,而是借鉴了什么来付诸文学实践。很久以前批评就向哲学、历史、艺术史等学科学习,后来又吸收了诸如社会学、心理学等知识,这些学科都比较容易被运用在批评和文学的思辨及多重方法上。不过最近法国批评界已经转向了其他领域,转向了更技术化的索绪尔语言学、皮尔斯符号学、拉康心理分析学,以及德里达哲学等。这些思想框架已经极大地影响了文学批评,而法国文学和 105
批评之间的联系使文学自身也特别易于受此影响。法国文学文化所混合的许多领域更加强了语言作为共同性的来源,有时甚至是唯一来源的地位。

法国人对语言的观念已经超越了狭义上的"文学"论。风格(在法国人看来无疑就是指优秀的文字作品)超越了主题,也许还会改变主题。早在1728年瑞士旅行家穆拉特就法国人对其语言"极度尊敬"的态度发表了看法:"除此之外,风格在法国是一件非常重要的事。"他清楚地解释了法国人割裂风格与内容的偏好为何会长期受到批评。"在其他地方,思想造就了语言;而在这里则恰恰相反,语言造就了思想。"[1]对布封来说,风格占据优越地位是具有正面意义的,然而外国人的看法却不太一样,他们认为法语虽然是法国人的母语,却在其子民中缺乏明显的威望。

虽然风格在所有法语文字作品中都是重要的组成部分,它却是"文

1 Béat-Louis de Muralt, *Lettres sur les Anglois et les François et sur les voiages* (1728)(Paris: Champion, 1933), p. 261.

学”作品的重中之重，而自诩文学家、作家的人也必须展示出对法语文学文化的极端语言敏感性。这里最出名的例子便是福楼拜，他每写一句都要反复推敲，以至于达到了癫狂的地步。对福楼拜来说，风格（即对一种理想语言的运用，或甚至是创造）是伟大文学作品的标志。这种理想的语言，应该既不浮夸也不多余，且不能充斥着比喻和个人习气。它是法语，就该天然精确、具有逻辑性。19世纪的作家和17世纪时一样，人们并不要求他们去创新发明，而更多地要求他们尊重这门已经超越了个人目的的语言。布瓦洛曾警告说：“即便在极度放肆之时，你的文字仍要尊
106 语言为神圣。”[1]作家是享有特权的守卫，就像法兰西学术院一样，奉传统之名始终守护着语言。

只要法国文学文化将法语定义为绝对事物，文化手段就绝对压倒个人使用。索绪尔一派的语言学家认为，语言（langue）和言语（parole）之间有着重要区别。这种区别在法国文学文化里有着特殊的审美甚至道德意义。“语言”和“言语”之间的不平等关系在福楼拜的弟子莫泊桑的话里展示得一清二楚：“法语是一条纯净的河流，它从未，也绝不可能被装腔作势的作家给搞混。每个世纪人们都给它注入新的潮流和习惯。但是这些努力和尝试留不下任何痕迹，完全徒劳无益。从本质上来说这种语言是清晰、有逻辑和严谨的。它不会被削弱、模糊或腐化。”[2]不管莫泊桑自己的语言和旧制度时前辈的语言有何不同，他们的理想是共通的。我们可以想象莫泊桑和布瓦洛一样断定一个“没有风格”的作家写得再好也不过是个要笔杆子的。[3]巴尔扎克被认为是一个既“粗心大意”又“现代”的作家。1840年左右，巴尔扎克经常因“风格”而受到批评，但实际上和许多批评他的人一样，巴尔扎克也对法语的神秘非常着迷。巴尔扎克曾因为在作品中用德语给人物起了愚蠢的名字而大受鞭笞，他为自己辩解的出发点即是自己对法语的忠诚：他称自己不

1 Boileau, *L'Art poétique*, chant 1, p. 160.

2 Guy de Maupassant, “Le Roman”, introduction to *Pierre et Jean* (1887), *Oeuvre complètes*, 29 vol. (Paris: Conard, 1908—1910), 19: xxvi.

3 Boileau, *L'Art poétique*, chant 1, p. 161.

懂德语，而且在没有精通法语前绝对不考虑学习德语，他的同胞最好也这么做。“如果我们都只懂法语，”巴尔扎克庄严宣称，“我们将会更好理解它。”[1]

莫泊桑所想象的重新定义在20世纪发生了，但它也同样改变了原有的优先顺序，这是莫泊桑没有预料到的。在这个重新定义的过程中，一个重要诱因便是大众文学的急速扩张，特别是这类文学因为从英国和 107
美国传入而被赋予了一定声望。由于侦探小说和后来的科幻小说不是用法语写成的，因此它们也不必遵循所谓“好作品”的规范。的确，埃米尔·加博里奥的“勒考克侦探”是比福尔摩斯更早的侦探小说（福尔摩斯总的来说没有提到勒考克），而儒勒·凡尔纳实际上开了科幻小说的先河。然而他们的流行程度让他们看起来很可疑。侦探小说和其他大众文学作品对原有的文学等级制度提出了严重挑战。同时，大众文学又加强了这种等级制度，因为大众文学可以被归入另一种单独的、不平等的范畴里。相似地，单纯的戏仿显然破坏了所有规矩，其目的就是反叛。但戏仿也有维持的功能。普鲁斯特的《拼贴与混合》（1919）就是一个呈现戏仿却含有致敬的绝佳例证：同样一件事情，由圣西门、巴尔扎克、福楼拜、龚古尔兄弟和其他人分别“叙述”，既破除了过去的梦魇，又是向过去致敬。

外国影响对传统思想的冲击之大，不能简单一带而过。生机勃勃的美国文学混用了各种风格和形式，却动摇了法国的审美传统。20世纪30、40年代美国作品在法国受到热烈欢迎，以至于这二十年被称为美国小说时代。不论是海明威直截了当的语言还是多斯·帕索斯不连贯的文风，都偏离了关于风格和语言的传统观念。怪异的、有悖传统的语言导致人们往往对20世纪30年代的塞利纳，40年代的萨特和加缪，50年代的热内、鲍里斯·维昂、塞缪尔·贝克特和尤金·尤奈斯库抱有敌意，而这些作家也通常只能与所谓“优秀写作”和“优秀文学”理想的异议者

1　巴尔扎克的话发表于*Le Constitutionnel*（20 October 1846），转引自Charles de Louvenjoul（Spoelberch de Louvenjou），*Histoire des oeuvres de Honoré de Balzac*（Paris: Calmann-Lévy，1879），p. 122。

为伍。加缪在《局外人》(1942)中冷静的平铺直叙，塞利纳在《长夜漫漫的旅程》(1932)中恣意汪洋的粗俗谩骂，以及维昂和尤奈斯库作品中的语言创新性，对于三个世纪以来通过古典修辞积累而成的审慎优雅是
108 致命的打击；同样，它们对于通过语言观念透露出来的逻辑和对称的打击也是毁灭性的。新的风格拒绝精确和秩序这些原本被认为是法语天然内含的品质，它们所撼动的绝不仅仅是表层语言秩序。

考虑到法语语言和文学曾被施以严厉的紧箍咒，因此各类外来者们在强力推进新文学和新定义方面起到重要作用就并不让人意外了：贝克特是爱尔兰人；尤奈斯库是罗马尼亚人；娜塔莉·萨洛特是俄国人(她的法律背景使她得以避免所谓“优美风格”写作)；阿兰·罗伯—格里耶就其工程师背景来讲也是“外来的”；塞利纳是在下层社区行医的医生；加缪是阿尔及利亚人，他到法国时已经快三十岁了；热内的语言则多半是从监狱和同性恋环境里学来的。虽然其他作家也并非人人都在莫泊桑所谓纯净清澈的法语之河中畅游过，但“理想”仍使得上述新的写作方法被看作是故意挑起风格和认识论上的竞争。法国文学史的很大一部分可以被看作是颠覆传统风格观念的历史，以及坚持法国文学文化“语言”和致力于用“言语”来挑战这种“语言”的作家之间竞争的历史。社会话语往往只有在遭到攻击时才会发展并逐渐接受不同的表达方式。

竞争或是接受都表明，在法国，风格或多或少还是“一件重要的事”。和其他语言一样，法语也会随着时代而改变。然而，尽管文学方面的限制不可否认地有所“放松”，尽管有(同样也正因为此)戏仿这一形式，我们所熟悉的传统仍然顽强生存着。对许多人来说，法语仍然是独一无二的现象，是一种奇迹，甚至是一种崇拜的对象。阿根廷作家博尔赫斯指出，法国文学的丰富性是由于法语语言的丰富性。而这种丰富性也造成，或鼓励了人们将语言认作是超越国家层面的精神家园。阿尔
109 伯特·科恩这位用法语写作的现代犹太小说家“疯狂地爱着法语”，他曾说法语(而不是法国)是他的母国之一；比他年轻一辈的伯纳德—亨利·利维，所谓的新哲学家，也同样称语言是一个国家：“我与语言的关

系代替了地理。法语是我最亲密的病人，也是我唯一的国家。精神病院和壁炉……爱情与武器，是这世上我会表明立场的议题。”[1]

二

> 相比其他国家的现代文学，[法国文学]同孕育了它的社会生活及国家发展有着最为密切的联系。
>
> ——马修·阿诺德，《圣勃夫》

语言从来不是中立的。它不能脱离认识论，不能脱离使这种认识论能够被理解的特定社会、政治、文化背景。法国文学文化中的智性优雅，对批评的强烈爱好，对形式的狂热追求等都深深印刻在语言中并延伸至文学里，而文学曾经是，现在也仍是独特社会背景的表达手段。法语体现了批判精神，完美表达了几何精神，它也是备受尊崇的语言，正是一种精英环境造就了法语。语言学、地理学和社会界限的巧合致使法语区分了有知识的少部分特权者，并象征了精英人群的团结。[2]因为曾有一度法语不是全法国通用的语言，而是大巴黎地区的语言；不是外省的语言，而是巴黎和凡尔赛的语言；不是农民的语言，而是朝臣的语言。法语是权威的语言，是行政机构和法兰西学术院的工具，是贵族及其文化的手段，是士绅阶层的表达和文学。总的来说，法语是中央的语言，它使其他语
言降格到边缘成为方言和土话。直到今天，在许多方面这一情形仍没有 110
改变。

语言控制所显示的是由国王和宫廷行使的、至高无上的社会文化控制。这两者在法兰西学术院联手，共同赋予了法语纯洁性并使法语成为所有艺术和科学语言的官方媒介。虽然只是一般描述，但却设想了一种特定的语言纯洁性——这种高雅的用法等同于绅士阶层的文明社会，反

1 Jorge Luis Borges, *L'Express*, 9—15 May 1977, pp. 34—36; Albert Cohen, *Le Monde*, 6 January 1980, p. 17; Bernard-Henri Lévy, *Le Monde*, 5 January 1978, p. 1.

2 Edmond Goblot, *La Barrière et le niveau* (1925).

对法律与神学（最终还要包括其他精密科学）的特殊化术语。早在法语成为国际语言之前，它因为排除了特定的、地方性的、怪异的词汇并重视逻辑、秩序、准确性而已经具有了一定普遍性。法国大革命粉碎了在旧制度下支撑着各种共识的社会和语言符码。当过去一直被刻意忽视的群体被纳入政治体制，新政权就不得不承认新问题的存在，并且这些问题需要新的表达方式。革命所需要的语言要比布封、里瓦罗尔所塑造的理想工具更多样、更开放。即使在后革命时代，政治生活强行推行了新的话语并考虑到了和原来上流社会、王室理想相去甚远的风格、词汇和句法，新的社会现实仍迫使语言接纳一些特定表达。

一手打造了后革命时代法国的建筑师们还面临着一个更严峻的问题：在这片土地上有着众多民族，如何建立一个国家？即使只是模仿民主都需要被统治者名义上的支持。如果缺乏通用语言，这个目标将会更难实现。1794年国民公会所做的调研显示，法国国土上大约一半居民，即一千二百万人完全不会讲法语。只有大约三百万人能够比较准确地使用这种语言。大革命的语言政治是要通过一种国家语言来塑造民族意识，并进一步将原先只在精英中施行的社会控制推行到全国：“为了消
111 除一切偏见，必须发展一切真理、天赋、美德，使所有公民融合成一个民族；为了简化和促进政治生活，就必须有一种简单的语言……语言团结是大革命的重要组成部分。”因此，格雷古瓦神父向国民议会公共教育委员会提交了报告。[1]

根据这份报告，解决方案应该是向全国推广法语，使法语这种原先的阶级语言变成民族语言。法语当时仍然是一种方言，但它现在获得了政府权威和权力的支持。这种情形导致了一些问题。由于法语原先是一种和王室相关的阶级语言，它显得十分可疑。有其他办法吗？没有。法语是受过教育的革命者的语言，于是它便成了革命的语言。一些令人

1 L’Abbé Grégoire, “Rapport sur la nécessité et les moyens d’annéantir les patois et d’universaliser l’usage de la langue français”, in Michel de Certeau, Dominique Julia, and Jacques Revel, *Une politique de la langue—La Révolution française et les patois: L’Enquête de Grégoire* (Paris: Gallimard, 1975), pp. 300—317 (citation pp. 308—309).

厌恶的阶级差异被去除，在一段时间内“公民”和“女公民”取代了“先生”、“夫人”这种原先为上层社会所使用的称呼形式。（这带来了一定混乱，就如同20世纪60年代刚独立时的非洲国家：欧洲殖民者的语言是压迫的手段，但它也是某个部落的唯一语言，是和外部世界交流的唯一手段。）

这样就给法语使用者的社会背景带来了剧变，并必然会影响到法语的方方面面。当法语不再是精英阶层交流的唯一媒介后，它比以往任何时候都身陷险境。正如19世纪新的知识学科大大增长给法语带来的影响一样，此时新的法语使用者也将这门语言带入了新世界。在乡下人、文盲、没有受过教育的人所讲的语言入侵之前，布瓦洛所夸耀的“纯净的”词汇、布封所提倡的“高贵的”风格就已经消失了，尽管并非一夕之间就消失殆尽，尽管遭到了不小的阻力。这些新的用法取代了高度智性
的话语，这曾经是旧制度下的理想语言。法语不再是精英人士的保留 112
地，尽管从时间上来说还要等一百年法语才会成为全法国人的语言。[1]

格雷古瓦神父希望废除语言和社会中的等级制，但是和他所希望的恰恰相反，新的、“大众的”特点并没有颠覆语言的精英地位。相反，大众所关心的问题（特别是19世纪中期开始对初等教育的迫切需求）所带来的压力更强化了语言精英意识，尽管这个时候法语已经进入寻常百姓家了。对下层百姓来说法语的推广是完全功利的。完成小学就已经足够。任何超过基础的知识都会交由某些重点中学来教授，而这些学校的非功利目标使得它们所教的法语和普通人所使用的日常法语相去甚远。一位著名天主教教育家的教学理念就建立在这样的语言区分上：“我们的目标是真正的语言……这就要求我们打破原始的、自然的、粗俗的语言，通过艺术……通过真正的文化，通过一种新的、更高贵的、更高级的高等教育来教授语言。”这句话里回响着布封、里瓦罗尔、德芳夫人的思想。只有艺术和教育才能产生“真正的语言”，因为只有它们才能以更

1　根据一项调查，一直到1870年，对法国一半人口来说法语也还是外语，参见Eugen Weber，*From Peasants into Frenchmen*（Stanford：Stanford University Press，1976），p. 70 and chap. 6，passim。

高等、更高贵的方式将自然表达出来。[1]

在中学学到的语言的非工具用途加强了法语的精英关联，也使不同法语模式之间的差别变得越发明显。这样，语言继续成了社会控制的手段，区分的标志，就如同旧制度时期一样。这便是梅里美给拿破仑三世及其小圈子做听写（dictée）的重要意义——梅里美的话里充满了艰深的词汇术语，以至于他本人都得查一下原文才能确定。同时他的话也很难，包括了不少特殊语汇和同音异义词（如“cuisseaux de veau”和“cuissot de chevreuil”等）。西班牙裔皇后欧仁妮在听写中犯了六十四
113 次错误，皇帝本人犯了四十五次；两位作家中（后来都入选了法兰西学术院），小仲马犯了二十四次，奥克塔夫·弗耶犯了十九次，而梅特涅亲王只犯了三次，获得冠军。[2]

法语中，有难度的篇章听写被认为是有趣的消遣，并且也证明了人们普遍对于语言的敏感性。更重要的是，这个小故事在法国文学史上占有了一席之地，而听写在法语教学中也扮演了重要角色，这证明了在法国文学文化中文字至高无上的重要性。“听写”的重要性在全国拼写冠军赛中尤其得到了体现。这项重要的比赛是1985年由著名电视节目“阿波斯托夫”（Apostrophe）主持人贝尔纳·皮沃发起，并由法国农业信贷银行赞助举行，该节目当年吸引了超过五万名参赛者，其中小的不足十岁，老的超过八十岁，还不乏文学界、政治界的著名人士，后者也帮助该“听写”比赛在全国范围内展开。这个例子很好地说明了“语言”比“言语”更为重要，即固定的文本比暂时的口语形式更重要。“听写”暴露了法国人对固定思想的关注，甚至是执念，以及对遏制口语中奇怪形式

1 Monseigneur Dupanloup, *letter* (1873), cited by Antoine Prost, *L'Enseignement en France, 1800—1967* (Paris: Colin, 1968), p. 66; Aleksander Wit Labuda, “La Langue de l'Empereur: La Culture littérature dans les lycées sous le Second Empire”, *Littérature* no. 22 (1976): 75—91; Gérard Genette, “Enseignement et rhétorique du XIXe siècle”, *Annales: Economics, sociétés, civilisations* 21, no. 2 (1966): 293—305, reprinted in *Figures II* (Paris: Seuil, 1969); Theodore Zeldin, *France, 1848—1945* (Oxford: The Claredon Press, 1977), vol. 2, chaps. 6 (on the lycée) and 7 (on the university).

2 听写内容全文可参见René Dumesnil, *L'Epoque réaliste et naturaliste* (Paris: Tallandier, 1945), pp. 103—105。

的热衷。和美国人注重单个单词的拼字大赛不同，法国的拼写比赛需要参赛者调动自己全部的语言资源——句法、语法以及正确的拼写方法。此外，参赛者所面临的竞争并非来自其他选手，而是来自法语语言本身。比赛到最后也很有可能没有胜者，梅特涅亲王在梅里美的听写比赛里毕竟也犯了三个错。通过这种方式，法国文学文化将书写的支配性影响力推向了极致，而书写这种“现代神话”也被评论者视为现代西方文化的典型特征。这种对待语言的态度在西方文化中非常普遍，也成了法国文学文化中比较突出的一个现象。[1]

法国的大学从某种意义上来说确认了这种语言意识；它将精英中学教育中对语言的关注转换到了另一个更高层次：将法语文学研究和法语语言研究结合在了一起。1809年5月，拿破仑新组建的巴黎大学中， 114
文学系原有的八个教授席位里最受尊敬的一席便是法国文学诗歌史，而第六席是法语辩术。到了1862年，全法国十六个文学系科中有十七个法国文学教授席位（其中两个在巴黎）；到了1881年，在一百个教授席位里（1870年时斯特拉斯堡大学变成了德国大学）有十六个是关于语言文学方面的。[2]

相反，对英语来说，语言问题就不是特别重要。一直到19世纪末，牛津大学和剑桥大学才正式承认英语语言文学的学术地位。尽管爱丁堡大学1762年就设立了修辞和写作钦定教授席位（早在1748年亚当·斯密就已在该大学开过英语文学方面的讲座了），但是直到1839年伦敦大学才将英语和英语文学引入考试系统。不过伦敦大学的声望并不如牛津剑桥，而牛津剑桥又特别不待见英语文学，因为它被认为简单、诱人、直接而有用，并且往往和历史不那么悠久的新兴大学联系在一起。不管

1　四分之一决赛、半决赛和决赛的听写内容可参见*Lire*, July and October 1985。关于书写的支配性影响，参见Michel de Certeau，*L'Invention du quotidian*（1974），英文版可参见*The Practice of Everyday Life*，trans. Steven Rendall（Berkeley and Los Angeles: University of California Press，1984），p. 136。

2　Albert Guige，*La Faculté des Lettres de l'Université de Paris*，*1808—1935*（Paris: F. Alcan，1935），pp. 14ff.；*Projet de loi: Budget de l'Exercise 1862*（Paris: Imprimerie impériale，1861）；*Projet de loi du Budget Général de l'Exercise 1881*（Paris: Imprimerie nationale，1880）.

怎样，英语都不是一门应该学习的功课，而是人人都懂的东西。因此，牛津直到1893年才投票设立了一个英语语言文学学位，并且直到1901年才设立了单独的英语文学教授席位。剑桥的态度更加勉强。1896年该校实验性地建立了英语学术研究讲师教职，正式教授席位一直到1911年学校接受了一笔校外基金才得以设立；而正式学位课程则拖到第一次世界大战后才开设。[1]

可能人们会说，这桩事情在法国可以上升到举国关注的程度，但英国人总的来说比较迟钝。没有英国人会（也没有美国人能够）宣称自己的语言意识等同于国家民族意识。但是如果一个法国人严肃地如此声称的话似乎就很合适。这种论断之所以能成立，如果不是太极端的话，是因为法语是个高度规范性的概念，它能明确区分语言使用的层次，这
115 比英语在英国或美国要明显得多。英国有女王英语，也有BBC英语，牛津英语以及其他地区方言。这点非常重要：在英国，即使精英人士在语言上也显示出多样性，而这在法国通常是看不见的，因为巴黎法语就是法语本身。从某种角度来说，每个讲英语的人都有自己的口音，而对法语来说，则是别人都有口音，即：每个不讲标准巴黎法语的人。法语是代表了秩序和理性的通用语言，它也是抵抗混乱、情感及其他“外国腔调”的堡垒。

法语和法国文学的精英联系在旧制度结束后仍然能够在不同的社会、思想环境里存在。随着原先和传统精英文化紧密相连的文学、社会符码崩塌，随着精英阶层的语言降级并消失在新文学语言中，语言意识就变成了自我意识。阶级壁垒与语言壁垒一起消失，或者人们感觉它们消失了，这也是为什么左拉等作家探索下层阶级的语言招致了保守人士的不满，因为他们相信语言混乱和社会混乱之间有着密切联系，一个的出现必然预示着另一个的到来，虽然对绝大多数人来说到底哪个更重要可能是个问题。

自然主义之所以引起极大争议，正是因为自然主义者试图重新

1 Stephen Potter, *The Muse in Chains*（London：Jonathan Cape，1937）；关于剑桥的内容，参见 E. M. W. Tillyard, *The Muse Unchained*（London：Bowes and Bowes，1958）。

定义文学理想，并试图创造一个新的评价所有文学的模式。和现实主义、浪漫主义一样，自然主义囊括了社会精英人士。“流行”作家如保罗·德·科克、蓬松·杜·泰拉伊或儒勒·凡尔纳等并不追求改变审美等级。如果左拉等宣布无意将推广自己的写作方法并改变文学和文学文化的话，他们也不至于引起如此轩然大波。但是左拉的目标就是要改写法国文学史，在社会和思想精英人士中为自己，也为自然主义争取更多表达的机会。这是在传扬荣誉过程中发挥重要作用的一群人，同时他们也是无比重视法兰西精神的一群人。左拉和巴尔扎克在面对批评时 116
的激进态度显示，在其社会文学地位和法国文学文化标准之间尚存在着巨大鸿沟。在这样一种情况下，一个人往往需要左拉那样坚定、顽强和战斗的精神才能坚持下来。即便下层社会生活提供了主题、背景、人物，还是得要中产阶级作家来写作、中产阶级读者来欣赏。虽然不是完全自相矛盾，但是无产阶级文学仍然是一种边缘文学，因为它不属于法国文学文化。真正的无产阶级作家在这个问题上无法被归入任何一种模式。

无产阶级文学被排斥导致了两个后果：第一也是最明显的后果是无产阶级作家为无产阶级读者写的、关于无产阶级生活的文学作品被极大忽视了。法国《人道报》于1933年选择重印安德烈·纪德的《梵蒂冈的地窖》，而非所谓“真正”无产阶级作家的作品。由于法语排除了地方方言土话，因此法国文学传统也就将一些“不合适”的文学作品排除在外。当特罗洛普夫人注意到保守派作家（她提到了夏多布里昂和拉马丁）比“革命者”更受尊敬时，她也许谈的就是20世纪。[1]

这种文学上的分家也迫使“外行”要像“内行”一样写作。历史学家儒勒·米什莱哀叹法国文学的枯竭，指出这是由于文学所受的束缚泯灭了天然个性、抑制了语言创造力、回避了严峻的现实。尽管他本人出身下层阶级，但却直指事实。工人阶级作家没有根据实际经验来写作，

1　Michel Ragon, *Histoire de la littérature prolétarienne en France*（Paris：Albin Michel, 1974）, p. 24; Frances Trollope, *Paris and the Parisians in 1835*（London：R. Bentley, 1836）, p. 59. 1985年正值维克多·雨果和儒勒·瓦莱斯逝世一百周年。对雨果，官方举行了很多活动来纪念这位典型的共和主义者（包括委托创作了一部交响乐）；而瓦莱斯这位巴黎公社委员、流亡者、激进的记者、尖锐的小说家则几乎被人遗忘。

反而模仿所谓正式的、受认同的法语中抽象空洞的大话和陈词滥调："下层阶级作家写作时，常犯的错误是没有从自己本心出发写作，这应该是他们的强项。但是他们从上层社会那里学来一堆空话、套话。这些作家没有珍惜自己的优势，即完全不懂常规语言，他们不会像我们一样整天
117 被现成的句子套牢，每当下笔写作时，这些词句自动就跑到了纸上。"

米什莱所说的工人阶级作家的问题在任何"外来"作家身上都能找到（如非洲作家、魁北克作家、女性作家等），他们都受到僵硬的文学分析观念及其语言的束缚。而这种观念，正如米什莱所指出的，是从社会角度来定义语言能力的高低。法国文学文化中根植的循规蹈矩的、高度抽象化的语言限制了原创性的发展空间。米什莱还评论说："这就是工人阶级作家嫉妒我们的地方，他们尽可能多地从我们这里借鉴语言。他们打扮得漂漂亮亮地去写作；他们戴上了手套，这样就丢掉了工人们强壮的双手和胳膊所带来的优势。"[1]人们不禁要猜测，米什莱本人是否也会为自己的损失而懊悔？

法语为想要进入一个更广阔的世界，进入一个具有普适性文明的人们提供了通行证。利奥波德·塞达尔·桑戈尔曾代表非洲和全世界讲法语的人口发声："对我们来说，讲法语就是一种文化……一种思维和行动的模式……一处超越法语语言本身的精神家园；它就是法兰西文明。"突尼斯犹太人阿尔贝·梅弥回忆说，当自己掌握了这门语言的时候，感觉就像掌握了整个宇宙。[2]而其他人则有不同的看法，他们想到的是不适应，是文化学习过程中必然带来的压迫感，是本土语言被禁止，是对本土文化习俗不屑一顾的态度。[3]

---

1 关于米什莱所提到的法国工人阶级诗人的部分，参见Edgar Leon Newman，"The New World of the French Socialist Worker Poets"，*Stanford French Review* 3，no. 3（Winter 1979）：357—368，该书包括了一些诗歌的片段。也参见*Revue des sciences humaines*，no. 190（April—June 1983）：31—47，"Des Poissardes au réalisme socialiste"。

2 Léopold Sédar Senghor，*Liberté III: Négritude et civilisation de l'universel*（Paris：Le Seuil，1977），p. 80；Albert Memmi，*La Statue de sel*（1966）（Paris：Gallimard，1977），pt. 2，chap. 2，"Le Lycée".

3 塞内加尔演员杜塔·塞克曾回忆说自己由于在学校用土话讲了一个字就被关了六小时禁闭（Douta Seck，*Libération*，16 July 1985，p. 35）。

作家们尤其会在这些约束下鼓噪起来。想一想，有多少文学潮流的变化是因为一种新的语言，或至少是被认为是一种新语言的发生而发生的？雨果公开宣称要给旧字典戴上象征大革命的红色帽子，要通过语言革命来达到文学革命；戈蒂耶使用了戏拟英雄体来叙述1830年的《欧那尼》之争，他将雨果这部大胆的跨行体诗歌比作一个对古典主义嗤之以鼻的恶棍。[1]不管浪漫主义者对灰尘扑扑的旧字典上这顶帽子到底有多红持多少不同看法，多数人都赞同雨果对文学自由的呼吁。

尽管《欧那尼》之争非常激烈，并在最后获得了成功，不过它到底没 118
有能够建立一个新的文学王国。每一代人都要与自己的旧字典做斗争。正如雨果认为法语急需恢复活力，一百多年后的20世纪30年代，塞利纳也持同样看法。语言净化已经矫枉过正。17世纪的语法学家所强力推行的贵族语言已经扼杀了活泼的、大众的、真正的语言，即拉伯雷的法语。三个世纪以来的语言“改善”活动制造出了为塞利纳所批判的“学院”法语，“沉积的、过滤的、静止的”法语，蒙田、拉辛、龚古尔奖的法语，“优雅到让人恶心的……成了法兰西民族墓志铭的”法语。[2]塞利纳之后的半个世纪，先锋小说家、批评家菲利普·索莱尔斯所认可的“真正的、合法的、正式的”法语和法国的其他语言之间仍然有着巨大分歧。竟然有两种截然不同，甚至相互抵牾的语言和文化（索莱尔斯承认这是个老掉牙的故事，但在这个时代仍然没有过时），以至于1980年一部“非传统法语”字典出版时被冠以反抗“正统的”法语的名号。因此，法国女性主义者谴责传统法语是“男性生殖器崇拜”、是压迫女性的象征叙事，也并不令人感到意外。[3]

1　Théophile Gautier，*Histoire du romantisme*，pp. 107—108.

2　塞利纳的反犹言论暴露了他的语言敏感性中黑暗的一面，也揭示了如果语言、文化和国家结合在一起变成绝对体将会发生什么。参见Albert Sonnenfeld，“The Poetics of Anti-Semitism”，*Romantic Review* 76，no. 1（January 1985）：76—93，esp. 80—81。

3　Philippe Sollers，*Le Monde*，22 August 1980，p. 12. 雅克·塞拉尔（《世界报》语言编辑）和阿兰·雷伊（罗贝尔法语词典联合编辑）一起编纂了《非传统法语词典》（*Dictionnaire du français non conventionnel*）（Paris：Hachette，1980）：“我们的词典是杂种和被驱逐者的庇护所。”（Jacques Cellard interviewed in *L'Express*，6 December 1980，p. 28）。关于当代法国女性主义的争论，参见Elain Marks and Isabelle de Courtivron，eds. ，*New French Feminisms*

法国文学文化越是歧视外来者，它就越能团结局内人。这种凝聚力可以追溯到社交能力这种法国精英社会典型的特征上来。早在18世纪，穆拉尔特就注意到，对于法国人来说，“与众人在一起的生活就是完善有序的生活。他们认为，人类天生就应生活在社会中”。穆拉尔特还说，法国人是“天生的朝臣”。让—雅克·卢梭完全同意他的同胞穆拉尔特的说法。当卢梭发现莫里哀用赞赏的态度来表达这一观点时曾感到莫大的愤怒。莫里哀在《愤世嫉俗》一剧中嘲弄主角的态度，对于深知自己是外来者的卢梭来说，无疑证明了整个法国社会的堕落，因为它宣扬顺从和循规蹈矩，对敢于拒绝社会上夸夸其谈自我定义的人们则大加排
119 斥。法国文化中的“社交能力”让阿尔赛斯特[1]，或是卢梭这样的人无处容身，卢梭在极度焦虑中远离社会，但又极力为自己辩护。他在寂寞中饱受折磨，完全没有梭罗的宁静，同样是远离社会，但两人的精神状态完全不同。穆拉尔特观察到，法国人把“猫头鹰”或者哲学家这两个词专门用来形容那些哪怕只有一丁点独处欲望的人。[2]到了18世纪中期，法国哲学家用他们善于交际的事实证明了哲学家等于孤独是不实之词，但这也让卢梭更加显得格格不入。

这种情况持续到了19世纪。令人敬畏的特罗洛普夫人也评论了法国人喜爱社交的脾性，丹纳甚至总结说法国人在一起时思考得更好：“我们被人们包围着的时候思考得最好；……别人的想法激励着我们，于是我们便思绪如泉涌。”这一情形再一次与英国形成了鲜明对比：在英国，“‘体面’来自自省，而非社交”。在这个问题上，法国人所谓的“体面”完全是一个社交性的概念，这在海峡对面的英国是不存在的，在英语里也没有一个对应的词。[3]

由于19世纪的文学活动拥有自己的场所，因此作家们就有了可以称

（New York：Schocken，1980）；关于合法语言所施加的高压政策，参见Pierre Bourdieu，*Ce que parler veut dire*（Paris：Fayard，1982），pts，1，2。

1 即《愤世嫉俗》中的主人公。——译注

2 Muralt，*Letters sur les Anglois et les François*，p. 171.

3 Trollope，*Paris and the Parisians*，p. 57；Hippolyte Taine，*Histoire de la littérature anglaise*（1862）（Paris：Hachette，1887），3，bk. 3，chap. 1，109，108.

作是自己的空间和社交。新的文学场所和新的文学社交抵消了原先沙龙消失所带来的影响。英国作家布尔沃—利顿曾被法国作家强烈的集体精神所震惊："没有比作家更团结的法国人了；作家比其他人更固执地维护他们的制度。"文学世界的重新整合创造了一种与社会上其他团体截然不同的文学意识，这种文学意识催生了布尔沃—利顿所提到的集体精神，以及后来的一位观察家所提到的"排外主义"，这位观察家认为"排外主义"导致了法国社会"狂热的团结"，这与盎格鲁—撒克逊人的协作、互助精神完全不同。[1]

从各种叙述中我们能看到，法国的文学生活长期以来是一种集体行
为，是对旧制度下沙龙活动的一种效仿。和欧洲其他国家的浪漫主义运 120
动不同，法国的浪漫主义往往是由文学团体、圈子、沙龙来定义（并且常常是自相矛盾地定义），这些团体宣扬自己的信条，将一场文学运动变成了公共事务。在这些团体活动中，对话会变成辩论，评论会变成批评。用当时某人士的话来说，"天才的相互激荡"必须是通过和其他作家、艺术家、知识分子在小范围的密切交流中才能获得。埃德蒙·德·龚古尔的《日记》为我们详细呈现了19世纪最后三十年法国文学生活的场景，包括会议、晚餐、沙龙接待会，以及各式各样的聚会。[2]

此类社交场合的工具就是语言，不是印在书上的私人语言，而是对话中的公共语言。丹纳曾在分析中敏捷地指出，在法国，对话的目的超越了交流，也绝非随便聊聊。[3]斯塔尔夫人在《论德国》（1810）一书中用整整一章来讨论"对话的精神"，从中我们可以看出流落他乡的夫人深深渴望着巴黎式的对话所带来的乐趣。在巴黎，语言"不像在其他地方仅仅是交流的工具，而是能振奋精神、令人愉悦的工具"。在德国，当语

1　Henry Lytton Bulwer, *France*（London: Richard Bentley, 1834）, 2: 216—217; Jean-Paul Aron, *Qu'est-ce que la culture française?*（Paris: Denoël-Gonthier, 1975）, p. 10.

2　Paul Van Tieghem, *Le Romantisme dans la Littérature européene*（Paris: Albin Michel, 1948）, p. 182；儒勒·克拉勒蒂关于"天才的相互激荡"的话语转引自 Dumesnil, *L'Epoque réaliste et naturaliste*, p. 90，具体参见第三和第四章关于"文学咖啡馆与餐厅"的讨论，以及第五、六、七章关于沙龙与社团的部分。

3　Taine, *Histoire de la littérature anglaise*, 5: 462.

言禁止或妨碍这种对话时，能够起到相似作用的是音乐。由于德语会让听众等到最后才听到动词，要打断别人几乎是不可能的（对斯塔尔夫人来说打断别人可是很大的乐趣），而这也是法国式对话的精华所在。读者们毫无疑问能感觉到她对礼貌的德国人的不耐烦，以及她对法国沙龙中机智对话的怀念。

正如斯塔尔夫人所指出的，打断他人对法式对话至关重要，因为争论和社交性一样是法式对话的特征。法式对话的参与人群对谈话中所展现的才华的重视远甚于对其中思想的重视。在法式对话中，人很重要；而在德式对话中，思想才是最要紧的。正是这种对个人的强调，对个人表现的重视，对表象而非本质的追寻，导致卢梭拒绝了路易十五赐予
121 他的津贴。卢梭对《愤世嫉俗》中的阿尔赛斯特有强烈认同感，因此退出了他认为是不公平的、考验机智而非意志的竞赛。如果我们相信斯塔尔夫人对德国人的描绘，说不定卢梭在德国会过得更好，至少从这一方面来看。斯塔尔夫人声称，德国人是懒惰的故事高手、缺乏自信的对话者，因为他们的听众总是无比耐心。而法国的讲话者却完全不同，他是“一个知道自己被嫉妒的对手所包围的篡权者”，也知道只有精彩的表现才能保住自己的地盘。

斯塔尔夫人并不是特指文学方面的对话，不过她也注意到在英国上流社会一般谈论政治，而在巴黎则是文学。她认为，在巴黎，一个人要不是为了有些谈资一般是不会读书的，而在德国，书本则成为人们的伴侣。其他观察法国文学和文学生活的人也印证了斯塔尔夫人对狂热社交的描绘，这种社交氛围尤其被无数相互竞争的团体、圈子、沙龙所推动：法国作家的集体精神既补充了战斗精神，又与之背道而驰。如布尔沃—利顿所言“没有人比法国作家更团结”，利顿还很快补充说，“在英国没有人像他们这般把人撕得粉碎”。[1]

时间，以及法国文学生活中日益增长的不和倾向愈发推动了争论精神。德·博纳尔坚信，如果文学世界在17世纪就和后来一样分裂，那

1 Germaine Necker de Staël, *De l'Allemangne*（1810）（Paris：H. Nicolle，1813），1：82；Bulwer，*France*，2：218.

么有一半的作家都会鄙视另一半，而法国也不会拥有真正的国民文学。之后的19世纪，丹纳曾描绘巴黎的文学生活是“每日决斗”。在某些情况下，如果文学荣誉受到质疑，那么真正的决斗将会上演。当阿纳托尔·法朗士声称自己被勒贡特·德·李勒的一篇采访弄得“既恶心又愤怒”时，后者拒绝道歉，还要求法朗士与其进行决斗。法朗士没有接受这一光荣任务（李勒当时已经七十三岁了）。[1]和大部分决斗一样，这件事 122
显得有些可笑，也正因为如此，它揭示了法国文学文化中脆弱的感情。

随着时间推移，竞争变得越来越夸张，文学批评也变得更加好战。对左拉来说，把一个散文集子命名为《我的仇恨》，拒绝任何形式的赞助保护（不管是对他还是对别人），并声称“在文学战斗中力量就是一切”是很恰当地。[2]旧制度时期文学沙龙中社交与竞争相混合的特点，在19世纪的巴黎改头换面重又出现。此时的巴黎，人口在该世纪前半段已翻了一番，同时又因为凡尔赛在文化霸权方面已经失去了竞争力而大大受益。随之而来的是巴尔扎克在《金眼女郎》中所说的“不断的摩擦”，它把巴黎变成了一个天才的温室和角力场。詹姆斯·费尼莫尔·库珀曾说，这里到处都是聪明人，以至于大家都不屑于停下脚步认真看上一眼。这就是时间和空间上天才云集带来的后果，歌德曾向震惊的艾克曼解释说：巴黎是激动人心的法国文学文化的关键所在，也是作家成就的关键所在，“不是毫无生气的巴黎，而是19世纪的巴黎，在这座城市里，三代人的时间里出现了莫里哀、伏尔泰、狄德罗等人物，他们所推动的精神（Geist）浪潮在人类历史上前无古人后无来者”。巴黎有着激烈的竞争，它聚集了无数渴望成功的作家，同时也不断激发思想交流，由此，巴黎创造了连贯的文学生活，这在德国几乎不可能实现，因为德国作家往往分散居住，使文学成了孤独的事业。[3]

---

1 De Bonald，“Pensées diverses”，p. 313；Hippolyte Taine，*Notes sur l'Angleterre*（Paris：Hachette，1890），p. 343.

2 Emile Zola，“Un prix de Rome littéraire”（1877），in *Le Roman expérimental*（Paris：Garnier-Flammarion，1971），p. 324.

3 James Fenimore Cooper，*Recollections of Europe*（Paris：Baudry，1837），p. 181；Johann Peter Eckermann，*Gespräche mit Goethe*，4 May 1827（Jena：E. Diedrichs，1908），2：314—315.

经过了一个世纪的沙龙和小圈子集会，一个世纪的决斗和辩论，保尔·瓦雷里对热闹的社交活动及其引发的对抗进行了总结。他说，在法国，精神活动不太可能在孤立的环境里，在没有主流品位、意见和潮流的
123 情况下发生："我们要么支持，要么反对。"这种喜好争论的精神活动氛围贯穿了整个法国文学文化。瓦雷里注意到："[法国文学中]几乎每部伟大的作品都有另一部伟大的作品与之对话。"法国文学史上占据突出地位的似乎总是一些团体，或是对立的作家们，而很少是单个作家。评论家阿尔伯特·蒂博代认为，法国文学史上最有代表性的人物并不是独立的个体，如但丁、莎士比亚、塞万提斯、歌德，而是具有互补性、对立性的成对作家，如蒙田—帕斯卡、帕斯卡—伏尔泰、伏尔泰—夏多布里昂等。蒂博代用莫里哀作为证明自己理论的一个例外，甚至连他也不能像莎士比亚或塞万提斯统治本国文学一样统治法国文学。17世纪中叶不是高乃依或拉辛或莫里哀的时代，而是高乃依**和**拉辛**和**莫里哀**和**拉封丹**和**波舒哀等人的时代。这个时代，伏尔泰曾言之凿凿地说，是路易十四的时代。[1]

路易十四的年代，启蒙运动，浪漫主义一代，美好年代，两次大战间隙时期——法国文学史上特别流行此类的集合名词，这再次证明了文学和文学文化不仅仅是书本和作者的问题。19世纪中期，勒南曾说书籍不过是有教养的头脑的一种表现。尤其在法国，书籍属于一种更广阔的文化，在这种文化中精英群体通常扮演着重要角色。而作者和读者之间的这种紧密关系成了推动法兰西精神的力量之一。尽管19世纪时，绝大多数旧制度下的社会和文化体系已经消失了，但是受过教育的大众仍然和过去一样，让文学的意义远超文学。[2]文学与这些群体的关联也告诉了我们，为何在法国，而不是在别处，文学与社会能够并肩同行，为何法国文学是享受特殊待遇的社会文献，又为何偏偏是法国人站出来强调文学是

---

1 Paul Valéry，"Pensées et art français"（1939），*Oeuvres*，2：1053；Paul Valéry，"Le Destin et les lettres"，*Oeuvres*，2：1115；André Gide，"Le Dialogue français"，*The Cornhill Magazine* no. 969（1946）：200—201；Albert Thibaudet，"Pour la géographie littéraire"，*Réflexions sur la littérature-II*（Paris：NRF-Gallimard，1940），p. 139.

2 Renan，*Essais de morale et de critique*，p. 340.

社会的表达。

不过，对法国文学之特殊地位做出最清晰表达的是马修·阿诺德： 124

> 相比其他国家的现代文学，[法国文学]同孕育了它的社会生活及国家发展有着最为密切的联系。巧合的是，法国之所以能在世界上占据重要地位是因为其在社会生活和发展上的卓越天赋，而对这种天赋，法国文学也一直珍视它、塑造它、打磨它，并持续地反映它。这使法国文学具有特殊的侧重点，一位作家也许非常优秀，但他可能并不是法国文学关注的重点。[1]

如果重新回顾阿诺德所说的这种“更贴近”的关系在旧制度下的表现，我们会发现法国文学文化定义法国作家的几种特殊方式。要回顾这种关系在20世纪的表现，就必须直面一个被战争和侵略、知识界和政治界的纷争所分裂的国家——而分裂又导致了知识界精英开始质疑法国文学文化的根本基础。 125

1 Matthew Arnold，articles on Sainte-Beuve in the *Encyclopaedia Britannica*（1886），quoted in F. W. J. Harding，*Matthew Arnold the Critic and France*（Geneva：Droz，1964），p. 135.

第六章　从哲学家到预言家

法国的"作家"不仅仅是写作、出书的人。

——保尔·瓦雷里,《思想与法国艺术》

瓦雷里的论断显示了法国文学文化传统和其体制中长期留存的不同寻常的目的观。[1]法国和其他国家的多数作家通常满足于写作和出书。但是法国文学文化要求作家做得更多:要把文学运用到外部世界中去。对作家能够超越自身世界、超越审美的要求,最终促成了像伏尔泰、雨果、萨特这类"公共"作家的社会地位,因为他们把文学领域的私事变成了文化、社会等领域的公事。这些作家是公共形象,这实际上也是一种文化现象。和别人不同的是,他们从自己的时代出发,一方面代表了这个时代,另一方面又向着同时代的人们发声。

其他所谓"私人"作家,则遵循另一条完全不同的路线。他们的作品与法国文学文化及其关于文学工具性的理念背向而行。私人作家拒绝法国文学文化的定义和价值体系,拒绝文学与文学以外的东西的混合,坚持文学独立不可侵犯。他们接受,甚至崇尚19世纪时的文学专业

1　Paul Valéry,"Pensées et art français"(1939),*Oeuvres*(Paris: Gallimard-Pléiade, 1960), 2: 1053.

化，并将自己以及文学对象从外部世界的追求与纷扰中隔离开来。

谈到那些创造了法国文学的典型私人作家，最好的例子莫过于福 126
楼拜和普鲁斯特。他们对艺术的投入使唯美主义从文学信条变成了一种特殊的生活方式。这两人都认为对当代人来说，艺术是唯一可能的救赎，是污秽粗鲁的世界中唯一的圣洁之物，是无可置疑、无可匹敌的理想。人们在阅读福楼拜的信件时通常更关注其中提到的审美问题而非所记录的私人生活细节：其实，福楼拜的生活**就是**这些问题。他参与法国文学生活，但奇怪的是，他又经常抽身退出，经常回到自己在诺曼底的家，由此还得了个"克鲁瓦塞隐士"的雅号。普鲁斯特退至他那传奇性的软木塞围起来的房间则更富有戏剧性，这也暗示了一种孤注一掷的策略，即排除一切干扰，专注于他最重要的小说《追忆似水年华》的创作。和他们的前辈、后辈一样，除了用作品来强调自己努力的重要性之外，福楼拜和普鲁斯特都没能准确定义文学所谓自成一体的本质。

由于文学还兼具交流功能，所以不太可能存在完全的隐退。妥协是必需的。普鲁斯特和福楼拜都要出版作品。前者用自己的钱出书。1919年龚古尔奖授予了普鲁斯特《在少女花影下》一书。尽管过程中不乏激烈言辞和种种指责，普鲁斯特还是愉快地接受了这一奖项。妥协有很多种。福楼拜不得不承认，艺术家想要像神一样思考，就必须像资产阶级一样平淡地生活，而这显然就是他和普鲁斯特所做的。自然而然地，两人身上都显示出他们力图逃离的文化的深刻影响，而正是拥有了在这种文化下培养的敏锐语感，才能理解这些私人创作者与法国文学文化的关注点及其价值观有着多么密切的联系。但是他们仍是私人作家。虽然不可避免要做出让步，却也并不意味着否定私人作家的核心定义，即：他们是"内部流亡者"，他们不赞成法国文学文化的理性与感性，同
时他们还反对完全体现了此种文化的公共作家模式。几乎在每个方面， 127
法国文学文化都与私人作家的信条背道而驰，因为后者所追寻的是内心，他们的文学聚焦于文学本身，所以必须依赖内部资源和个人的艺术、审美感。与之相反的是，公共作家往往更重视视野的宽度而非深度，并且他们在相同的文学文化中更强调个人责任。

由于公共作家塑造了文学文化，他也必然会对它施加影响。他在适应社会变化，以及文学文化吸收社会变化的过程中所扮演的角色，决定了一名具有示范意义的作家应该既是改变的推进者，又是改变的记录者。每一代人都会以此为目标选出他们的文学代言人。这些人在保存传统的同时，虽然也在对传统和文化进行调整，但他们强化了法国文学文化的延续性。对文化传统的敏感性，加上对社会变化的吸收能力，使得法国文学文化成为极其宝贵的历史晴雨表，也使得其中的代表作家成为帮助人们理解法国社会是如何运用过去来阐释当下的独特工具。过去三个世纪里，作家一直是法国文化传统和社会变化这一辩证关系中的关键人物。哲学家伏尔泰、预言家雨果、知识分子萨特，都是公共作家，因为他们决定要用笔来参与社会、改变社会。他们成为具有示范意义的形象，因为他们的时代，以及其后的时代认可他们的宣言及其重要性。

一

让—雅克为了写作而写作，而我是为了行动而写作。

——伏尔泰，信件，1767年4月15日

18世纪初，在启蒙运动所酝酿的社会、政治、知识运动中，公共作家
出现了。[1]公共作家并不仅仅是他所在时代的见证人，每个作家都能做到
这一点；公共作家还需谨慎地直面他的时代并对其提出质疑。在同辈面
128 前，这些作家呼吁个人独立的判断而非盲从政府权威，由此站稳了脚跟。
法国文学史上第一个彻底改变了文学定义的例子是帕斯卡的《乡巴佬书
信》（1656），这本书用外行人都能看懂的语句解释了深奥难懂的神学问
题。但是《乡巴佬书信》在帕斯卡的写作生涯中、在17世纪的法国文坛
上都是一个异数。帕斯卡怀有深刻的悲观主义情绪，这导致他无法像典
型公共作家那样长期介入社会事务；此外，路易十四的时代也没有给作

1 Voltaire, *Correspondance*, ed. T. Besterman (Geneva: Institut Voltaire, 1961), 65: 150 (#13221, 15 April 1767).

家提供让大众倾听他们声音的制度平台。但是18世纪时对独立思想和行动的鼓励使公共作家的出现变成了可能。

启蒙运动时期的代表性人物是哲学家，而哲学家中的代表人物无疑是伏尔泰，一位充满智慧而非满口道理的哲人，一位跨越了文学及其他领域，并且都得心应手、无比高产的作家。伏尔泰非常长寿，他于1778年以八十四岁高龄辞世。他的精力之旺盛完全配得上他广泛的兴趣和极长的寿命，而后两者也为他的成就锦上添花，使他成了后来数代人公认的模范公共作家，他的这种职业模式也被认为是他留给19世纪的重要遗产。由于19世纪的文学文化在发展中吸收了不少旧制度贵族文化的因素，所以代表了这一文学文化的公共作家也是伏尔泰的直系传人。

虽然在某种意义上来说每个时代都是过渡性的，因为它既要承接过去，又要面向未来，但是启蒙时期是个特殊个例。它明显指向现代，但它所发生的时代恰是一个属于过去的时代。伏尔泰在新旧两种势力的交战之间保持平衡，并由此成为启蒙运动时期的典范人物、出类拔萃的哲学家。一方面他很传统，不脱离时代，因而广受欢迎；另一方面他又非常现代，能超越当时的许多迷思并进行反省。即便伏尔泰创造了关于自我和社会的新形象、新定义，他仍然反映出了当时大众所关注的问题。 129

伏尔泰与过去的牵连之深，可能会让20世纪的读者感到十分震惊。他自己最看重的作品（如戏剧和诗歌等）对我们来说都显得十分生硬，几乎是对17世纪古典模式的刻板模仿。但是除了这些略带轻蔑的评价，模仿确实是伏尔泰对自己以及同时代的人们的要求，即延续一个光荣的传统，实现某些经过检验证明为真的准则。与当时的大众一样，伏尔泰的品位深深植根于17世纪的原则和实践，以及关于古代经典的传统教条之中。伏尔泰在其最重要的历史作品，《路易十四时代》（1751）中提醒当时的读者，要超越以往的经典佳作是非常困难的。他评论说：“自然好像停下歇息了。”[1]和伏尔泰一样，18世纪的作家也往往止步于模仿。

1　Voltaire，*Le Siècle de Louis XIV*（chap. 32，“Des beaux-arts”），*Oeuvres complètes de Voltaire*（Paris：J. Esneaux，1822），7：126. 创作上的力竭感并不仅限于伏尔泰或法国人。这是18世纪欧洲的普遍现象。参见Walter Jackson Bate，*The Burden of the Past and the English Poet*

新的审美动力来自其他作家，如狄德罗的《市民剧》、卢梭的《忏悔录》等。伏尔泰写出了《趣味的圣堂》这样的书，同时也为莎士比亚明显缺乏好品位而感到苦恼，但他并不寻求改变审美等级秩序。没有任何一位法国作家能容忍莎士比亚把崇高和怪诞混在一起，更别提伏尔泰了。掘墓人和王子不应该出现在同一部戏里，更不应该出现在同一幕中：所以《哈姆雷特》必须接受审查。因此以下这一幕就并不奇怪了：18世纪法国最流行的莎士比亚译剧里，为了模仿伏尔泰的态度，便删除了很多这类让人讨厌的不协调之处。让—弗朗索瓦·杜西的《哈姆雷特》（1769）和《罗密欧与朱丽叶》（1775）中，不仅删掉了掘墓人和劳伦斯神父，还把哈姆雷特父亲的鬼魂换成了一个古董骨灰瓶，并去掉了决斗和死亡的场景，这样莎士比亚就符合古典三一律，合乎古典戏剧的礼仪规则了。[1]普雷沃神父在翻译塞缪尔·理查森的作品时也依据法国人当时的品位做了相应删改。

但伏尔泰也不是没有尝试过颠覆这种审美等级秩序。传统模式并
130 不适用于《哲学故事》，事实上没有任何模式适用于它。尽管《路易十四时代》一书忠实于过去的辉煌，但它宣告了一种新历史的诞生：它把传统上对国王和战争的展示放在了更大的文明背景下。后人所说的“文化史”即始自伏尔泰1731年的《查理十二史》和二十年后的《路易十四时代》。并且伏尔泰的审美观也并不像第一眼看上去那么僵化。他批评莎士比亚的“野蛮行径”代表了当时的时代意见，而对莎士比亚的美的欣赏则更多代表了他自己的看法。除此之外，他的《哲学通信》（1734，又称《英国通信》）是名副其实的英国文学教科书，也是比较文化分析的典范。英国文学不是真的更差劲；它只是有别于他国文学，因为英国文化具有自身独特的价值、视角和传统。英国诗歌不适合法国。就跟英国园艺一样，英国天才们拒绝限制，而正是基于限制，法国天才和园艺才能如

（Cambridge：Harvard University Press，1970），该书探讨了英国新古典主义的困境和浪漫主义的解决方案。

1 Peter V. Conroy，Jr.，“A French Classical Translation of Shakespeare：Ducis' *Hamlet*”，*Comparative Literature Studies* 18，no. 1（March 1981）：2—14.

此欣欣向荣。移植绝对行不通。历史学家的洞察力给了作家偏好以恰当的阐释性文化背景。[1]

从本质上来说，伏尔泰的秩序感和对传统的尊重并不全然与审美相关，因为这两者对于作为人的伏尔泰，和作为哲学家、作家、批评家的伏尔泰来说都是基本的。伏尔泰用统治者的名字为法国文学史上的黄金时代命名，而非任何其他光耀时代的作家的名字，这绝不是巧合。尽管这些作家也十分了不起，但他们的成就是在为国王服务，以确保国王享有更高的荣誉。作为回报，路易十四提供了有助于艺术发展的平台。伏尔泰自己的职业生涯就说明，传统的进阶模式仍然与艺术赞助人制度、与大人物的密切往来有着千丝万缕的联系。伏尔泰不是革命者，他在路易十四的宫廷中担任皇家史官和宫廷内侍，还是腓特烈大帝尊贵的座上宾。伏尔泰是典型的资产阶级新贵，想要爬上更高的社会等级，而不是打破等级。

但是，伏尔泰的例子内涵微妙而复杂，因此不能简单地一概而论。 131
从性格和哲学上来讲，伏尔泰对任何革命都不抱同情态度，他经常提到并赞美英国政府体制，暗示自己支持社会变革但又不便明说，正如他一贯支持正义，支持拨乱反正和维护正义的运动一样（例如在让·卡拉斯被控异端一案里[2]）。他自己的事业也完全证明了一个“极端”的伏尔泰的存在。和其他被贵族社交圈接纳的资产阶级人士一样，伏尔泰削弱了他曾跨越的社会阶层障碍，正如《老实人》、《路易十四时代》等书打破了既有的审美领域。伏尔泰可能比其他人更具破坏性，因为他对别的资

1 Voltaire, *Lettres philosophiques ou lettres anglaises*（Paris: Garnier, 1962）, letter 18, pp. 105—106; letter 18, p. 109. 花园意象非常普遍，参见Peter V. Conroy, Jr., “Dramatic Theory and Eighteenth-Century Gardens”, *University of Tronto Quarterly* 49, no. 3（Spring 1980）: 252—265。

2 伏尔泰的保守性在日内瓦公民“革命”中得到一定体现。他没有支持作为自己朋友、同盟的“贵族”，而是支持工匠们对公民权利的要求。相关讨论见Peter Gay, *Voltaire's Politics: The Poet as Realist*（1959）（New York: Vintage, 1965）, pp. 185—238。盖伊强调，与人们的刻板印象不同，很多哲学家的政治认识和政治活动十分讲求实际，特别是伏尔泰，因为他从事的是抽象“文学”政治，而他的这种态度也被德·托克维尔延续了下去。也参见该书第五、第六章，以及Peter Gay, editor's introduction to Voltaire, *Philosophical Dictionary*, trans. Peter Gay（New York: Basic Books, 1962）, pp. 3—52。

产阶级人士，特别是资产阶级作家所遵守的规则不屑一顾。他觉得没有必要像博马舍那样花钱进入贵族圈子，甚至于最后他自己给自己颁了贵族头衔，天才贵族，这可是19世纪众多作家争相想要拥有的。在被法国宫廷驱逐，并自我放逐出普鲁士宫廷后，伏尔泰在日内瓦郊外的新别墅，后来又在靠近法国边境的菲尔奈等地建立了自己的宫廷。在那里，他就像王子一般接待欧洲知识界来访的使节。而在生命的最后一年他又重返巴黎，其轰动性确实堪比王室。

1778年的伏尔泰是菲尔奈镇的元老、光荣的哲学家，而半个多世纪前的弗朗索瓦—玛利·阿鲁埃[1]则因其作品冒犯了大人物而饱受攻讦、囚禁、颠沛流离之苦，两者之间相隔了巨大的社会、政治、时间距离。[2]他曾抱怨说只有在英格兰流放期间才得到了给予作家的尊重，这丝毫不奇怪。伏尔泰比同时代的其他人更清晰地显示出：他的写作生涯记录了一种新文学，以及对文学的新评价、新可能性的诞生。18世纪的哲学家们已经敏锐地意识到了19世纪作家的卓越特性，因为伏尔泰认为传统上赋予文学的特权应与赋予作家的特权相等，从而重新定义了作家与社会的
132 关系。虽然旧制度一向承认文学具有特权，但是伏尔泰个人的成就无疑迫使人们承认了文人作家的地位。作家如今可以凭借新的权威发声了。

人们对伏尔泰的承认尽管指向文化权威，但却重新定义了作家及其读者之间的关系。作家从原来卑躬屈膝的朝臣转变为法兰西社会铿锵有力的代言人，为平等与优越而奔走呼号。伏尔泰既不是沉浸于拯救人
133 类幻想中的浪漫主义预言家，也不是谆谆教导大众的卢梭式预言家。但他同样也不是路易十四时代的莫里哀，后者唯一的准则就是讨好绅士群体。伏尔泰的调子与他们都不一样，因为他习惯于从自身的优越性和作家的重要性出发讲话。一个典型例子就是他指责阿迪生软化了他的一部戏剧以迎合观众的期望。[3]

---

1 “伏尔泰”为笔名，作家原名弗朗索瓦—玛利·阿鲁埃。——译注

2 1716年伏尔泰被流放至外省，1717年被囚禁在巴士底狱长达11个月，1726年被罗昂爵士的听差肆意侮辱，随后被送回巴士底狱，之后又流亡英国直至1729年。伏尔泰在其《哲学通信》，第23封信“谈人们对于文人应有的尊敬”中对比了法国和英国的情形。

3 Voltaire, *Lettres philosophiques*, letter 18, p. 109.

1778年3月30日，伏尔泰的戏剧《伊琳娜》在法兰西喜剧院上演。演出过程中，伏尔泰的半身像被“加冕”。作家本人在三十年流亡后第一次回到巴黎，他在该剧首演仪式上受到热烈欢迎。一个世纪之后的1881年，为维克多·雨果的成就而举办的盛大庆典也是遵循了前辈伏尔泰被“尊圣”的先例。（感谢法国国家图书馆供图）

伏尔泰认为教育家的职责特别适合作家。启蒙运动使得文学变成了最普遍的传播知识的途径。文学包含了大部分科学，还包括了各式各样的学问；它成了一种知识性的尝试，它包容一切，且提供各种支持。有时，18世纪的文学给20世纪的读者留下的印象是：哲学家们，特别是伏尔泰，竭力想要把自己培养成百科全书。伏尔泰拥有文学知识（包括法国文学、古典文学、意大利文学和英国文学），以及哲学、历史、神学、数学、科学等知识，这使他觉得自己必须在每个方面都有足够的权威来发言。他甚至还重复过牛顿的实验、阐释过莎士比亚，因此他不仅在自己对英国社会与文化方面的专题论文里谈牛顿，还在之后的《牛顿哲学原理》（1738）一书中更加详细地谈论了牛顿。

凭借这些百科全书式的自我标榜，作家就可以声称自己扮演了独特的教育家的角色。这个角色并不新奇：文学从来没有放弃过贺拉斯所谓“甜蜜与用途”的著名论断。但是，文学传统上所具有的普遍用途，在启蒙运动之后又增加了明确关注社会的急迫性。转变为社会批评家的作家从而有了新的职责。伏尔泰晚年时曾关注过不少社会事件，因此在他手里，“批判精神”成了货真价实的“战斗精神”。辩论变成了一种生活和写作方式。在他几乎所有的散文作品中，伏尔泰都在为自己树敌，宗教、哲学、文学等。因为他认为自己属于战斗着的少数派，批评对他来说成了生活和文学中不可或缺的一部分。

134 “每位正人君子都应该尝试成为哲学家——而不是吹嘘。”伏尔泰完全遵守了自己的话，作为一名哲学家的他也是一名绅士，这意味着他绝不会卖弄学问，也绝不会把辩论搞成攻击。伏尔泰没有走向极端，因为他具有敏锐的审美感，即旧制度时所谓的“品位”，这在他的作品中处处可见。从一开始，品位就一直是伏尔泰所执着追求的东西。品位是伏尔泰的文学原则，正如理性是他的哲学基础一样。品位与理性的综合概念中所暗含的一致性使伏尔泰能够把他所接触的一切事物都融会贯通成自己的体系。他的作品中所展现的品位和理性使文学成了启蒙运动的典型手段，这也加强了文学与语言之间的特殊关系。法语难道不是理性与文明的语言吗？还有什么能比一种本身就体现了理性的语言更适合捍卫理性的价值？还有什么能比一种本身就定义为优雅、准确的语言更适合教育人们风格与美？[1]

半个多世纪中，伏尔泰坚持捍卫理性与品位。他的剧本、诗歌、散文、故事、历史专著与评论，他的海量通信都表明这位伟大的哲学家一直在行动。在《天真汉》（1767）这部晚期的作品中，作家描绘了一位成长中的哲学家。围绕着故事主人公所展开的主题和矛盾贯穿了伏尔泰的

1 伏尔泰在其《哲学通信》（第24封信，pp. 139—140）中提出，法兰西学术院要承担起责任，要净化17世纪伟大作品中的风格缺陷。这样整个欧洲都将学会正确的、纯洁的法语。尽管伏尔泰对先辈非常崇敬，但在批评他们时却毫不犹豫。例如在1752年版的《哲学通信》中，他甚至认为高乃依的风格“非常糟糕”（*Lettres philosophiques*，p. 265，n. 172）。

全部作品。然而，《天真汉》与其他作品不同，因为这个故事里伏尔泰所展现的哲学家模式是高度程式化的、关于像伏尔泰这样的公共作家的成长小说。[1]

《天真汉》明显属于局外人仔细观察社会的社会讽刺传统。在这部作品里，局外人是一名来自休隆的印第安人，他在1689年的某天登上了布勒塔尼海岸。天真汉就像老实人赣第德一样，是个无邪之人，是他所要进入的社会眼中的纯真之人。但是天真汉又不是老实人赣第德。虽然他不谙世事，却意志坚定、极有主张，甚至在表达观点和欲望时有些咄 135
咄逼人。他内在的理性和良好品位暴露了路易十四时代社会上盛行的不和谐、前后矛盾，甚至腐败的现象。因书中对路易十四时代有明显影射，因此谨慎的伏尔泰不得不把故事背景设定在一百年前，并只能匿名在日内瓦由一家荷兰出版社出版该书。伏尔泰一直拒绝承认是该书作者，但即便如此，《天真汉》还是在法国被禁。

该书的讽刺起先比较温和。收养了这名弃儿的布勒塔尼居民都是善良人，心地就跟弃儿本人一样纯真。伏尔泰借用天真汉的洗礼，不无嬉笑地揭露出《圣经》训示与基督教实际行为之间的矛盾之处。天真汉老老实实读《圣经》、相信《圣经》，因此坚持要行割礼、要在河里举行洗礼。但是当天真汉的布勒塔尼未婚妻被送进修道院（“幽禁少女的监狱”）、天真汉自己被投入巴士底狱后，故事里的讽刺开始变得辛辣而尖锐。尽管伏尔泰不能浓墨重彩地渲染，但是他的目标十分明确，他一个接一个地批判他的敌人：教会、耶稣会士、扬山尼派等，从而揭露了神学斗争的虚伪、权力的滥用和社会的腐败。在天真汉漂亮的未婚妻圣伊佛小姐的斡旋下，天真汉才得以从大牢获释，然而圣伊佛小姐却因悔恨和羞辱而死去。

整个社会都在“出卖祸福”，它逼迫圣伊佛小姐为她“高尚的行为”付出贞操的代价，并让天真汉在狱中憔悴受苦，这不仅是不公正的，也是对社会自身利益的视而不见。一个人若是死了或是被囚禁，对整个社会

1　关于作为成长小说的《天真汉》，可参见我的文章：“L’Ingénu: The Uses and Limitations of Naïveté”, *French Studies* 27, no. 3（July 1973）：278—286。Voltaire, *Romans et contes*（Paris: Gallimard-Pléiade, 1954）, pp. 240, 257.

没有任何裨益，而有益是《天真汉》中的关键词。伏尔泰的哲学家希望自己能为社会出力，并且伏尔泰几乎所有的评论在某种程度上来说都是从有用性标准出发。迷信、神学教条、玄学学说都完全无用，因为它们模糊现实，并且阻碍了社会进步。在《老实人》中，伏尔泰不赞成潘葛洛斯与马丁之间的争吵，但更令他愤怒的是由社会制度的权力带来的狭隘、
136 不宽容，以及因此产生的社会不公、痛苦和伤害。南特赦令废除之后，胡格诺派教徒逃离法国，这令国王失去了“有用的臣民”，并且他们加入了外国军队与国王为敌。天真汉曾为法国效力，参加了抵抗英国人对布勒塔尼海岸劫掠的战斗，不应该落至蹲大牢的境地：“我要替国家出力；我要政府用我，提拔我。”圣伊佛小姐为天真汉辩护，请求放他自由，因为他曾经为国王效忠并且将来还愿意这么做。[1]这个社会竟然拒绝天真汉要求效力的请求，这恐怕是伏尔泰提出的最为严厉的批评了。

天真汉很快就超越了满口俏皮话的高贵野人，因为他总是想干什么就干什么，想到什么就说什么。“他只听从淳朴的天性”，天真汉的狱友吃惊地说道。但是淳朴的天性是不够的。伏尔泰绝不是在头脑简单地宣扬自然律法，而天真汉也正是由于他理性的品格，才能接受在一个复杂而人口众多的社会中施行人类律法。因为理性虽是一种自然能力，但却能够“进步发展”，所以天真汉必须接受教育。天性必须得到“完善”。同扬山尼派教徒一起被监禁的一年，使天真汉这位早期哲学家获得了恰当的指引：他学习了数学、物理、天文、哲学、古代和现代史、古典与现代文学等。天真汉完全没有受到腐败的教育的侵蚀，因此得以“看到事物的真相”，并在各种科学方面，特别是在关于人的科学上，取得了巨大的进步。到他出狱时，“天真汉已经不天真了”，“他已经变了一个人；他的姿态、口吻、思想、头脑，一切都变了”。我们的主人公自己承认，虽然从前他不过是个“野蛮人”，如今他已经“从野人转变成人了”，正像欧洲凭借知识和艺术赋予了社会历史与未来，因而比美国社会要更优越一样，这位受过了教育的人也比天真无邪的人要更强。自然与文明携起手来，

1 Voltaire, *Romans et contes*, p. 289; p. 261; p. 264.

使天真汉变成了一个“不屈不挠的哲学家”。[1]

“不屈不挠的哲学家”——还有什么比这个称呼更适合伏尔泰自 137
己？伏尔泰对主人公的认同也让《天真汉》这本小说带上了积极色彩，这是在更加出名的《老实人》中所缺乏的。《老实人》（1759）和《天真汉》（1767）的写作时间相隔了几年，正是在这几年里，伏尔泰从一位社会评论家转变成了活跃的哲学家。这些年里他冒着丧失名誉的风险干了一桩又一桩大事，为了宗教狂热主义和政治不公的受害者们积极地奔走呼号。其中最出名的是新教徒让·卡拉斯被当作异端和杀子凶手被处决一案。伏尔泰四处写信并通过各种渠道申诉冤情，终于使卡拉斯沉冤得雪，并恢复了他家人的公民权。[2]《天真汉》中就记录了类似的案件。《老实人》更著名，讲的多数是人类的情形。而《天真汉》更积极，讲的多数是社会中个人的情形。后者当中所蕴含的含蓄乐观精神（伏尔泰在小说末尾提出的箴言“患难未始于人无益”）纠正了《老实人》中含蓄的悲观主义，即“一切都好，但我们应当耕种我们的园地”。虽然关于老实人赣第德的园地可以展开详尽的分析，但它绝不是小说开始时赣第德被驱逐出去的“尘世天堂”，也不是他自己主动离开的黄金乡。读者阅毕《老实人》往往会生出人类在茫茫宇宙之中有着诸多限制的感叹。而《天真汉》的结尾则是一位“不屈不挠的哲学家”，以及在诸多限制下人类可以办到什么的确定描述。这就是哲学家的信条，也是公共作家的信念。

二

作家应该充当诲人不倦的教师。

——德·博纳尔，转引自巴尔扎克《人间喜剧》前言

1　Voltaire, *Romans et contes*, p. 287；p. 274；p. 279；p. 270；p. 290；p. 301.

2　参见*Mélanges de Voltaire*：“L’Affaire Calas”（pp. 525—562）；“Traité sur la Tolérance à l’occasion de la mort de Jean Calas”（pp. 563—650）；“Relation de la Mort du Chevalier de la Barre”（被指控为不敬、渎神，受到折磨和处决）；“Avis au public sur les parricides imputés aux Calas et aux Sirven”（pp. 828—878）。

文学的综合影响力加上个人意志，就能使文学与任何一项调查挂钩，这便是伏尔泰的遗产。这项遗产在19世纪时而被接受、被赞美，时而
138 又被拒绝、被抵制。伏尔泰将作家定义为哲学家，将哲学家定义为文学家，从而为公共作家设定了值得效仿的模式，同时也让自己变成了频受同时代其他作家攻讦的靶子。在法国文学文化中，伏尔泰的传人与卢梭的传人是对立的两极，而法国文学文化则会同时朝着公共作家和私人艺术家的两个方向发展。

促使私人作家向着内心去追寻自我和艺术的动力，同样也促使着公共作家向着外部去寻求新的文学目的。市场的扩张和文学机构的多样化使文学活动空前活跃，也使作家身处复杂的体制与学界关系网中。19世纪新兴的文学文化改变了分歧的意义，而以卢梭等为代表的流派对社会拒斥的态度，也被赋予了新的审美定义。19世纪中期的唯美倾向使私人作家显得与众不同，因为他们拒绝接受公共作家对社会情况和文学的定义。福楼拜在其未完成的小说《布瓦尔与佩居榭》中强烈反对公共作家、反对关于百科全书式知识的自负、反对世界上任何有效的行动。这部小说对19世纪提出了极其严厉的批评，它通过异常同情的笔法，选取了两位无药可救的庸人做主角，使他们学习农学、政治学、艺术、科学等种种学问，并在此过程中逐渐暴露知识界与文化界的平庸无能。

《布瓦尔与佩居榭》说明，对于资产阶级社会来说，审美异议象征的不仅仅是对主流文学传统的不满。他们的敌意往往集中于并针对公共作家，但这里的公共作家和18世纪的前辈们是截然不同的。19世纪在两方面改变了文学关系，一是给予在审美上有异议的私人作家以精神援助，二是给予公共作家以制度性平台。旧制度下的哲学家成了19世纪的
139 预言家，而后者又预示了20世纪的文学知识分子的出现。

正如作家要适应变化的文学背景，伏尔泰遗留下的公共作家模式也开始暴露出不足，即便对那些认同伏尔泰式雄心壮志和文学观念的人也发现了问题。这是崭新的百年，根据传说，法国大革命已经涤荡了一切陈旧思想。那么作家是不是也应该得到许可进行创新？创造一种新文学？伏尔泰对过去的尊崇，他对路易十四时代明显的忠诚态度，他认为

自己出生太晚而传统已行将就木等，这些都是如今不再受到支持的观点和说辞。19世纪作家发表了更多崭新的、迫切的宣言。他们讲话时带着新鲜的自信态度，相信自己必然能够开疆拓土、取得丰功伟绩。如果说伏尔泰的自信与威望是个例，即他的成功建立在其个人的成就与经历之上，那么19世纪作家的自信则是集体性的，建立在其作家地位和与不断扩大的文学机构网之间的联系之上。

然而直到19世纪中后期维克多·雨果出现前，没有一位作家能取得类似伏尔泰那样的典范地位。虽然在文学和政治方面的机会更多了，然而没有一位公共作家能像伏尔泰那样有力地宣传他的价值观。在19世纪早期的著名作家中，夏多布里昂最接近伏尔泰。（毕竟，青少年时期的雨果发誓要不成为夏多布里昂，要不就什么也不做！）弗朗索瓦—雷内·夏多布里昂生于1768年，他是18世纪的孩子，却以行动反对它。虽然他同意伏尔泰的文学观，即文学是一种公共的社会手段，但是他选择了相反的目标。作为虔诚信徒的夏多布里昂想用自己的作品去侍奉教会，而非反对它。作为贵族的夏多布里昂想要稳定贵族制度，而非批判它：夏多布里昂是上议院的一员，曾两度出任大臣，两度担任大使，他在 140
复辟时期的政治机构中层扮演了职位不高然而引人注目的角色。

然而，最后要说的是，政治生涯对这位公共作家并不有利。夏多布里昂作为政治体系的一员，和后来的拉马丁一样，与作为公共作家的伏尔泰所塑造的反政权形象完全相反。夏多布里昂在政党框架下一直是反对者；在遭遇失败后，他没有对游戏规则提出任何异议就退出了。夏多布里昂年轻时（特别是在他那一小段专攻文学的时期）确实曾经惹怒过拿破仑，并且向这位逐渐变成独裁者的统治者提出过不少反对意见。但是正如斯塔尔夫人一样，夏多布里昂的牢骚最后显得太过私人，最终也没有激起任何公众火花。他的反拿破仑小册子，《论波拿巴和波旁王室》（1814）写得太晚（恰恰就在拿破仑第一次失势之时），因此被认为是夹带私货，不像伏尔泰那样是为了正义事业而公正地斗争。

和其他贵族一样，夏多布里昂认为政治是他这种社会地位的人的特权和责任。文学则是另外一回事。他的《墓中回忆录》将自己的三份事业，即旅人、作家、政治家划分得异常清晰。[1]他对三者都非常珍视，至少他自己宣称如此。不过在他自己眼里，这三种事业与其说是相互重叠、一以贯之，不如说是泾渭分明、有先来后到之分。大革命期间他是旅人，拿破仑帝国时期他是作家，复辟时期则是政治家。夏多布里昂将每段经历与不同政权联系在一起。政治并没有拓展他的文学兴趣；事实上，他的文学兴趣紧紧追随着他的政治生涯。当然，文学声誉并没有危害他的仕途；相反，文学作品是他盛名的基础。但是，如果说伏尔泰的作品为他提供了意识形态工具，那么夏多布里昂的作品则完全没有这种作用。

19世纪的公共作家不是陷入政府体制和立法机构的政治家，而是一个以文学拯救社会为己任的预言家。法国大革命所带来的社会和智识
141 的错位与领导人对作家的傲慢蔑视有关，也与整个时代鲜明的想要改造社会的特点有关。社会浪漫主义是一种社会冲动的文学表征，在这种冲动的激励下出现了乌托邦式的思想家，如圣西门、皮埃尔·勒鲁，以及社会学奠基人奥古斯特·孔德等。[2]它加强了唯美主义所灌输的，以及作家对自身优越性信念的骄傲。和唯美主义不同，社会浪漫主义要求作家入世而非出世。因此，19世纪的公共作家是热切想要重塑社会生活的思想家，是决心要改变社会的预言家。

巴尔扎克是表现这类文学雄心的最著名例子，然而考虑到他最后没有能得到他一直期望的地位，这个例子便更令人难忘。巴尔扎克当然曾经给自己吹过法螺：他曾把自己比作现代的伟大思想家和政治家，比作拿破仑、居维叶、爱尔兰政治领袖奥康奈尔这样的人物，并发誓要用笔完成拿破仑用剑所完成的功业，即创造一个新世界。[3]德·博纳尔的名言（文学是对社会的反映，正如语言是对人的反映）是最合适巴尔扎克作品的格言。《人间喜剧》是巴尔扎克时代社会的反映，这个虚构的世界被作

1 François-René de Chateaubriand, *Mémoires d'outre-tombe*（Paris: Gallimard-Pléiade, 1958）, 2: 935（pt. 4, bk. 44, chap. 8）.

2 Paul Bénichou, *Le Temps des prophètes*（Paris: Gallimard, 1977）; Frank E. Manuel, *The Prophets of Paris*（Cambridge: Harvard University Press, 1962）.

3 Honoré de Balzac, *Lettres à l'étrangère*（Paris: Calmann-Lévy, 1906）, 2: 301—302（6 February 1844）.

家描绘得如此真实、现代，以至于马克思和恩格斯都把它当成了某种意义上的教科书。[1]

巴尔扎克对科学的引用是为了让《人间喜剧》更加合理，这种方法也绝对具有现代意义。受到吉福罗伊·圣伊莱尔的启发，巴尔扎克将动物学和社会样本平行并置以勾画出基本结构和一致性。作为社会结构的“考古学家”和各种职业的“命名人”，巴尔扎克给自己定下了传播现代科学中“令人惊讶的事实”的目标。[2]也许所有现代姿态中最引人注目的是他选择小说作为建功立业的文体。其他著名的文学家如夏多布里昂、拉马丁、雨果、维尼等也写小说，但是巴尔扎克之前，没有一个人敢把自己的名声赌在这个新文体上。直到19世纪30年代，小说在文学殿
堂中仍然声名不佳，经常被批评为琐碎或不道德或两者兼有。巴尔扎克 142
选择了小说，就是选择了重新定义文学等级、选择了在推广这一文体的同时推广自己的作品。他对现代文学的热情拥抱更令人震惊地反衬出他本质上的保守主义。没有任何作家比他更扎根于传统、政治、文学、知识、社会等方面。虽然19世纪时赞助人制度已经不再能代表作家的选择，巴尔扎克有时候还会假装它仍然存在。就像他在旧制度下的前辈一样，巴尔扎克对大人物极尽逢迎之能事，他曾一度将小说寄给法兰西学术院参加比赛（但输了），还两次自荐为学术院院士候选人。[3]

1　恩格斯经常引用《人间喜剧》：“他（巴尔扎克）展现了法国社会的全部历史，其中甚至在经济细节上……我学到的都比当时所有专业历史学家、经济学家、统计学家加在一起还要多。”参见恩格斯写给哈克奈斯女士的信，转引自Peter Demetz，*Marx，Engels，and the Poets: Origins of Marxist Literary Criticism*（1959）（Chicago：University of Chicago Press，1967），pp. 173—174。不过，正如德梅茨指出的，恩格斯只是在重复当时已经比较流行的关于巴尔扎克的评价。

2　Honoré de Balzac，avant-propos to *La Comédie humaine*，12 vols.（Paris：Gallimard-Pléiade，1976—1981），1：11，16—17.

3　关于巴尔扎克和法兰西学术院，参见Marcel Bouteron，“Balzac et l'Institut de France”，*Etudes balzaciennes*（Paris：Jouve，1954），pp. 218—249。他对文学和社会流动性的渴望从《人间喜剧》中小说的题词就可以看出来。在八十部有题词的小说里，超过三分之一（共二十九部）是献给有头衔的贵族：五位男爵（夫人），十一位伯爵（夫人），五位侯爵，两位公爵夫人，五位王子/公主，一位领主。还有十人有贵族称号，这样就加强了所谓贵族“气息”。莫里斯·巴代什坚持说巴尔扎克是某种资产阶级绅士，或者甚至是个一心追名逐利的暴发户，参见Maurice Bardèche，*Balzac*（Paris：Julliard，1980），inter alia，pp. 56，170，316，347。

作为一名科学家、历史学家，巴尔扎克研究社会；作为一名描写“明确的道德和政治信念”的作家，他为社会痼疾开出药方。巴尔扎克除了是一名社会分析家，还是一名致力于社会变革的知识分子。对巴尔扎克和伏尔泰来说，仅知识范围一项就激励着作家成为人类的引导者，“人类的老师”，而这种“绝对献身原则”更使他“与政治家平等，甚至比政治家更优越”。巴尔扎克自己就说过：“马基雅维利、霍布斯、布赛特、莱布尼茨、康德、孟德斯鸠就是政治家能够运用的知识了。”[1]伏尔泰所塑造的公共作家概念在19世纪又添加了热情的政治抱负这一要素。巴尔扎克具有伏尔泰所不具备的政治构想：他声称，《人间喜剧》会描绘出“秩序、政治和道德性的伟大原则”，他会特别依赖“两大原则”，即“宗教和王权的永恒真理”。巴尔扎克还说，他可以比历史学家做得更好，因为他可以自由呈现“更美好的世界”，小说所应该达成的“理想”。《乡村医生》和《乡村教士》把巴尔扎克的原则变成了社会工程学任务。这两部小说，以及另一部稍短些的小说《幽谷百合》，是巴尔扎克式的乌托邦，描写的是围绕着他所热情讴歌的原则所建立起的社会。[2]随之而来的则是他极端保守的政治与他作品中的激进暗示之间的分裂，这使读者们感到震惊和
143 不安，特别是马克思主义者（尽管雨果是第一个把巴尔扎克看作是“革命作家”的人，不管他是否承认、不管他是否知道）。[3]虽然关于此种分裂有着诸多解释，但它仍然显示了过去与现在、传统与现代之间的冲突，这种冲突对于一名必须清晰说出时代模糊性的公共作家来说是至关重要的。

巴尔扎克明显没能取得他所期望的地位。他认为自己是个公共作家，然而他没能扮演伏尔泰在18世纪或雨果在19世纪所扮演的公共角色。问题是：为什么？政治保守主义作为答案未免太简单。一个简单而

1 Honoré de Balzac，avant-propos to *La Comédie humaine*，1：12.

2 Balzac，avant-propos，1：13. 关于巴尔扎克的政治雄心和手段，参见Bernard Guyon，*La Pensée politique et sociale de Balzac*（1951）（Paris：Collin，1967），chap. 2，“L'Entrée dans la vie politique”，pp. 375—430，and chap. 4，“La Conversion légitimiste”，pp. 489—532；Pierre Barbéris，*Balzac et le mal du siècle*（Paris：Gallimard，1970），2：1807—1912（on *Le Médecin de champagne*）。

3 维克多·雨果尽管不是马克思主义者，却认为具有革命精神的巴尔扎克非常接近他自己对公共作家的看法。

重要的原因就是时间。巴尔扎克五十二岁时去世，对于一个想要获取公认名声，从而塑造公众形象的人来说，确属英年早逝。他在世时颇有声望（或曰声名狼藉），但他的“荣誉”在很长一段时间里都饱受质疑。[1]

第二个原因在于巴尔扎克创造力的本质。虽然他的脾气和信念都很适合公共作家的角色，但他对自己作品的执念阻碍了从文学到文学之外的转变。关于巴尔扎克的一些趣闻逸事就是证明：他对朋友的困难置之不理，而专心于欧仁妮·葛朗台的婚姻；他在临死前还喊着《人间喜剧》中有起死回生之术的医生碧昂首的名字。说巴尔扎克把整个社会都装进了自己的头脑可能并不为过。正如他自己所声称，《人间喜剧》“拥有自己的地理特征、谱系、家庭、家族徽章、贵族、资产阶级、艺术家、农民、政治家、花花公子和军队，一言以蔽之，它自己的世界！”[2]真实的世界在它面都要前黯然失色。最后，巴尔扎克把哲学家放进了小说，让他变成了作者、叙述者。但是他所设想的公众人物只能在《人间喜剧》之中，而不是之外占有一席之地。 144

三

爱即行动。

——维克多·雨果的最后留言

19世纪早期，当时的知识潮流激励着法国作家们在现实中采取伏尔泰曾经提倡的行动，好让文学超越审美的范畴。迅速扩张的文学市场在提供更多机遇的同时也形成了巨大压力，例如它能给予作家更有效的沟通方式、它能捕获更多的读者、它能容纳更多元的关注点，等等。但是压力、机遇、关注都不是形成公共作家的要素。19世纪的作家将伏尔泰模式发扬光大并重新将公共作家定义为预言家，与他们相比，成为公共作

1　一直到19世纪末，巴尔扎克的名声才确定下来。参见David Bellos，*Balzac Criticism in France，1850—1900*（Oxford：Clarendon Press，1976）。

2　Balzac，avant-propos，1：19.

家所需要的，同时夏多布里昂、巴尔扎克及其他人所缺乏的要素显得格外突出。其他人没能将诗学和政治结合在一起，而雨果成功了。雨果使文学和政治合为一体，是他把伏尔泰式的哲学家带进19世纪，披上现代衣装、供上现代神坛，并培养出现代信众。雨果成了法兰西的象征——第三共和国的法兰西，有着革命历史然而除去了革命恐怖的法兰西。雨果广受人民爱戴，他的卓著声誉使他成了一个时代的理想象征——虽然还在延续传统但这个时代已经面向新的大众了。

雨果通过艺术实现了对艺术的抱负因为他把文学名望转化成了政治存在。诗人、剧作家、小说家，最后成了预言家维克多·雨果。首先他在文学上的声名可谓空前绝后。到19世纪40年代，雨果已经占据法国文学生活中心二十五年了。早在1817年，他已是文学圈子里谈论的话
145 题，因为当时才十五岁的早熟诗人受到了法兰西学术院的褒奖，据说夏多布里昂称他为“卓绝的神童”。没有其他作家能在公众的心目中如此紧密地与浪漫主义式的英雄（有时是戏拟英雄）大业联系在一起，因为正是雨果将浪漫主义带入战场，并带来胜利。1841年雨果被选为法兰西学术院院士（是同辈人中的第一个），而1845年的封爵更从官方的角度确证了这一胜利。

是什么给予了雨果这等权威？他能代表整个一代的文学，甚至文学本身发言吗？看一看雨果文学作品的范围就能得出部分答案。在一个文学正在变成专门话语的时代，雨果坚决拒绝知识和文学的边界。面对日益细化的文学分工，他却更加拓宽事业，几乎没有任何事物能逃过他的双眼。确实，其他作家可能会冒险尝试超过一种文体，而雨果所具有的宏大想象力和天才般的语言能力使他几乎涉猎了每个文学领域：他是传统意义上的诗人。

不管涉及哪个主题，雨果都会按照自己的诗学标准来重新塑造。到19世纪40年代，他在文坛已经具有成功的革命者、推翻新古典主义堡垒的起义领袖的美誉。拉马丁的《沉思集》（1820）象征着文学变革的到来，雨果未能上演的戏剧《克伦威尔》（1827）的前言则是一声战斗号角，而1830年他那引起轩然大波的《欧那尼》首演则确保了这位先锋的荣

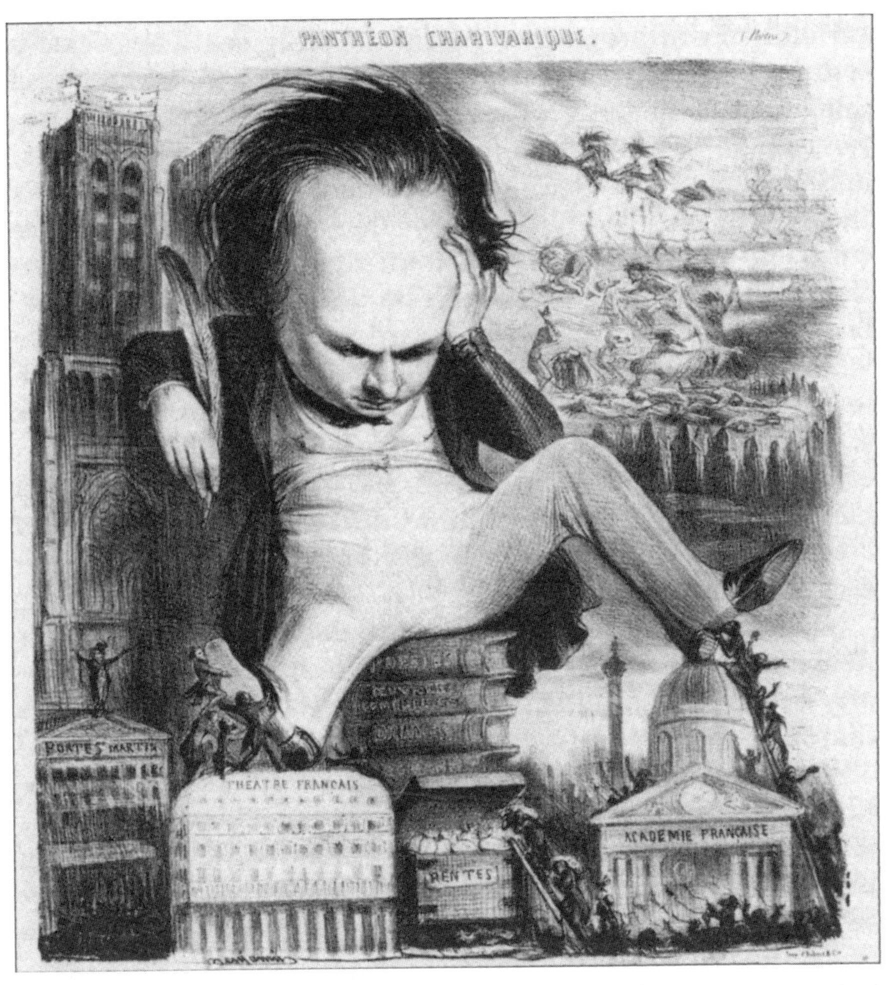

巨大的雨果像是广受欢迎的法国主题。该画由本杰明·鲁波绘制，于1841年刊登在《喧闹报》上。如图所示，当时雨果已经被奉上神坛了。图中雨果（他最显著的特征就是他的“天才额头”）一手拿笔，双腿横跨巴黎，倚靠在自己的作品集上。他一肘支在巴黎圣母院教堂上（这正是他1831年的小说《巴黎圣母院》背景所在地），一脚踏在法兰西剧院上（这里是1831年《欧那尼》胜利演出的地方），另一脚则踏在法兰西学术院上（雨果1841年入选了该学院）。被抬到梯子上的钱袋随后被放进写着“Rentes”（意为租金）字样的钱箱，这象征着天才绝不是住在阁楼里的穷人！（感谢巴黎城市博物馆供图，SPADEM©1986）

誉。对雨果的攻击尤其显得肆无忌惮，因为不像致力于通过一种“新”文体来创造新文学的巴尔扎克，雨果是在旧制度最传统、最有威望（因而也受到最顽固的捍卫）的领域向其发起正面对决。和其他革命一样，浪漫主义创造了自己的神话。雨果就居于神话和现实的中心，传奇就是这样谱就的。

雨果在浪漫主义传奇中具有卓绝地位是因为每场战斗他都投身其
146 中，而战斗一词非常适合形容他的斗争。1827年到1831年之间他所写作的前言充满了有关搏斗、压迫和（雨果式的）解放的隐喻和意象。雨果呼吁“拿起锤子砸碎理论、诗学和体系”，“撕开旧的蒙住艺术之脸的头巾”。在那些兴奋的、自由的日子里，“再不要什么规则、什么模范”来束缚创作者。艺术必须是自由的：“它不能有边界、镣铐或钳制”，但会让你“在没有禁果的广阔诗歌园地里”肆意遨游。这一大串的比喻反映了改革的迫切性：必须和过去斩断联系，用全新的现代术语来定义文学。必须抛弃旧社会；那旧文学呢？雨果呼唤新文学。因为19世纪的法国需要“一个新的社会和新的人民”，而法国也应该拥有新的文学。[1]

这种新的现代文学正如它所表达和支持的新社会一样，必须是自由的。“艺术的自由，社会的自由”应该成为每位作家的目标，应该成为召集男女老幼的旗帜，应该成为这个世纪的领导原则（这也说明了雨果为何宣称浪漫主义是“文学中的自由主义”）。雨果在写出了《欧那尼》前言，在该剧胜利首演后，对几个月后马上要发生的七月革命是有所准备的。他后来很快预言，1830年7月将是一个对政治、对文学同等重要的时刻。[2]

革命需要革命者，而雨果热情地扮演了这一角色。不像伏尔泰，他

---

1 Victor Hugo，préface to *Cromwell*（1827），*Théâtre complet*（Paris：Gallimard-Pléiade，1963），1：434；préface to *Les Orientales*（1829）（Paris：Hachette，1879）；pp. 3—4；préface to *Hernai*（1830），*Théâtre complet*，1：1148. 书目材料引自André Maurois，*Olympio ou la vie de Victor Hugo*（Paris：Hachette，1954）；以及Herbert Juin，*Victor Hugo，1802—1843*（Paris：Flammarion，1981），该书很好地利用了近期关于雨果的研究。

2 Hugo，préface to *Hernai*（1830），*Théâtre complet*，1：1447—1448；préface to *Marion de Lorme*（1831），*Théâtre complet*，1：957，958.

顶着各方指责，公开宣布或是吹嘘自己的革命意愿。他的诗是触及了语
言核心的革命诗歌。他在《答一份起诉书》（1854）中，公开把法国文学
语言的改变同法国大革命联系起来。是雨果“在贵妇法兰西学术院及其
严格的亚历山大韵体诗歌的头上刮起了革命之风”，是雨果给旧字典戴 148
上了象征革命的红帽子，模仿《马赛曲》（“向着武器、散文和韵文”）向
着修辞开火（“攻陷并捣毁韵律的巴士底狱”）。[1]

从一开始，从1819年的《保皇党人颂》和同年与其兄一同创办的《文学保守者》杂志起，雨果就显示出强烈的政治意识和对文学及文学活动的社会背景的意识。这种倾向越来越激进、越来越明显，并且雨果在19世纪20年代间的公开声明的措辞也越来越强硬。《克伦威尔》一剧的前言全面（虽然基本不是原创的）展现了他对文学和社会平行发展的社会学解释。但雨果在随后几年中意识到，文学不仅仅只是社会产物，它也是社会行动，虽然它只是社会的表达，但它注定要震惊社会。作家的社会使命是其文学兴趣的合乎逻辑的发展和外延。雨果通过向革命后的社会呼唤后革命文学来阐明自己的新审美观，之后他扭转形势，使同样的文学变成了推进社会进步的手段。多年后雨果告诉波德莱尔，虽然自己坚持唯美主义“为艺术而艺术”的宗旨，然而他一直相信“为了进步而艺术”，而他的诸多前言也证明了这一争论。[2]艺术必须永远“回应社会的需求”，而作家为了积极生活，必须抵抗住自然的诱惑与安慰，因为积极生活是这个世纪的要求，“人人为我，我为人人”。[3]简言之，文学必须改变，要负责创造出一个新社会，即使新文学的创作已经借助于社会。

---

1 Victor Hugo，“Réponse à un acte d'accusation”（1854），*Les Contemplations*（1856），*Oeuvres poetiques complètes*（Paris：Pauvert，1961），p. 382.

2 雨果1859年10月致波德莱尔的信件，引自J. -B. Barrère，*Hugo*（Paris：Hatier，1967），p. 92。雨果的小说《死囚末日记》中包含了他对死刑最早的抗议。该小说于1829年与《东方诗集》一同出版，后者被认为反映了雨果的唯美主义。

3 Victor Hugo，préface to *Angelo*（1835），*Théâtre complet*，2：556. 两年后雨果扩大了他关于诗歌责任的概念：“噢神圣的自然，我爱你！我想要徜徉在你的怀抱；但在这个充满冒险的时代/每个人，唉！都必须为他人负责。”参见Hugo，“Fonction du poëte”（1837），*Les Rayons et les ombres*（1840），*Oeuvres poétiques complètes*，p. 239。

作家的任务是为未来做准备，当然，是为了美好的未来。作为一个空想乌托邦主义者，他必须栩栩如生地描绘未来；作为“一个神圣的梦想家”，他“要照亮永恒的真理”。[1]作家身上承担着领导人的责任。戏剧特别代表了一种具有特权地位的、使作家得以“为众人灵魂负责”的工具。戏剧是“建议和秩序”的来源，它同时具有“国家、社会、人类”的任
149 务。[2]戏剧的特殊重要性在于它能直击大众，即使是文盲也能沉浸于高尚的文学教化之中。作家的观众们不再局限于伏尔泰可以平等相称的体面绅士群体，还包括了群众、人民和那些被以往作家所鄙弃的群体，而在过去，诗人的任务就是要带领、指引和教化这些人群。[3]观众的民主化是19世纪文学生活中的一个事实，这对于雨果来说是一种信念。他面向群众说话，他也为他们写作：例如他最出名的小说《悲惨世界》（1862，但是自19世纪40年代就开始动笔）里，在《九三年》（1874）里，早期的《死囚末日记》（1829）、《克洛德·格》（1834），以及他的戏剧《吕伊·布拉斯》（1838）当中。[4]

现代作家的任务恰恰在于文学，这与伏尔泰和启蒙时期不同。当时的哲学家们运用文学是因为这样比较方便。而备受赞扬的法语的清晰性和由此引申出的写作概念，使得18世纪的法语散文成了运用理智处理人类事务的理想工具。但在19世纪，人们的观念有了改变。作家开始抛弃规则、规矩、完整性，让文学接纳更多新的现实，从而重新定义了文学和语言之间的关系。伏尔泰那清晰、直接的对语言的掌控，同雨果那铺天盖地席卷而来的语感、与语言进行神秘交流的概念之间有着很大差异。雨果在法国大革命，以及他自己的法语革命之间所找到的联系，来自于一种更复杂的语言和世界之间的联系。如同预言家一样，雨果所讲的语言将他自己，甚至将他的读者与神绑在了一起：“语言就是神谕，而

1 Hugo，“Fonction du poëte”，*Oeuvres poétiques complètes*，pp. 239，241.

2 Hugo，préface to *Lucrèce Borgia*（1833），*Théâtre complet*，2：289—290.

3 Hugo，préface to *Angelo*（1835），*Théâtre complet*，2：556；préface to *Marie Tudor*（1833），2：414；préface to *Marion de Lorme*（1831），1：958；préface to *Angelo*（1835），*Théâtre complet*，2：557.

4 Hugo，préface to *Ruy Blas*（1838），*Théâtre complet*，1：1493，1494.

神谕就是上帝。”[1]

雨果的政治同时也是他的诗学。他所扮演的政治角色，如同他所化身的政治形象，不管是荣耀所及之处还是掣肘无力之地，都受到更高使命感的制约。这里的政治不是指政治体制中的政治。雨果在其职业生 150
涯中曾几度接近过体制性政治，尽管他自己也受命成为其中一员，但他的立场通常是远离，甚至反对这些政治机构：如1845年他受封成为贵族后的上议院，1848年和1871年的国民议会，以及1876年的参议院等。然而从先天脾性和后天安排来看，雨果其实是个不成功的立法者，既缺乏任何议会策略概念，又盼着能达成只有这种策略才能达成的折中方案。他1871年疾风骤雨般从国民议会中辞职，显示他完全不具备任何实用政治技能。在立法过程中充满激情的演讲只是鸡肋：尽管雨果的演讲动人心魄，但是参与暴动的巴黎公社定罪成员并没有获得大赦，而且死刑也没有得到废除（在法国，死刑一直到1981年才废除）。雨果做得最好的是主持1849年和1869年的国际和平大会，在会上他呼吁不要处决某些人（如美国的废奴主义者约翰·布朗）、呼吁赦免政治犯，还为被压迫的人们辩护，不管是在《悲惨世界》还是在激动人心的演讲中，还是在对德国发出的不要攻击巴黎的呼吁中。[2]

雨果对语言的革命也是一种语言的政治，一种“无处不在的”、“活生生的”语言的政治，这种语言拥有过去、现在和未来，而其未来正是由诗人所奉献（《答一份起诉书》后续）。这些语言本身就是行动。在第二帝国的十八年间（从路易—拿破仑·波拿巴1851年11月政变起，至拿破仑三世于1870年9月战败并退位止），这种典型的雨果式政治诗学在雨果自我选择的流亡中体现得最为明显、最为高贵。他最初是波拿巴的支

---

1 Hugo, “Suite” à la “Réponse à un acte d’accusation”（1854）, *Les Contemplations*（1856）, *Oeuvres poétiques complètes*, p. 383. 难怪巴雷尔将雨果的风格按照“在词语愉悦中的狂欢程度”来进行定义（J.-B. Barrère, *Hugo*, p. 144），或者雨果应该认为自己是“当今懂得最优美法语的人”（Maurois, *Olympio*, pp. 468, 466）。他对任何与语言相关的事物都极有兴趣，与之相匹配的则是他参加法兰西学术院词典委员会（这是源于他对词源学的热爱）的认真程度（Maurois, *Olympio*, p. 530）。

2 雨果在其晚年代表世上的穷苦人进行了不知疲倦的斗争，具体参见 *Choses vues: Souvenirs, journaux, cahiers, 1870—1885*（Paris: Gallimard-Folio, 1972）。

持者，后来转向左翼和反对派。1851年7月时政变已经初露端倪，他却开始撰写《小拿破仑》。虽然没人敢动这位作家，但他的两个儿子被捕入狱，他们的杂志也被政府封禁。雨果于12月秘密逃离巴黎，之后十八年里他从布鲁塞尔、海峡群岛一路辗转，先是到了泽西岛，然后因被逐出
151 泽西岛又来到了盖纳西岛，但是他一路都在批评法国：他写了《小拿破仑》（1852）、《罪恶史》（1851，全文发表于1877—1878），以及诗歌《惩罚集》（1853）。不管身处庙堂还是流落江湖，他都没有什么政治安排。1871年他既谴责巴黎公社又批判第二帝国，但是他也为公社成员辩护，甚至给他们提供避难所。对雨果来说，1871年是“凶年”；他谴责压迫者，同情受害者，不管他们属于哪个政治派别。他并不想推翻帝国；但他仍然保持着自己对共和国的理想，因为只有共和国才能实现他对自由和博爱的愿望。“等自由回到法国，我也会回来。”1859年当他拒绝政府提出的大赦时如此说道。

雨果同政治的联系模式可能没有他同政治的联系本身来得重要。他大半辈子的政治抱负往往盖过了其背后与政治和社会的模糊关系。相比他在言语和行动中夸张表现出的政治理想，他所鼓吹的特定态度没有那么重要。雨果的呼声并不属于理性的、扎根于现实的哲学家，而是属于着眼未来、心怀来世的预言家。其呼声中所包含的启示录式的语调、对信念而非理性的企盼、对道德正义的敦促，以及强烈的戏剧性和排山倒海的语言等都突出了预言家的特点，这也让雨果超越了政治、超越了历史、超越了理智。因此，雨果最好的时刻是他最有戏剧性的时刻，即流放在外，作为一个法国人从远方向着法兰西喊话。作家的责任意味着对更高真理的戏剧化表现。从面向法国海岸的海角，雨果对他那走上歧路的祖国发出诅咒，并呼吁人们放弃错误的帝国之神，回到共和美德的道路上来。

雨果的立场不但具有戏剧性，也具有模糊性，这明显体现在他的小
152 说《九三年》中。这本小说的背景是共和国初期，雨果在书中狂热地为共和国辩护。《九三年》详细叙述了在保皇党人的反革命暴乱中布勒塔

尼和旺代的农民（虚构的）故事，书中革命军队司令戈万与他的叔爷，保皇党叛军朗特纳克侯爵之间发生了殊死搏斗，但是雨果一再强调，他不能给予这场斗争以任何宽容或慈悲。革命中针锋相对的理念放大了斗争，也使斗争复杂化，而这也是《九三年》的内部结构，即共和制—君主制，革命—封建，中世纪城堡—现代断头台，旧—新，巴黎—外省。

雨果笔下的戈万认为社会是“升华了的自然”[1]，一个人性的、慈悲的、完全公正的社会，与之相反的则是西穆尔丹所鼓吹的毫不妥协的正义。西穆尔丹曾是一位教士，也曾是戈万的家庭教师，公共安全委员会任命他为特派员并派驻到戈万的部队里。然而在危急时刻，这些人牺牲了对历史的责任，而选择了履行对更高秩序的道德和情感的责任。朗特纳克从着火的城堡里救出了三名孩子，尽管他非常清楚自己一旦被俘、被处决将会给叛军带来致命打击；戈万放走了朗特纳克，背叛了革命和法兰西，虽然他知道朗特纳克会带来巨大的破坏和苦难；而西穆尔丹在是否要将叛国的戈万处以死刑的表决中投出了关键一票之后，眼看着铡刀落向他唯一所爱之人的头颅，举枪自尽。

我们不能否认《九三年》这部小说用最戏剧化的方式展现了历史。[2]可以说革命是首要的历史事件。个人可以采取主动创造自己的历史，并决定重大变化和进步的可能性。同时，革命带来了暴力的恐怖，而雨果选择展现大革命中最恐怖的一面：1793年和恐怖统治。他为1793年辩护，不是通过回避恐怖，而是通过展示这些恐怖事件后来临的新社会。“可见的工作是残忍的，而不可见的工作是高尚的。”骚乱的国民公会是
在“生产文明。它是大火炉，也是大熔炉。恐怖在锅中翻滚，进步也在锅 153
中沸腾”。历史融入了自然，恐怖统治成了涤荡一切的风暴，这狂风给瘟疫送来了文明。“疫气的可怕”让人理解“狂风的怒号”，因此王室也让

---

1 对《九三年》里雨果式对立的具体分析，可参见Victor Brombert，“Sentiment et violence chez Victor Hugo：L'Exemple de *Quartrevingt-Treize*”，*Cahiers de l'A. I. E. F.*（l'Association Internationale des étude françaises）no. 26（1974）：251—267。

2 关于《九三年》作为一部历史小说的模糊地位，参见Guy Rosa，“*Quatrevignt-Treize* ou la critique du roman historique”，*RHLF*（Revue d'Histoire Littéraire de la France）75，no. 3（March-June 1975）：329—343。

人理解大革命。在另一个让人印象深刻的比喻中，断头台变成了从土地里孕育出的“不祥的树”，它“吸吮着几世纪的汗水、眼泪和鲜血”。未来会从这片土地中成长，就像太阳会在戈万的行刑台上升起，而这是“凶年”1793所哺育的未来。和这未来相关的，是先被扣为人质，后被朗特纳克侯爵所救，最后被戈万军队里的一营士兵所收养的三个孩子：他们的纯洁担保了革命，因此革命也担保了他们的未来。[1]《九三年》在捍卫第一共和国的同时，也为第三共和国提供了重要的象征性支持。

“每个世纪都将完成自己的使命，今天是公民的使命，明天是人类的使命。”正是对一个更好世界的人道主义想象拯救了革命，但对雨果这位在1873年，第三共和国尚在襁褓之时进行写作的作家、对他笔下的戈万这位从1793年第一共和国时期向读者发声的角色来说，这还仅仅只是个想象。他们所期待的，是“理想的共和国”，一个倾听诗人而非政治家的共和国。“我不是政治家”，戈万面对西穆尔丹指责他是个乌托邦主义者时反驳说，而雨果在小说中也把他比作是预言家。和雨果一样，戈万是关心另一个世界的富有远见的人，在那个世界中，人会被“转化”，虫子会摆脱一切尘世的锁链，破茧成蝶。“人生来不是为了戴锁链，而是为了展翅飞翔。”高飞的主题突出了神的魅力及其超越人造历史的象征性优势。[2]

因为对他们来说历史最后算不上什么。个人行动本身就定义、解
154 释或谴责了个人。把历史事件归因于自然力量、归因于有机隐喻，把戈万和政治完全割裂开并把他和预言者联系起来，便免除了个人的历史责任。人们不再与风暴对战，而是坐等着它过去。“何况我有指南针，风暴于我又有什么关系；我问心无愧，事件于我又有什么关系！”雨果把戈万放在了一个历史风暴无法触及的高位。戈万和朗特纳克、西穆尔丹一样背叛了自己的事业，但这并没有什么关系，因为只有道德才是最重要

1 *Quatrevingt-Treize*（Paris：Garnier-Flammarion，1965），3，7，5，p. 367；2，3，9，p. 167；3，7，5，pp. 371—372；3，7，6，p. 375.

2 *Quatrevingt-Treize*，3，7，5，p. 371；3，2，7，p. 368；3，2，7，p. 229；3，7，5，p. 371；3，7，5，p. 372；cf. pp. 341—342，368，370，380.

的。不论朗特纳克的政治有多可恶，不论他的行动有多无情，他的生命和事业都已经因为为了三个孩子的牺牲而得到了“改变”。而戈万的转变甚至更加壮观。在断头台下，他“永驻的微笑十分崇高”，“阳光裹着他，仿佛使他身披荣光”，他像是一个“幻影”，一个“大天使”：整个军队都被他镇住了，为他祈求宽恕。即使是铁面无私的西穆尔丹也在最后以自杀收场，这也宣告了个人相比历史更拥有优先权。他的灵魂和戈万的灵魂一起，“两个悲壮的姊妹灵魂一同飞上了天”，这是最终的转变，是向着将无解变为和解的王国的飞升。[1]

而雨果的作品也是一样：将无解变为和解，将典型的戏剧冲突融入典型的戏剧综合。戈万坚持认为，诗人的“竖琴”应该“使一切都达到和谐”。为了维持这种和谐，在《九三年》书里书外，雨果一边许下诺言一边又抽身离开，一边参与政治和社会事务一边又从中退出。尽管第三共和国最终获胜，但雨果一直保持着心理而非地理距离。他仍然坚信“理想共和国”，在这里爱统治一切，而所有的路都通向上帝。雨果并不宣传任何政策，他宣扬的是仁慈、宽慰和爱的福音。他最后的留言“爱即行动”很好地总结了雨果对宇宙的想象，和他自己作为预言家在其中所扮演的角色。和“写作即行动”的伏尔泰不同，雨果认为写作本身就是无 155
上的创造性行动：“语言就是神谕，而神谕就是上帝。”[2]

雨果在自己的国家成了获得巨大荣誉的预言家和传奇，这其实也是很恰当的。雨果的宗教气质非常强大，以至于罗曼·罗兰虔诚的天主教

1 *Quatrevingt-Treize*, 3, 7, 5, p. 372; 3, 6, 2, pp. 336—337; 3, 6, 2, p. 341; 3, 7, 6, pp. 378—379; 3, 7, 6, p. 380.

2 关于雨果的“和解策略”（stratégie de réconciliation），可参见Brombert, “Sentiment et violence”, p. 262。这一解读同样归功于Sandy Petrey, *History in the Text: “Quatrevingt-Treize” and the French Revolution*, Purdue University Monographs in Romance Languages, no. 3（Amsterdam: John Benjamins, 1980）。尤其参见第一章关于小说中的两个文本，即政治—历史和道德—非历史；第三章关于田园牧歌与历史的对立；以及第七章关于《九三年》与雨果在19世纪70年代私人和意识形态方面的模糊性的讨论。“爱即行动”（Aimer c'est agir）是雨果在去世前两天写下的文字，其亲笔的复印件可参见Henri Guillemin, *Victor Hugo par lui-même*（Paris: Le Seuil, 1954）, p. 175。

母亲想让雨果来祝福自己的儿子。[1]雨果从未给共和国提出过一项计划，但是他详细描绘了它对未来、民主、自由、繁荣的理想和信念。共和国和它的公民们也从不吝于表达他们对雨果所提出的强大象征的感激之情。从1870年隆重回归巴黎，到1885年去世，整整十五年时间里充斥着对雨果的赞美、颂扬和官方的各种纪念，在他去世时，两百万法国人伴随着他的灵柩来到他最终的栖身之地，先贤祠。[2]

雨果被第三共和国奉为经典与一个世纪前伏尔泰被尊圣的过程十分相似，甚至在某些意象上也相去不远，例如雨果出席圣桑的《维克多·雨果颂》演出活动，令人不由想到伏尔泰在法兰西喜剧院参加自己的戏剧《伊琳娜》首演时受到的狂热追捧。官方对两者的认可也基本一致。联盟越是脆弱，在寻求稳定时政府的感激之情就会表达得越发夸张。伏尔泰去世后，第一共和国用他的名字来命名街道，并把他的骨灰移至先贤祠，这样第一共和国立刻就赋予了自己一位无可指摘的祖先，从而也获得了它万分渴望获得的合法性。第三共和国则不仅在法国各地的市政厅树立起伏尔泰的半身像，还在巴黎用伏尔泰的名字命名街道，这就像伏尔泰的角色一样，将共和国广场与民族广场象征性地联结在了一起。也正是第三共和国在雨果八十岁生日那天用诗人的名字来命名街道，在他去世时组织了隆重的凯旋门遗体瞻礼，以及之后在先贤祠的肃穆葬礼。[3]先贤祠门楣上的铭文“献给伟人，祖国感谢你
156 们”是极其恰当的。整个国家都对这些能够超越党派政治、体现共和

1 Romain Rolland,“Le Vieux Orphée”,*Europe*（Paris：Rieder，1935），p. 12.

2 莫里斯·巴雷斯关于雨果的葬礼有一段令人难忘的叙述，他形容这是交融、友爱、狂欢的一夜，参见Maurice Barrès，*Les Déracinés*（Paris：Fasquelle-Charpentier，1897），chap. 18，“La Vertu sociale d'un cadaver”，pp. 436—465。罗曼·罗兰虽然更加克制，但也使用了“约旦博览会”和“酒神游行”这样的字眼（“Le Vieux Orphée”，pp. 15—16）。

3 伏尔泰码头（位于十七区）于1791年获得命名，而伏尔泰大街（位于十一区）则是在1870年。后者原先是欧仁王子大街，但在帝国后很快就经历了共和国洗礼。共和国广场一直到1879年才获得命名，民族广场则要等到1880年，但是连接两处的伏尔泰大街则很好地反映了伏尔泰的象征性——朱利安·班达曾称之为“共和的奥秘”。现存的维克多—雨果大街一半以上都是在1881年命名，剩下的一半以及维克多—雨果广场则是在诗人死后数日内命名的。雨果逝世百年时，官方所举行的许多庆祝活动似乎都在暗示“奥秘”仍然没有消失。

1870年9月，在结束了十八年的自我流放后，维克多·雨果在欢呼声中抵达巴黎北站。雨果象征着共和国对拿破仑三世的反抗，而他重返故国也恰逢第二帝国走向覆灭。法国军队刚刚在色当战役中不光彩地败于普鲁士之手。（感谢巴黎城市博物馆供图，SPADEM©1986）

国理想的伟人们心存感激。伏尔泰和雨果成了“具有普遍意义的”共和国人，所有共和国公民都拥护他们，他们二位一方面充满了政治意味，而另一方面又远离政治纷争，因此不但成了政府的象征，而且成了整个国家的象征。 158

1885年6月1日，雨果隆重的官方葬礼。参加葬礼的人数超过两百万，装饰一新的共和国卫队护送灵车沿香榭丽舍大街向先贤祠行进。雨果的遗体前一晚已庄严地安置在灵车里，并最终将在先贤祠下葬。雨果对凡此种种的喧嚣场景早有自己的定论（比如指定使用一口穷人的棺材）。这位一向认为对立才是基本审美原则的作家一定已经细细品味过这其中的反差了。（感谢巴黎城市博物馆供图，SPADEM©1986）

第七章　作为知识分子英雄的作家

我只有一个目的——阳光！

——爱弥尔·左拉,《我控诉》

20世纪的公共作家就是知识分子，虽同出一门，但他们与过去的哲学家、预言家是截然不同的一类人。当允许伏尔泰或雨果为自己所处时代讲话的条件消失后，公共作家遇上了一个难题：如何讲话？以及，如何在一个知识和文学分工愈发细化的时代，在讲话中代表整个文化？文学生活的碎片化趋势在19世纪爱弥尔·左拉的年代已经很明显了。左拉继承了伏尔泰和雨果开创的传统，在德雷福斯案件中挺身而出，彰显了公共作家的风采。但是左拉没能成为两位前辈那样的角色；他也没有成为国家或文化的象征。

成功的要素都已具备。正如雨果一样，左拉在19世纪90年代的名声也使他在文学领域之外的问题上具有了一定道德权威。他也许是当代法国作家中最知名的一位，一位“严肃”的作家。他的名声和作品都与自然主义“新”文学联系在一起，正如雨果往往和浪漫主义相联系一样。1893年，《卢贡—玛卡一家人的自然史和社会史》第二十卷刚给这部庞大的“第二帝国时代一个家庭的社会与自然史”画下句号，作家便

马上开始动手写《三名城》，即《卢尔德》（1894）、《罗马》（1896）和《巴
黎》（1898），完成后又立刻动笔写下一部鸿篇巨制《四福音书》，即《繁
159 殖》（1899）、《劳动》（1901）、《真理》（1903），以及没能完成的《正义》。和雨果一样，左拉曾被选为作家协会主席，不过左拉最终没能入选法兰西学术院。有许多人反对自然主义，尤其反对左拉。普鲁斯特笔下的盖尔芒特公爵夫人曾对左拉恶语相向，称其为“掏粪工荷马”。其他人虽说不出这等刻薄话，但他们的想法是一样的。弗朗索瓦·莫里亚克出身保守的天主教家庭，他回忆说儿时的夜壶被唤作“左拉”。[1]左拉的作品在社会和审美方面长期都饱受争议，而他对德雷福斯案件的介入也使他更具争议性。

左拉对下层人民的认同并没有化解这种争议。他可以吹嘘说自己把“人民”引进了文学，不仅只是一些特例，或者特别善良的人，如雨果的吕布拉斯、冉阿让等，而是真正代表了工人阶级的人物，如《小酒店》中的洗衣女工绮尔维丝、《萌芽》中的矿工等。左拉对人类的理解、想象以及他对穷人的同情很自然地使他与那些为真理和正义而奋斗的人们站到了一起，而他自己的好斗脾气（“我被攻击，故而我在”）也让他更热衷于争斗。所以，正如他担负起了自然主义和自然主义者、马奈和印象主义者的事业一样，左拉也担负起了德雷福斯案件。[2]一股传教士般的激情不仅在这些“战役”（左拉语）中，也在小说创作中（特别是后期的小说）鼓舞着他。左拉清醒地意识到自己想要成为一名公共作家，而小说就是他的宣言。卷入德雷福斯案件不仅仅代表了政治立场。正如左拉自己曾说，这是符合自己所言所行，以及所写作品的逻辑的后果。[3]

德雷福斯案件的戏剧性本质注定会吸引小说家左拉。左拉承认，这桩案件中“尖锐的戏剧性”和“极佳的人物形象”首先给他留下了深刻

---

1 莫里亚克的回忆摘自Jean Lacouture，*François Mauriac*（Paris：Le Seuil，1980），p. 52。

2 转引自F. W. J. Hemmings，*Emile Zola*（Oxford：Clarendon Press，1966），p. 159。

3 Emile Zola，“Impressions d'audience”（左拉对自己的审判的叙述），*L'Affaire Dreyfus: La Vérité en marche*，ed. Colette Becker（Paris：Garnier-Flammarion，1969），pp. 245—246。科莱特·贝克尔引用了让·饶勒斯的评论：“这种行动是他所有作品的合乎逻辑的结果。”（Becker，“Zola et l'affaire Dreyfus”，*L'Affaire Dreyfus*，p. 49）

印象；接着才是“怜悯、信仰、对真理和正义的热情”。[1]左拉的行动和雨果的流放一样引人注目，因为他的行动使得原先就极具爆炸性的形势一下变得更富有戏剧性。1898年1月13日，左拉在巴黎一家日报上发表了致共和国总统的公开信，后来该信以“我控诉”之名广为流传。左拉在 160
该文中采取的策略是：挑衅并导致自己因“诽谤他人”而受审（他引用了现行法律，由此明显表露了自己的意图，也使得审判难以避免）。一个月内左拉就出庭受审，被判缴纳罚款并入狱服刑，左拉不服上诉，但再次被定罪。最后左拉虽在大赦中被赦免，但是直到1902年去世他才得到彻底平反。德雷福斯于1906年恢复名誉。两年后，虽然并不情愿，但法国确实展现了对左拉的感恩之情，将其遗骨移放至先贤祠。

左拉在其所强调的主题和所使用的词句中呼应了伏尔泰和雨果，认为自己正如这两位先辈一样，是受到“唯一的激情——光”的鼓舞。和先辈一样，左拉的行动“是为了加速真理和正义的爆炸”。左拉像伏尔泰一样以理性之名进行斗争；像雨果一样捍卫自由和革命，将旧世界打个粉碎，为新世界铺好道路。[2]尽管如此，尽管左拉毫无疑问是个勇敢的人，并且也获得过不少荣誉（例如巴黎的一条街道以他命名，例如他在先贤祠也占有一席之地等），他却没能像两位先辈一样获得无上的地位。原先的规律不再适用。雨果逝世和德雷福斯案件之间相隔的十年时间重新定义了公共作家的内涵。20世纪的知识分子开始以另一种姿态进行“反抗”。

左拉在德雷福斯案件中的立场并不只属于他一人。他所采取的行

1　关于这一点，参见左拉关于德雷福斯案件的第一篇文章：Emile Zola，“M. Scheurer-Kestner”（*Le Figaro*，25 November 1897），*L'Affaire Dreyfus*，p. 67，68。也参见“Lettre à Madame Alfred Dreyfus”（*L'Aurore*，29 September 1899），*L'Affaire Dreyfus*，pp. 169—170；以及关于左拉在小说中用“可怕的一幕”来形容德雷福斯被革职的场景，参见“Impressions d'audience”，p. 241。而左拉在自己受审时，曾说“听证会的审美形式就像是大艺术家安排下的尖锐戏剧场景”（p. 244）。曾因德雷福斯案件向左拉求援的记者贝尔纳・拉扎尔则说，该案“只有在情节完整、人物全部出场的情况下才吸引了他！”（引自Becker，“Zola et l'affaire Dreyfus”，p. 32）

2　左拉声称法国是“思想自由、博爱、理性的国度”（*L'Affaire Dreyfus*，p. 85），在他“对听证会的感受”中，他热切期望“我们的人民更自由，更理性。他们应该尽早建成典范社会，这个社会的诞生是建立在旧社会瓦解的基础之上的”。

动以及他为德雷福斯所写的辩护文章证明，他所认同的是法国社会中的异议群体，这个群体反对政府，并主张个人权利高于社会需求。德雷福斯是无辜的，这必然会引起对军队诚实性的质疑；而为德雷福斯辩护的人们的行动与言辞也使他们的异议主张带有明显的政治色彩。对二十五年前诞生于耻辱战败中的法兰西第三共和国来说，对军队的攻击
161 等同于叛国。由于左拉将军队和国家区分开来，他的异议便显得十分狭隘；与之相比，雨果对第二帝国的异议是完全的、毫无保留的。雨果拒绝和解，拒绝接受拿破仑三世的赦免，这极大地简化了危急关头的意识形态和政治问题。雨果完全没有介入他所激烈批判的政治体系，因此也避免了“玩弄政治”之嫌。他没有加入任何组织，不煽动任何革命，也没有策划任何政变。雨果超越了政治，他生活在由自己一手创造的神秘世界里。

左拉所面临的情形完全不同。他参与德雷福斯案件属于第三共和国政治体制中集体抗辩的一部分。和雨果不同，左拉没有对政府提出抗议，更遑论对共和国体制提出抗议。他利用了政府及其共和国体制，利用了相对自由的媒体来散发超过三十万份的《我抗议》，而且还利用了法律以保证公开审判。左拉精心地将德雷福斯被不公正定罪一事，呈现为对1789年以来真正的共和国及其自由、公正原则的背离。他在自己受审时对陪审团说：“我们必须搞清楚，法兰西是否还支持人权，它是否还赐予世界自由，它是否还应该赐予世界正义。”左拉竭尽全力让自己与共和传统联系在一起，试图让自己为德雷福斯的辩护成为对传统且纯洁的共和的复兴。“爱国的法兰西之子们”在这个“危险时刻有责任”去“启蒙国家，把她从盲目激情的错误中拯救出来”。[1]左拉用圣经预言家的语调，呼吁法国社会拨乱反正、回归美德。

但在这世纪之交的时刻，预言家已经属于过去。由于德雷福斯案件带来的是群体之间而非个人之间的对抗，它因此改变了公共作家的责任。和一手发掘并昭雪了卡拉斯案件的伏尔泰不同，左拉所参与的运

---

1 Emile Zola, “Déclaration au jury”（*L'Aurore*, 22 February 1898）, *L'Affaire Dreyfus*, p. 132; Emile Zola, “Lettre à la France”（brochure, 6 January 1898）, *L'Affaire Dreyfus*, pp. 101, 102.

这幅画被巧妙地命名为“报纸的时代”，它抓住了世纪之交新闻报纸、公众阅读和巴黎咖啡馆之间的交集关系。报纸侧面的报夹说明这是咖啡馆的公共财物。当期的议题是两星期前才出版的左拉的《我控诉》。(感谢罗歇—维奥莱供图)

动远远超过了个人范围。德雷福斯本人，即引发了这起案件的“偶然意外”，代表了“所有受压迫的人们，和所有受难的人们”。[1]左拉并没有去发掘德雷福斯案件，他是主动靠上去的，并且卷入的时间也很晚。虽然
雨果不是第二帝国的唯一反对者，但他反抗的形式是高傲的、显而易见 162

1 Emile Zola,“Lettre à M. Emile Loubet”(*L'Aurore*, 22 December 1900), *L'Affaire Dreyfus*, p. 204.

的、孤独的流放，这强化了该举动的独一性。雨果和伏尔泰是独自对抗整个权威体制；左拉参与的则是集体对抗，而这种对抗是依赖他人存在
163 的。《震旦报》在发表《我控诉》一文后两天，又印发了另一篇不那么具有爆炸性，但是对德雷福斯来说更重要的支持宣言，上面有一百零四人的签名，这一百零四位联署者立刻被称为"知识分子党"。

为德雷福斯辩护的人们是第一批正式的"知识分子"。但是，从广义上将知识分子定义为把一生献给思维工作，并照此行动的人的看法既来自政治右派也来自左派。1898年由德雷福斯的辩护者们建立的"人权联盟"很快就遭到反击，反对德雷福斯的人们建立了极端爱国组织"法兰西祖国联盟"。直到今日，法国知识分子和文学生活中还是充满了各种组织和反组织，宣言和反宣言。左拉坚持认为德雷福斯无罪，他得到了佩吉、马拉美、普鲁斯特和阿纳托尔·法朗士的支持；而同时，巴雷斯、皮埃尔·洛蒂、保尔·布尔热、埃雷迪亚等作家也坚决反对左拉的立场。[1]巴雷斯或佩吉（他在德雷福斯案件几年后倒向保守主义阵营）和左拉一样能够体现20世纪早期知识分子的形象，就像在后面的讨论中加缪或马尔罗和萨特同样重要。左拉和萨特往往远离其他知识分子，这并不是因为他们的政治立场不同，而是因为他们常常动用手中的各种资源，竭力把政治立场戏剧化。

知识分子的兴起并不为法国所独有。许多人都注意到，知识分子是20世纪的现象，是现代生活中反潮流的产物。对现代工业和后工业社会日益复杂的需求也催生了对更复杂专业知识的需求，例如，高等教育的扩张就是对这类需求的回应。然而仅有知识并不足以产生知识分子。运用知识并不是思维工作。对于整体精神生活的有意识支持，直接挑战了专门知识中天然的碎片化性质：矛盾无可避免。现代社会赞同，甚至需要专门化知识，它必须反对知识分子，因为知识分子不会承认任何界限。而
164 知识分子在竭力向全社会发言，或代表全社会发言时，当他们自认为是社

1 参见Victor Brombert, *The Intellectual Hero: Studies in the French Novel, 1885—1960*（Philadelphia: Lippincott, 1961），pp. 20—24, 31—32。虽然"知识分子"这个词早前就存在，但它主要在德雷福斯案件的高潮时期（1897—1898年冬季）成为一个流行语汇。

会的良知和良心时，他们就已经将自己定位为局外人和社会批判者，这并不是因为他们一贯坚持什么意识形态立场，而是因为他们拒绝社会司法管辖及其对知识分子和道德权威的管束。总的来说，知识分子是一种现代公共作家；而相比于世界其他地方的知识分子来说，法国知识分子的确是**文学**知识分子。文学知识分子并非全然的哲学家或预言家，而是两者都沾边，在这种情形下，文学知识分子将公共作家带入了20世纪。

一

我通过语言发现世界。

——让—保罗·萨特，《文字生涯》

在20世纪做一个文学知识分子意味着什么？让—保罗·萨特的例子恐怕最有说服力，因为他是20世纪知识分子的典范。世间也有其他一些更了不起的思想家或更深刻的作家；其他这些人可能在文学、在知识生活，或在社会上影响更大，但是萨特作为一名公共作家，却融合了这几大领域。和伏尔泰、雨果一样，萨特的一生也几乎跨越了世纪：他生于1905年，逝世于1980年，人生中有四十年都是文学史和思想史上著名的，或曰臭名昭著的人物。他声名显赫，著作等身：20世纪30年代写了一部小说和几个短篇，40、50年代写了几部小说和戏剧，1964年写了自传，除此之外，他还写了不少综合性、话题性的哲学作品和政治文章。在哲学、道德、社会困境等方面的探索上，萨特则偏爱使用戏剧手段。而正像过去的哲学家、预言家一样，知识分子萨特是一位文学评论家，研究范围十分广泛，从对当代作家（如加缪、多斯·帕索斯、萨洛特、热内等）的批评到对法国文学史上两位重要人物（波德莱尔和福楼拜）的研究均有所涉猎。[1]

萨特雄心勃勃，发誓要“见证一切”，这使得他的事业远远超越了文 165

1　关于萨特的文学评论，参见Benjamin Suhl，*Jean-Paul Sartre: The Philosopher as Literary Critic*（New York：Columbia University Press，1970）；以及Joseph Halpern，*Critical Fictions: The Literary Criticism of Jean-Paul Sartre*（New Haven：Yale University Press，1976）。

学范围。他一头扎进了艺术，包括新的电影艺术，萨特自幼就对电影充满热情；他在其他学术领域也颇有建树，例如哲学和精神分析理论；最后，他对社会和政治事业也充满热情，就像伏尔泰和雨果一样，这正是一位公共作家的标志。萨特对文学之外领域的关心是与文学联系在一起的。萨特式的知识分子认为对这些领域（知识界以及社会界等）的介入证明了文学具有一项独特功能：它能涵盖所有的知识领域。“我们将通过各种文学体裁来让读者熟悉我们的思想；诗歌，或是小说，而不是理论性作品，才能为它的发展创造出良好环境。”[1]萨特在《现代》杂志1945年的编辑寄语中如此说道。萨特说到做到，他选择了理查德·赖特的短篇小说作为《现代》杂志创刊号的主推作品。

萨特认为公共作家是**所有**作家而不仅仅是某一些作家的模范，因为责任和义务才是作家的文学、社会责任的重点，作家不应是恰好选择了写作的知识分子。也许其他人可以“恰好”是知识分子，但是作家天然就是知识分子，他们由于选择了一项必须要面对特殊与普遍之间矛盾的职业而天然具有优越性。[2]作家必须在这种矛盾中生活和写作。

与文学紧密联系的义务和作家所肩负的全部责任，使作为公共作家存在的知识分子成为一个特殊群体。知识分子是过去哲学家和预言家的传人，他们必须面对现代社会及其不满。更为紧要的是，知识分子必须应对的还有已经理智化、政治化的文学文化，而这种文化已经因其对智性和政治的关注而声名在外。20世纪的公共作家和过去一样，渴望整合各种分支领域，并对社会整体来进行宣讲。但是20世纪时这种完整统一体已经不太可能了。萨特已经非常接近，但是曾使作家得以成为知识
166 分子典型的矛盾却也阻碍了萨特取得过去的哲学家、预言家所达成的文化共识。萨特自己也不止一次说过，伏尔泰这样的哲学家能够很合理地

1 Jean-Paul Sartre, présentation, *Les Temps modernes*, 1, no. 1 (October 1945): 19. 参见“Nous ne voulons rien manquer de notre temps”(p. 4)。西蒙娜·德·波伏娃曾说“萨特是为了写作而生；他一定要见证一切，并根据需要去考虑它们”，参见*La Force de l'âge*(Paris: Gallimard, 1960), p. 18。

2 Jean-Paul Sartre, “L'écrivain est-il un intellectual?” in “Plaidoyer pour les intellectuels”, *Situations, VIII* (Paris: Gallimard, 1972), pp. 454—455.

认为自己不是只代表一个阶级，即资产阶级讲话，而是代表了整个社会在讲话；但这种景象，即使只是假象，萨特都没能见到过。知识分子是文学生活碎片化的产物，同时也是碎片化的反应，然而他们仍然徒劳地想要建构一种综合观点，这就导致了孤立感、负罪感和挫败感的产生。

知识分子自己常常也是某方面的专家。[1]和过去实际的哲学家不同（如伏尔泰，他对所谓无意义的思考往往嗤之以鼻），知识分子一般认为自己身处体系和理论之中；萨特就是如此。他是现代意义上的哲学家。和过去及现代的哲学家一样，知识分子常常面临着如何把理论运用到实际社会行动中的问题。苏联对知识分子有着巨大吸引力，尤其在20世纪30年代，这与其允诺结合原则与实践，允诺结合哲学知识与哲学实践有很大关系。

萨特个人对知识工作的概念更加剧分离了知识分子专家。萨特深受德国哲学影响，又曾在柏林生活过一年，因此他所创造的哲学和批评写作方法刻意提高难度，极大地挑战了法国哲学、法国文学评论以及法语语言本身。龙沙曾被布瓦洛批评讲希腊语、拉丁语而不讲法语，卢梭曾被伏尔泰批评作为一个外国人对法语不重视因而也对法国不重视，和他们一样，萨特也受到指责，说他在写作中使用奇怪的条顿方言，而习惯于阅读法国哲学的绅士们无法理解这种语言。从笛卡尔到伯格森，法国哲学和法国文学文化一样对专业化和专业术语抱有抵触情绪。[2]萨特则采取了截然相反的态度，他相信哲学的目的就是“要打造概念，并让它们持续地积累、增长”。[3]一种哲学语言如果充斥了各种概念，那它只会变 167

1　Sartre，présentation，*Les Temps Modernes*，p. 2.

2　在关于《新爱洛伊丝》（1761）的最初四封信件中，伏尔泰特别揪出了卢梭这个外国人的语言问题：“此人自以为是，罔顾语言规则和礼仪，还对我们国家表达了不屑和鄙视。”参见“Lettres à M. de Voltaire sur *la Nouvelle Héloïse*（ou Aloïsia）de Jean-Jacques Rousseau，Citoyen de Genève”（此处伏尔泰用化名给自己写了信），*Mélanges de Voltaire*（Paris：Gallimard-Pléiade，1961），p. 398。参见Ernest Robert Curtius，*Essai sur la France*（Paris：Grasset，1932），pp. 159—167，该书引述了伯格森对专门化哲学的反感，他把法语的概念看作是一种综合的媒介而非专门的言语。

3　Jean-Paul Sartre，“L’écrivain et sa langue”，*Situations*，*IX*（Paris：Gallimard，1972），p. 67. 该书第71页到第79页讲述了萨特对自己“日耳曼化”法国哲学语言的辩护。

得复杂而难以理解，这正是标准文学法语所要求的“简洁、明晰、优雅”的反面。

萨特的早期作品中充满了知识分子的孤立感。小说《恶心》（1938）对知识分子活动的本质进行了思考，最后以失败告终。小说由主人公罗冈丹的日记构成，在日记中罗冈丹杂乱无章地描写了一个小人物的思维过程，最终由于无法忍受存在的恶心和思维活动的徒劳而放弃了这部书的写作。他想写另外一本完全不同的书来为自己的存在寻找理由，但在《恶心》最后部分出现的白日梦及其中引人注目的条件时态让读者不得不对下一本书是否能出现持怀疑态度。社会不再提供希望。罗冈丹拒绝和布维尔小城的居民发生任何有意义的联系，而与他保持长期联系的人也逐渐退回过去，在研究的同时慢慢地消失了。萨特的短篇故事《厄罗斯忒拉特》中的叙述者戏仿过这种孤立感。这位未来的无政府主义者和执迷不悟的愤世嫉俗者如此说道：“男人们，必须由上往下地看他们。”他还认为，自己应该在七楼阳台度过一生，这样好通过物质的象征来展示他实际并不拥有的精神优越。[1]他那在大街上杀死五个陌生人以及用剩下的子弹自杀的计划揭露了知识分子的孤立感和麻木感，因为他无法执行这个计划：于是他便扔掉了枪和子弹，等待着束手就擒。

“厄罗斯忒拉特”计划突出了知识分子的模糊性。失败的主人公一方面讨厌在街上“碰”他的人、对他发生影响的人，同时又非常想以自己的存在给这些陌生人留下印象。和《恶心》一样，交流的中断阻碍了有
168 效人际关系的建立。同时存在使知识分子痛苦，还使他们被孤立。这些知识分子强烈地感受到孤立，他们受此折磨，但又意识到必须克服这种感觉才能有效行动，才能获得清晰意识和行动力。人的身体成了巨大的障碍；《床笫秘事》中的露露哀叹道：“我们干嘛要有身体呢？”她梦想拥有不受身体需求污染的纯洁关系。《一个企业主的童年》中的吕西安也拒绝性关系中“令人恶心的亲密”，而反犹运动则给了他“无情和纯洁”的感觉，就像“一把锋利的钢刀”。罗冈丹几乎用了相同的语言来描

1 Jean-Paul Sartre，“Erostrate”，*Le Mur*（1939）（Paris：Gallimard-Pléiade，1981），p. 262.

绘自己的理想之书（“它必须美丽，像钢一样坚硬”），而这也更使人怀疑这种书存在的可能性与合理性。[1]

这些角色中，除了罗冈丹，其余都不是知识分子，而且在生活中都自欺欺人。不过，这些早期作品流露出的对自我和社会的痛苦知觉，是20世纪知识分子与过去较少进行自我反省的哲学家、预言家的区别之处。伏尔泰、雨果及其追随者们很少因为自己公共作家的身份而感到困扰。去翻翻他们的作品就知道了，他们在行使自己的知识权威时并没有觉得有何不妥。哲学家和预言家的精神领导力来自他们的天赋，他们视自己为巴尔扎克所谓“天资贵族”。类似地，在旧制度时期，政治领导力起先来自贵族身份，后来则来自上层阶级身份。但是对于现代知识分子来说，自我意识很像是一种自我约束的行为。在萨特的三部曲小说《自由之路》里，主人公马蒂厄因为自己利用了，或曰应该利用自己的存在主义自由而感到非常焦虑——自由这个词在该书，尤其是第一卷《不惑之年》中频频出现。雨果也宣扬自由，但是他不会为此感到焦虑。一个世纪后，雨果式的热情和自信在知识分子频繁的自我批评中消失殆尽（瓦雷里就曾尖刻地评论说，“他们抱怨，故而他们存在”）。[2]

这种孤立感使文学变得对知识分子来说格外重要。在一个专门化（其实也就是碎片化）日渐深入的时代，文学仍然是一个整体性的媒介，169
能够超越波伏娃所谓“满大人”的阶层，能够触动新时代下的传统绅士人群。公共作家在文学作品中把专家的问题用大众语言表达出来，以此减缓知识分子的孤立感。萨特的哲学性、批评性作品如《存在与虚无》、《圣热内》等都包含了“文学”段落，尽管他总体上来说喜欢把厚重的、概念性的哲学语言和其他的语言，如散文语言、戏剧语言等区分开来。毫

1　Sartre，“Intimité”，*Le Mur*，p. 286；Sartre，“L’Enfance d’un chef”，*Le Mur*，p. 385；Sartre，*La Nausée*（Paris：Gallimard，1938），p. 210. 萨特的性意象往往让普通读者震惊，这些意象表现了男性作者—主角与要吞噬他的女性的、柔软的、黏性的世界的两者对立。参见Halpern，*Critical Fictions*，esp. pp. 2—14；关于德·波伏娃的类似联系，可参见Brombert，*The Intellectual Hero*，pp. 234—235。

2　Paul Valéry，“Propos sur l’intelligence”（1925），*Oeuvres*（Paris：Gallimard-Pléiade，1962），1：1051.

无疑问，萨特作品中的文学成分，特别是戏剧作品是存在主义流行的重要原因，尤其是对那些从来没有读过一页《存在与虚无》，更不用说萨特借鉴甚多的海德格尔的作品的读者来讲。尽管萨特自20世纪50年代起文学作品就写得越来越少，哲学、社会、政治作品写得越来越多，但是多数读者可能仍然认为文学才是萨特的精华所在。

二

> 我们是世界上最资产阶级的作家。
>
> ——让—保罗·萨特，《什么是文学？》

20世纪的文学再也不像以前那样是解决问题的方案了。法国社会所遇到的分解力量同样也削弱了文学的定义和体制。文学一度宣称它能解决问题，如今它自己也成了问题的一部分。曾经哲学家们和预言家们骄傲地肯定文学的权利以及作家的特权。18、19世纪的必然性成了20世纪的问题性。同时，19世纪的潮流还在继续生产出变化的作品。19世纪时曾革命性地改变了文学界的市场扩张仍在持续影响20世纪。到了
170 20世纪60年代，法国出版商和经销商开始培养新的受众：他们出版便宜的平装本，运用现代生产技巧，使用更积极主动的营销策略，提供种类更多的商品，这些都使法国出版业比以往更加多元化。尽管老派出版商如伽利玛、阿歇特等纷纷进行合并，但出版商数量仍然在增长，与此同时杂志业也随之愈发繁荣。新的文体和亚文体如侦探小说、科幻小说等在市场上大受欢迎，也获得了一定程度的尊重。

文学的定义与文学机构本身一样多种多样。知识界的潮流让原本的真理变成了不确定性。原先毫无疑问的议题也因为公共作家的大声疾呼而变成了问题。现象学摧毁了文学对象，因而也动摇了文学的传统稳定性。在文学中，将现实的定义交由读者来阐释，这就损害了文本和作者的权威性。作者的意思成了意义诸多的可能性中的一种，而作者也成了创作者中的一个。文本本身变得面目不清：在阐释之外究竟是否还

存在文本？有时一件文学作品的“毁灭”比建构更为重要，阐释比创造更为重要，批评比作者更为重要，这应该丝毫也不让人感到奇怪。到20世纪80年代时，许多文学批评已经不满足于自身从属于文学的仆从地位而开始宣称自己拥有独立的（以及平等的？）存在。确实，文学与文学批评，或各流派之间的差异几乎已经不再存在。萨特自己对作家（如波德莱尔、热内、福楼拜未完成的作品等）的研究就充斥着让人费解的语句、让人头痛的逻辑，同时又极其冗长。萨特的文字与福楼拜其人其书之间也几乎不存在什么关系：读者阅读《家中的低能儿》，是为了阅读萨特而非福楼拜。

文学批评地位的提升仅仅只是曾经无须证明的文学真理所面临的 171
挑战之一。在20世纪20、30年代，超现实主义者吵吵嚷嚷着要与几个世纪以来以清晰和逻辑著称的法语散文一刀两断，显然这是要将艺术创造力与理性思考分割开来。但如果说超现实主义者是这项传统的最坚定反对者，他们也绝不是唯一利用了文学不确定状态的人。自反小说和文学的自我指涉特性对20世纪来说并不是什么新鲜事，我们在18世纪的文学，例如狄德罗的《宿命论者雅克》，甚至16世纪的文学，如塞万提斯的《堂吉诃德》中都能找出相似的例子。但是，文学自我指涉性和自反性的概念都是在20世纪提出的，这证实了文学中自我意识的浮现以及信仰的持续丧失。当作家自己都不再坚信自己的可能性，当他们像安德烈·纪德一样认为作家是伪币制造者（《伪币制造者》，1926），则公共作家的基础就的确被动摇了。

马克思主义视角更侵蚀了剩余的观念。受到法国本土自斯塔尔夫人到丹纳到朗松一系的社会批评者们的深刻影响，马克思主义批评认为，和社会其他领域受到约束、限制一样，文学也不例外。文学越来越受到阶级束缚，同时越来越无法昭示普遍意义。知识分子开始意识到特定社会中特定地位所强加的约束。作家是不可救药的资产阶级，他们在分裂的法国社会中只是一种形象，并且正如作家自己所怀疑的，他们正日益成为社会中无关的人。由于教育，也由于同情，法国作家一直在疏远那些他们所谓的低等人。法国文学文化中潜藏的精英主义和作家在法国明显享有的特权地位长期以来构成了“天资贵族”的基础。过去的哲学家和预言家欣然接受这种特权，甚至还利用这种特权，而知识分子们则因为良心而和这种暗示做着斗争。

在拒绝法国文学文化，拒绝向其臣服的同时，萨特的作品和写作生
172 涯却也涵盖了其所有内在的矛盾。一方面，萨特拒绝个人主义假设，因为公共作家往往借此定义自我和使命。另一方面，和绝大多数知识分子一样，他也清楚自己是这种个人主义的产物和工具。他可以反对，但是他无法否认正是这种文学文化使他成了20世纪法国具有代表性的知识分子。只要他继续写作、继续影响读者，他就不得不赞成公共作家关于领导能力的假设。尽管萨特坚持人人生而平等，但他特别提到了伏尔泰和左拉，指出他们是作家责任的模范人物；同时，尽管有所保留，他还是承认了雨果所代表的领导能力。[1]

萨特激烈地批判法国文学文化，因为他自己就是这种文化的一分子。20世纪20年代当他在高等师范学院念书时，30年代当他在各个高中任教时，萨特就认为自己是与社会，特别是资产阶级社会对抗的个人，然而他也不愿意将这种对抗付诸实践。共产主义是给那些需要它的人，而萨特作为一个资产阶级知识分子，并不认为自己有这种需要。萨特在30年代的写作中反对资产阶级，而这恰恰是他的主题；他也反对资产阶级读者，而这也恰恰是他的读者。萨特的一些短篇故事，如《卧室》、《床第秘事》，以及《一个企业主的童年》、《恶心》等很大部分都是对资产阶级及其生活方式、思维方式和自欺欺人行为的无情嘲讽。[2]

如果说这些作品的风格在原创性、残酷性上令人震撼，那么对它们的批判以及这些批判的角度也丝毫不让人陌生。作者与他的主题保持

---

1 Sartre，Présentation，*Les Temps modernes*，p. 5. 其中为了对乍得的殖民管理进行说明而引用了伏尔泰、左拉和纪德。萨特对雨果的判断更加恰当，参见“Autoportrait à soixante-dix ans”（interview，1975），*Situations*，*X*（Paris：Gallimard，1975），p. 195。关于和雨果含糊的关系，参见Victor Brombert，“Sartre，Hugo，a Grandfather”，in *Sartre after Sartre*，a special issue of *Yale French Studies*，no. 68（1985），pp. 73—81。

2 参见de Beauvoir，*La Force de l'âge*，pt. 1，passim；以及Sartre，“Autoportrait”，p. 178。萨特特别指出（p. 177），《恶心》从某种意义上来说是他“独自一人”时期的高峰。

了距离，总体来看他并没有投入其中，不仅如此，他还扮演了充满优越感的、无所不知的记录者的角色。萨特在《文字生涯》中告诉我们，他怀疑一切，他只相信自己有展现这种怀疑的使命。他既是罗冈丹，也是罗冈丹的判官。[1]战争的爆发使萨特不得不面对资产阶级以外的明确的敌人。他在军队中的情形以及在敌占时期的生活需要他采取不同的行动，需要 173
他对个人、作家和文学提出不同的概念。在他意识到自己也属于集体，并且不管自己愿不愿意，作品都已经使他介入其中后，萨特进入了他生命中的"社会主义"阶段。

意识到自己和其他人有着千丝万缕的联系，这极大改变了萨特的批评视角。他不再是站在远处攻击资产阶级的"局外人"，而变成了一个"局内人"，一边批评资产阶级一边也默认了自己在其中的共谋角色。他早期作品中对资产阶级的冷漠批判态度，也变成了对自己所熟知的这种文学文化带有个人色彩的谴责。他所创办的《现代》杂志以及战后的一些同伴都想要重新定义作家的意义，以对抗法国文学文化和在萨特看来资产阶级一贯的不负责任态度。萨特所强烈反对的这类作家在这种文学文化中被中性化。萨特认为，这些当代作家因受唯美主义和科学主义两大意识形态的保护而得以安全地生存在世界上，但他们就像镀金鸟笼里的鸟一样一无用处，他们的语言显得愈发粗劣，从而生产出"一堆富丽堂皇却又空洞无聊的瞎话"。[2]几年后，《什么是文学？》(1948)将《现代》上的文章发展成了对文学介入的全面辩护和对法国文学文化的成熟谴责。

为了建构新的作家，萨特必须打倒老的，而这需要对法国文学文化进行毁灭性的批判。确实，相关讨论的用词往往比较含糊、笼统。《什么是文学？》的头三部分提出了最基本的问题：什么是写作？为什么写

1　关于萨特的优越感，参见"Simone de Beauvoir interroge Jean-Paul Sartre"(*L'Arc*, 1975), *Situations*, *X*, pp. 117—119。美国作家纳尔逊·艾格林对萨特"强烈的自我中心意识"印象深刻(Nelson Algren, "Last Rounds in Small Cafés", *Chicago*, December 1980, p. 237)。在《文字生涯》(Paris: Gallimard-Folio, 1964)中，萨特承认："我怀疑一切，唯一不怀疑的是自己。"(p. 211)

2　Sartre, Présentation, *Les Temps modernes*, pp. 1, 3.

作？为谁写作？这些笼统的问题有了具体的答案，最后一部分以及之前的部分（全书三分之二）都在具体讨论法国作家和法国文学文化的社会、历史和知识背景。作者在从古代讲到19世纪与资产阶级的断裂之后
174 （这一部分在二十五年后将在《家中的低能儿》中有很大篇幅的展开），便转向了1947年的作家以及1947年的法国作家——“唯有法国作家仍是资产者”，是彻头彻尾的资产阶级，萨特甚至还提到这些作家必须使用“资产阶级化作风的”语言。[1]尽管萨特的作品中不乏幽默和喜剧，如《恶心》、短篇《床第秘事》，以及最为明显的《文字生涯》等，但是读者绝不会期待在探讨如此严肃主题（如文学的本质）的作品中看到笑料。然而，《什么是文学？》的最后一章，关于法国当代作家的部分，开头却对法国文学文化进行了非常尖刻、诙谐的描写，在这段文字里萨特显得彻底混乱，他的愤怒暂时被讽刺所冲淡，他的犀利言辞被他所用的复数代词所中和，因为这暗示了他和其他人站在一起。

这幅法国文学文化的肖像也是用我们熟悉的讽刺、夸张的笔触所画就。虽然有些许夸张，然而这段描写异常生动形象，让人不得不叹服。萨特为了强调法国作家的资产阶级本质，提到了其他国家地区的“非资产阶级”作家，这些人与其文学和社会的不同关系更凸显了法国的特殊性和资产阶级的普遍性。首先，他提到了美国作家，这些作家在作品的间隙会回到农场、车间，他们梦想着友爱而不是荣耀，但他们会在孤独中写作，而不会去任何有文学性质的场所。这一切都不是资产阶级的，萨特甚至不确定美国究竟有没有一个真正的资产阶级。而英国作家则往往孤立地在俱乐部里，他们属于另一个阶层，因为没人拿他们当回事。最后，在意大利，资产阶级从来起不了什么大作用，作家往往生活窘困，收入微薄，被迫住在年久失修的宫殿里，然而冬天无法取暖，平时也用不上合适的家具。

在文学的国度里快速浏览后，萨特总结说：“所以我们是世界上最资产阶级化的作家。”[2]法国所有作家都和资产阶级体制有着千丝万缕

1 Jean-Paul Sartre，*Qu'est-ce que la littérature?*（Paris：Gallimard，1948），p. 203.

2 Ibid.，p. 203.

的联系，他们浸透了资产阶级文化，文学对他们而言不会像对其他国家的作家一样是私人行为。文学是对象、客体。它不再是手段而是目的，是带着辉煌和礼遇的“国家财富”，上面盖着集体体制认可的印章。即便在写作前，法国作家（萨特所谓的“我们”既是私人的又是集体的）从学生时代起已经对文学了如指掌；他知道一首诗应该从豪华的插图本诗集进化到硬皮经典系列，并“散发出一种白色的锯末和油墨的气味——这对我们来说便是缪斯本身的异香”。文学注定要重新进入课堂，为未来的学生提供文本，以便他们能够完成终极法国文学练习——“文本释义”。[1] 175

当时的文学圈也同样局限、狭隘，以至于二十四小时内，如果运气够好，“一位匆忙的美国人”可以召见全体人士，询问大家对热点问题的意见；或者一个骑自行车的人可以把一份宣言传递出去；或者一句流言蜚语可以迅速扩散，并扭曲地回到最初的传播原点。如果这位美国人或骑自行车的人不巧在途中错过了什么人，他们也完全不必惊慌。毕竟“全体”人等都会去一样的场所：一样的咖啡馆，一样的音乐会，甚至纯属文学界的活动场合，或英国大使馆。确实，总有人时不时会宣称自己要去乡下退隐，从而惊起媒体的一阵纷扰；但不久此人又会觉得腻烦，于是又回到巴黎。甚至“地方性”的作家也会待在巴黎搞写作，就连北非作家也不例外。文学本身就为每种文学、每样事业提供了模板。每个作家的道路已经事先划定。从籍籍无名到名满天下，每一步都是规规矩矩、不出意外：因为一切**早就**在书里写好了。[2]这种资产阶级文学文化从结构

---

1 萨特在这一段的语气尤其值得全文引用：“可是我们（法国作家。——译注）在写第一部小说之前已经与文学打过交道……；在我们动手撰写草稿之前，我们已经饱览了现存文学作品，我们天真地以为，我们未来的作品从我们的脑子里诞生时必定到达其他人的作品所处的完善状态，它将带着集体表示感谢的印记，带着来自几个世纪的认可的辉煌标记，总之它堪与国家财富相比。对于我们来说，一首诗的最后变化，它在进入永恒之前的最后化妆，是它在豪华的插图本诗集发表之后，最终用小号铅字印在一本硬皮书里，散发出一种白色的锯末和油墨的气味——这对我们来说便是缪斯本身的异香……总而言之，长期以来我们一直以为，我们的作品的最后归宿是为一九八〇年的法文释义提供课文。”（*Qu'est-ce que la littérature?* pp. 206—207）讽刺的是，1980年也是萨特生命终结之年。

2 Sartre，*Qu'est-ce que la littérature?* p. 210；p. 209.

巴黎的咖啡馆是复杂的文学场所，在这里人们可以畅所欲言，进行政治和解，或者探讨公共政策。这张照片中咖啡馆里坐着的是未来的诺贝尔奖获得者：弗朗索瓦·莫里亚克和让—保罗·萨特。莫里亚克警惕的眼神说明他对曾经严厉批评过他的人持不信任态度。一向说话滔滔不绝的萨特的政治主张相对于莫里亚克来说偏左。尽管两人在文学、意识形态等方面有分歧，但是他们仍携手参与了1957年反对法国对阿尔及利亚采取军事行动的抗议活动。萨特和雷蒙·阿隆在1979年为越南“船民”奔走呼号的过程中也达成了类似的和解。（感谢法国新闻社供图）

上来说是完整的，从意识形态上来说也足以自我维持，这使得法国作家们成了现代知识分子阶层，传统与特权保护他们，使其与社会完全隔开。而现代知识分子阶层的团体精神又反过来加强了作家状况中天生的孤
176 立感，使普通人对作家应该更深层介入社会的职责视而不见。

《什么是文学？》中对这种团体精神的讽刺，只是萨特对唯美主义及
其将文学对象进行区分的行为进行批评的一部分。唯美主义将文学从
外部现实的混乱中分离开，由此也将作家同社会分离开来。萨特当然希 177
望作家处于社会中心。因此，他一贯关注“作家是什么”、“作家到底应
该怎样”的定义性话题，这也使得萨特对私人作家一向特别关注。他对
文学介入的理想使他谴责私人作家，正如他因此提倡公共作家。每对伏
尔泰、左拉或其他“以作家身份评判自我责任”的作家进行一页评论，萨
特都要成倍地讨论福楼拜、龚古尔、普鲁斯特这些抛弃了责任，躲藏在唯
美主义所滋长的幻象背后的作家。萨特所提倡的每一项价值观，这些私
人作家都完全反对：他们反对介入，甚至拒绝传统的“有益、有趣”的文
学标准，并宣扬现代社会强加在作家头上的所谓孤独。私人作家并不是
萨特恰好反对的另一类作家；他们是萨特要用笔来击退的敌人。而其中
他的死敌就是福楼拜，后者是唯美主义的化身、纯粹的私人作家、毒害现
代文学的象征和来源。私人作家不仅要为沉默负责，还要为语言和行动
负责，他们放弃了对公共议题的关注，这是玩忽职守的行为。萨特认为，
1871年对巴黎公社的血腥镇压中，福楼拜没有出手阻止，他没有发表哪
怕一行字的抗议，因此他也是镇压者的一员，应该为此受到谴责。同时，
萨特也蔑视那些资产阶级作家，他们假装瞧不起资产阶级，瞧不起那些
“天才食利阶层”，因为后者确实能够远离资产阶级社会令人恶心的方方
面面。[1]

比这些对私人作家罪责的指控更为重要的是他们从一开始就对唯
美主义持拥护态度。其他文学恶行皆出自此，因为它为对社会的冷漠态
度进行辩护，将不负责任伪装成责任，还把从现实中的退却展现为对理
想的追求。唯美主义宣称只关注文学本身，这在萨特看来使文学偏离了
最初的、最基本的交流功能。福楼拜坚持认为小说是纯审美对象，这更
增加了这一问题的特权，但同时也削弱了它的效果。诗人也经常坚持审
美对象的自主性。但是，尽管萨特也指责波德莱尔同福楼拜一样对社会 178

1　Sartre，Présentation，*Les Temps modernes*，p. 4.

漠不关心，但是诗歌唯美化的危险性要小得多，因为萨特并不指望诗歌能介入社会，因为他认为诗歌是“语言之外”的东西。[1]但是散文则必须沟通意义并达到交流目的，这应该是萨特不懈追求的文学意义，也是其在写作生涯中一次又一次回顾小说家福楼拜的原因之一。关于福楼拜他做了大量研究，几十年间写了上千页的文字，这掩盖了对“天才食利阶层”的嘲讽与不屑。[2]《家中的低能儿》一文代表了萨特要一劳永逸地清算19世纪，并将其散播在20世纪的幽灵驱赶逐出的决心。

这种文学遗产的有害性在普鲁斯特身上体现得尤其明显，比福楼拜的唯美主义思想基础和文学结果更甚。对福楼拜，萨特主要批判的是他的资产阶级个人主义，这是“为艺术而艺术”思想的起因，也是其结果。对普鲁斯特，萨特确定了这种思想的来源，即几何学精神，而萨特称之为“分析学精神”，这是资产阶级的典型特征：“诗人不负责任的传说……来自于分析学精神。”这种分析思想会导致将现实分解为无数相等的、不相关的成分，从而无法理解至关重要的不平等性。又因为它坚持普遍人性，这种分析思想无法注意到人类个体的不同社会属性。这就是普鲁斯特把文学带偏的地方。普鲁斯特认为人性概念存在于社会之外，因此他成了“资产阶级宣传的同谋”。正如启蒙作家将自己作为资产阶级的经验和理性当作普遍价值，把分析精神当作普遍工具，普鲁斯特也把他自己特殊的、作为同性恋者和资产阶级的经验普遍化为全体“准则”。[3]萨特坚持认为，情感总是受到阶级、性别、民族、环境等因素的影响，而正是
179 这些因素的影响使得萨特拒绝接受普鲁斯特和福楼拜：这两位完全无法胜任当代作家应当承担的任务。

---

1 Sartre，*Qu'est-ce que la littérature?* pp. 18，19，26.

2 Sartre，“Sur *l'Idiot de la famille*”（Le Monde，1971），*Situations*，*X*，pp. 91—115. 美国作家纳尔逊·艾格林在回忆1949年对巴黎的访问时曾说，萨特似乎特别喜欢一个女人，因为她经常酩酊大醉，在此期间他可以随意拍打她的肩膀并且思考福楼拜（Nelson Algren，“Last Rounds in Small Cafés”，p. 237）。1972年萨特说自己已经六十七岁，从五十岁起他就开始研究福楼拜，而在那之前他已经梦想着要写一本书了（“Justice et Etat”，*Situations*，*X*，p. 61）。

3 Sartre，Présentation，*Les Temps modernes*，pp. 11，11—12.

三

我在书丛里出生成长。

——让—保罗·萨特，《文字生涯》

萨特一次又一次地直面文学。他永不停歇地追问一切的意义，去仔细追查即便是看起来最不证自明的假设。《什么是文学？》一文所提出的问题，正如它所使用的辩论手法，是理解萨特作为一名文学知识分子独特地位的关键所在。什么是文学？作家在社会中可以做点什么？这些问题都被反复提及，从《恶心》到波德莱尔、热内、福楼拜研究，从《什么是文学？》到时不时的杂志文章。作家萨特仔细地检查着哲学家萨特关于文学和文学文化的特殊现实的思考。萨特作品中对哲学和伦理学的关注，例如自由的存在与使用、对自我的定义、介入的必要性等，对每个写作的个人都有着重要意义，因为作家之所以写作是为了“需要感到自己对于世界而言是主要的”。[1]

萨特在探索作家的意义的同时，也从每个可能的角度（包括历史、社会学、心理学、政治学等视角）研究了文学。这些研究比其本身更有趣，因为萨特在处理研究主体时使用了不同模式：《什么是文学？》中的辩论法，《恶心》中的反讽，《家中的低能儿》中的精神分析—存在主义话语，最让人印象深刻的则是《文字生涯》中对自我的讽刺看法。这部最奇特的作品既不是编年史，也不是自白书，它的“主人公”甚至只是个儿童，它从任何普通角度来看都不是什么自传。此外，尽管该书结尾似乎暗示还会有后续故事，但萨特再也没有续写过。《文字生涯》是一部已完
成的书，是萨特在《波德莱尔》、《圣热内》和《家中的低能儿》之外又一 180
部关于作家的研究作品，也是一部与《什么是文学？》一样对法国文学文化进行检视的作品。

1　热纳维耶芙发现萨特几乎所有叙述性作品都会涉及写作和作家的起源神话，参见Geneviève Idt，“Sartre ‘mythologue’ ”，*Autour de Jean-Paul Sartre: Littérature et philosophie*（Paris: Gallimard，1981），pp. 120—121。

萨特的作品题目提醒了读者不应该抱有某些期待。《文字生涯》不会叙述另一个作家的童年时代。它与文学回忆录或著名作家的自传不同，甚至与那些深入细致探索了自己童年的作家自传也不同。《忏悔录》和《墓中回忆录》讲述了卢梭和夏多布里昂的故事，他俩最后都成了作家。而《文字生涯》所讲述的则是一个“在书丛里出生”的人的故事，它不像普鲁斯特那样讲述自己找寻职业中所遇到的痛苦。决定了作家职业的文字首先确定了孩子的身份：“如果我说‘我’，这指的就是写作的我。”（504）[1]“我”在熟练掌握文字后，就把文字的力量和自己的力量联系了起来，他对文字的掌握甚至使他能够回答《什么是文学？》提出的问题：什么是写作？为何写作？为谁写作？当然，“我”的回答是错误的，因为他所学到的文学观是错的，在这一点上大人们难辞其咎：“我”学到了法国文学文化的定义。《文字生涯》将《什么是文学？》中的第四部分“一九四七年作家的处境”追溯到了1914年的孩子/作家，追溯到了作家的言辞、作家对自身力量的信仰背后的文学文化本身。

什么是写作？文字的力量来自其现实。对于“我”来说，文字确实就是现实。“在通过语言发现世界的过程中”，他很自然地“把语言看成世界”（521）。当他看着一棵树时，他会等着树叶以形容词，或是一个句子的面貌出现。“卡尔妈咪”，孩子祖父母的合称，“掩盖了事物的实质”（425）。“这四个浑然一体的亲切的音节显示了家里人的和睦”（425）。这一个词，就驱散了不睦，家庭获得了胜利。“外祖母令人怀疑，她天生爱造孽，随时都可能犯过失。但时时都有天使伸出手来阻拦，只言片语的力量就能把她挡住”（425）。后来“我”决意要当个作家，因为
181 作家意味着“给事物命名”，这既是创造，又是占有。世界通过他成为了语言。

语言被赋予生命，而人、地则没有。“我”“贪婪地吸收语言”（440），确定自己“找到了大自然的语言”（441）。书籍取代了自然在孩提时

1 下文萨特《文字生涯》的译文和页码均引自《萨特文集》（第一卷），北京：人民文学出版社2005年版，第406—566页。——译注

代的位置，“我”经常阅读的作家们也立刻取代了现实中缺位的兄弟姐妹的地位，取代了因为胆小而无法结交到的朋友的地位，最后竟取代了自己想要逃离的家庭的地位。这个无父兄、无姐妹的孩子，在阅读埃克多·马洛的《苦儿历险记》的过程中自学了念书识字，最后将这个故事记得滚瓜烂熟。书籍就是他的玩具，也成了他真正的家人，而作家则是他的同伴。作家和“我”一样经历了苦难与考验，也和他一样获得了奖励与赏赐：他们在著名预言家的行列里，在文学圣人的殿堂里获得了一席之地。

为何写作？文字给予人们现实，而书本作为地球上神圣存在的直接证据，给予了作家在社会上的地位。“我”还没有学会念书就已经知道“崇敬”书籍，知道外祖父的书房是摆满了“艺术珍品”的“圣殿”，外祖父“平时笨手笨脚，连扣手套也要我母亲代办，但摆弄起这些文物来却灵巧得好似主祭司”（428—429）。因此，后来“我”常“混淆文学和经文”（520），在学习和背诵从赫西俄德到雨果的圣人和预言家的作品时成了他们狂热的信徒，这也并不让人感到奇怪。“我”虽也接受过一些天主教的宗教教育，但是对文学的热爱已经形成了一种超越天主教的宗教。“我”的这种宗教信仰，既不受信仰新教、激烈反对教会的外祖父与虔诚的天主教外祖母之间矛盾的影响，也不受他们私底下的冷漠态度影响。一个安静、心无旁骛的作家可以成为“我”没能成为的教徒，一个不仅能接受这个宗教，而且还会，用普鲁斯特的比喻来说，“发愿”去建造一所语言大教堂的教徒。 182

在这部描绘了一位作家“真正”的诞生史的作品中，作为宗教的文学构成了重要的隐喻。如果像萨特在《什么是文学？》中所说，艺术家是为了感觉自己被世界需要而创作，那么作家拯救人类的任务就解决了问题：愚昧的大众显然需要启迪，需要一个救世主。书中的“我”兴奋地发现，人们喜爱作家，赞美作家，许多迹象显示人们需要作家。但是救世主比英雄更重要。他是一个烈士，注定要“保护人民不伤害自己和抵御敌人”（520）。而文字成了“隆重的弥撒”，“能够带来“上天保佑人民”的福音（520）。因此“我”决定，既不为了自己的同胞写作，也不单纯为上帝写作，而是“为上帝写作，目的在于解救同胞”（520—521），因为同胞的“先天不足”（520）需要圣人的解救。本质上，他不再是那个“多余的”孩子，也不再是不买票的旅行者了。写作给了他通往这个世界，及至下一个世界的车票，因为他在拯救了他人的同时也拯救了自己。好书与好工作融为一体。作家一定是上层的一员，但是他的著作则是他在圣人和预言家、朋友和同伴中获取一席之地的证明。

从定义上来说，英雄和烈士的高尚生活都是孤独的。传教士孤独地守护着两百万人，他的道德优势逐渐转化成肉身的优越性。“我”把必要性看作是一种美德，认为自己不仅不孤单，还超越了同伴，栖息在自己拥有特权的“空中孤岛”（455）上，他的自然栖息地是巴黎一处位于七层楼、能看见千家万户屋顶的公寓，在那里他呼吸着“纯文学稀薄的空气”（443）。这并不是因为“我”认为自己优于他人，而是因为“我”想要“在太空中遨游，生活在事物空灵的幻影中间”（443）。成年之后，“我”发现，不论如何千方百计努力下降，但“出于习惯”（443），自己还是会飘在空中。萨特明白，若没有“天地万物层层铺展在我的脚下”的“最大幻觉”，没有“七层高楼”这个象征性的制高点（443），自己是决不会写
183 作的。

有高峰则必有低谷。天堂之下必有地狱。圣人和预言家的高贵居所必然伴随着备受诅咒者的下界。外祖父为“我”开启的，“我”心向往的神秘、高尚的文学世界也有一个对应的世界，这是“我”独自探索的另一个天地。这个神奇的世界充满了斗篷、匕首，以及异域的探险，它给予我秘密的快乐，因为我已经“在书房圣殿之外”（即房间里或在餐厅的桌子下）开始了“真正的阅读”（452），不是高乃依的戏剧或者福楼拜的小说，而是带插图的《唧唧叫》、《了不起》、《三个童子军》、《最后一个莫西干人》等。里面讲述了凶狠的印第安人、勇敢的牛仔、无畏的探险家、无助的少女，而这些“不登大雅之堂的东西”（454）原本是不该给正经人家的孩子看的，但它们让我这个“先知先觉的神童”（455）体会到了一种放荡不羁的快乐。“我”意识到自己“过着双重生活”（455），一面“腐化堕落”“出没妓院”（454），“一个

人勾搭浓妆艳抹的淫荡女人”，欺骗了梅里美的纯洁女主角“高龙巴”（455），但同时“也不会忘记真正的我应该留在圣殿里”（454—455）。毕竟，圣灵只欣赏真正有艺术价值的作品。法国文学文化与生俱来的精英意识和专制在外祖父反对他的外孙兼继承人阅读这些书籍的事例中体现得淋漓尽致：外祖父喜欢已经去世的作家，喜欢段落而不是整本书（因为段落比较好教），对法语无限推崇因而反对孩子看那些宣扬惩恶扬善的“魔盒”（453）。而正是“我”自作主张的阅读让我走出圣殿，回到了童年。

为谁写作？“我”极其关注这个问题，以至于忘了“写作可以提供人家阅读”（520）。他不想要读者；他想要人们对他负有义务责任，为他的力量鼓掌，为他的荣耀沉思。写作成了极度自私的行为的结果。相反的主张不过是障眼法，是“我”许多欺诈行为的有力证据之一，是“我”的 184
虚假自我之一。确实，作家兼骑士是为了“扭转乾坤拯救人类”（519）。但实际上，“我”“唯一的使命是救世”（562）——“拯救自己”（566）。就像祖母变成了一块葬礼石，原先诞生在文字中的“我”会再次变形，肉体将会变成文字，“我”会在文字中雕琢一具辉煌的人体。在国家图书馆的书架上，“我”是二十五卷，一万八千页文字，三百幅版画（包括作者的肖像），它们证实了“我”的存在；“我”的骨头就是皮革和硬纸，“我”的肉是羊皮纸，散发出糨糊味和霉味，“我”在六十公斤纸里再生，终于成了一个完整的人。

这不仅仅是天堂的荣耀。社会承认了作家的“委任状”，而相关机构也恩许他们在这世上获得“不朽”地位。后人是作家真正的读者，一位侄孙，或是曾侄孙会阅读他的历史，被感动得热泪盈眶。这种光荣的印记俯拾即是：国家图书馆的书架上保留着他的作品，拉鲁斯百科全书中收录着他的文章，报纸上刊登了他的讣告，陌生人写来了追忆的文字，家乡树起了他的纪念碑，街道以他命名。自然地，“我”认为自己注定要成为英杰，死后将和其他名人一样埋在拉雪兹神父公墓，说不定还会进先贤祠。他也会在巴黎拥有以自己名字命名的街道，在外省，甚至外国拥有以自己名字命名的街心公园和广场。

四

树立无神论要经过长期而痛苦的努力。

——让—保罗·萨特,《文字生涯》

《文字生涯》里的神是伪神，他们给的答案都是错的，作家不过是另
185 一种骗子。文字和文学被赋予的权力催生了一系列虚假的形象，如家庭拯救者、史诗英雄、作家兼殉道者、已去世的著名作家，《文字生涯》认为这些都不可信。但他们对萨特的作家生涯又至关重要。《文字生涯》一书作为一部作家的诞生记录，在萨特对波德莱尔、热内、福楼拜的传记研究以及计划对马拉美的研究中都占有一席之地。在这四部研究中，萨特作为传记作家采取了大同小异的路径，即从童年时期开始记录，因为他相信儿童无疑是成人的父辈；因而也无疑是作家的父辈。在《文字生涯》中，萨特向自己也向其他作家提出了同样的问题：个人如何、为何成为作家？究竟什么样的社会、心理环境导致了这样一个重大决定？萨特坚信，一个作家在下定写作的决心后所写出的内容远远没有这个决定本身来得有趣（因为它的重要性也远逊于后者）。萨特的这种想法也说明了为何他没有就作家写作和为何写作写一个《文字生涯》续篇，在研究福楼拜的时候他甚至没能进行到《包法利夫人》，到最后他也没写完《家中的低能儿》。[1]

《文字生涯》叙述了一名作家的诞生，然而是错误的作家，满脑子自傲和法国文学文化清规戒律的作家。和《什么是文学？》一样，《文字生涯》的目的也是要和这种文学文化开战，因为后者对文学的评价荒谬不堪，对作家的定义也落伍于时代。从俄国第一次革命到第一次世界大战

1　关于萨特坚持作家最初决定重要性的相关内容，参见“Sartre sur Sartre”, *Situations*, *IX*, p. 133。乔治·鲍尔曾指出，在《文字生涯》出版后的几年中萨特提到过好几个自传计划，但他用多次采访来替代了自己无意写作的自传，参见George Bauer,“Interview as Autobiographie”, *L'Esprit créateur* 17, no. 1（Spring 1977）：61—69。菲利普·勒热纳在这一点上进行了深入探索，参见Philippe Lejeune, *Je est un autre: L'Autobiographie de la littéature aux médias*（Paris：Seuil, 1980）, pp. 161—202。

年间，也是安德烈·纪德的革命性小说《地粮》被发现的时代，然而“一个19世纪的人向他的外孙灌输路易—菲力普时代流行的思想”（445）。“我”的外祖父面向着过去，“用死去的作家来谋生”（447），因为自从雨果死后他就停止了看书。他虽然是个德雷福斯派，却从不跟我提起德雷福斯，或是左拉。外祖父的教诲给萨特深深打上了过时文化的烙印，因此他批评公共作家，正如他批评私人作家一样，因为两者都诞生于资产阶级自我中心的宇宙里。他通过描绘外祖父来嘲笑公共作家的伪善：这
个“19世纪的人物如同很多同代人一样自诩高尚，连维克多·雨果本人 186
也不例外”（417），似乎认定自己就是雨果。“我”表面上谦卑接受的，后来又趾高气扬获取的所谓傲慢的“委任状”，其实都一样，不过又是一种欺骗罢了。但是萨特也批评了私人作家的审美，如福楼拜、龚古尔兄弟、戈蒂耶的“旧怨积恨使我中毒了。他们对人抽象的恨以爱的幌子灌输到我身上，使我感染上新的自负”（519--520）。三十多年里这种幻想导致我“自以为清醒，实为盲目”（563）。

一个作家的诞生史暗示了另一个作家的另一种出世，即《文字生涯》的作者，一位拒绝接受法国文学文化所认可的假象的作者。后者，即“真正的”萨特，已经能够回答“什么造就了一位作家？”这样的基本问题。[1]这另一个更好的作家建立在读者对萨特写作生涯的熟悉程度上（毕竟人们不太可能去阅读一个自己一无所知的人的回忆录），也建立在《文字生涯》对这种形象的众多“骗局”的强调上，建立在曾让他深信不疑的手腕上，建立在将他的信仰变成“疯根”、“神经症”、“幻想”（565）的力量上。只有通过对伪作家的谴责和控诉，我们才能确认一位“真正的”作家，一位比过去的、低劣的自我更好的作家。《文字生涯》的主体内容就是关于转变，虽然是在暗中发生，但仍然不失为转变。正如圣奥古斯丁的《忏悔录》根据基督徒的标准来评判罪人的生活，《文字生涯》从皈依

1 菲利普·勒热纳对《文字生涯》的精彩分析展现了后者内含的辩证结构：“不存在”的最初状况之后是主人公与这种状况的对峙；文末，它在最后的自我总结、在主人公的神经症中消失了（Philippe Lejeune，*Le Pacte autobiographie*，p. 209ff）。辩证的意义在于每段自我总结都包含了下一阶段的主题，因此《文字生涯》的结尾实际是对下一个自我/角色的开始。

者的角度给“伪基督徒”定了罪。在两本书中，后来出现的真理都证明了之前所犯的错误。但是《忏悔录》中奥古斯丁的对话对证明上帝的荣耀至关重要，而《文字生涯》则只是假设，并没有真实写下萨特关于信仰原则的对话，也没有写下他的“委任状”之后转变成职业和习惯的过程。那还剩下什么呢？作者在小说结尾问道。“赤条条的一个人，无别于任何
187 人，具有任何人的价值，不比任何人高明。”（566）

但是《文字生涯》所讲述的并不是皈依。因为萨特不是皈依者，他是叛教者。在这一场抛弃幻想和信仰的闹剧中，对皈依的赞颂显然是不合适的。萨特在小说中写道：“树立无神论要经过长期而痛苦的努力。”（564—565）当然，《文字生涯》谴责了萨特童年时的幻想，但同时，在超越个人层面时，在涉及支撑这种幻想的阶级和社会因素时，该书批判得尤为激烈。与二十五年前的小说《一个企业主的童年》一样，《文字生涯》也对资产阶级及其伪善、自我中心意识、对自我利益的合理化行为等进行了全面鞭挞。如果说《一个企业主的童年》中的主人公仅仅是不体面，那么《文字生涯》又与其不同，因为它也是一种告别。后者明显包含着确凿的，虽然是无声的失落感：那是因为幻想丧失而失落，因为它让“我”生存，让作家快乐，而它也曾让“我”的童年如天堂般幸福。最重要的是，《文字生涯》的作者自己就是一直承受着失落的人。萨特所讲述的并不是寻得的真理或获得的荣耀，而是“怎样的酸楚侵蚀了缠裹我、使我产生幻觉的轻纱”（564），是“久疯痊愈”，是被铲除了的“甜酸苦辣的疯根”（565）。萨特哀悼他的疯病：“这种摆脱是令人伤心的，因为语言所引起的幻想破灭了。我旧时的同窗伙伴，要笔杆的英雄被剥夺了特权，重新成为庶民，因此我两次为他们服丧。”（449）或是想着普鲁斯特的斯万，那个哀叹自己为了一个不合适的女人糟蹋了一生的主人公。丧失幻想也就意味着丧失方向。成年后醒悟过来的“我”，因为明白了文学的无能，所以嘲笑自己所犯的错误。但“我”也不知道此生今后该如何走下去。“我”为了留在教会内而放弃了自己的职业。斯万娶了奥黛特，萨特继续写作：不干这个还能干什么？

萨特写《文字生涯》是为了向文学“告别”，然而当他发现人们称赞

此书是对文学的回归、是反介入的标志时他感到非常尴尬。[1]但是这种误解并非全是公众的错，因为尽管《文字生涯》看上去批评了作家的委任，但却重申了文学的权利，即文学的意图是谴责和重申主张。这部意在颠 188
覆文学的小说在任何层面上来看都是一部不折不扣的“文学”作品，因为它明显带有精心写作和修改的痕迹。《文字生涯》并不长，一共才两百多页，但是萨特为了写这本书前前后后花费了十年，并且他自己也强调曾用去不少时间修改表达，就是为了增加讽刺的层次，为了让它意义更为丰富。《文字生涯》或明或暗地引用了无数文学典故和文献资料，还充满了对萨特自己的作品的模仿与恶搞。它嘲弄传统文体、嘲弄法国文学经典，甚至连萨特同时代的作家也不放过。从风格上来看，模仿、讽刺、反语的运用标志着与过去的决裂，这使《文字生涯》成为了一部永远在质疑文学和自身的独特作品。同时，该书重视文体风格和文学形式，运用戏仿的手法使过去的文学作品重又在当下焕发新生，这从一定意义上来说也肯定了过去。而读者们则开始了他们熟悉的游戏：在书里寻找典故，寻找戏仿，把小说和萨特的哲学论文、小说、批评研究等联系到一起，甚至和其他人联系到一起。

不过这种寻找游戏倒也结出了累累硕果。《文字游戏》从形式来看，从其大部分内容来看，涵盖了几乎所有萨特关注的问题，例如人性、自由的可能性、文学的可能性等。[2]甚至对萨特所知不多的读者们也会愉快地认可这部小说；而那些对萨特经典烂熟于胸的批评家更是会从中感到成倍的愉悦。当然，几乎所有的自传也许都具有这些特点，因为关于生活它们总得说上些什么。但是《文字生涯》与其他自传，例如《墓中回忆录》等相去甚远，因为前者没有概括总结主人公一生中的兴趣爱好或是重大事件，而是分析它们，甚至将其戏剧化。《文字生涯》的主人公“我”与其说是儿童时期的让—保罗·萨特的再现（在书中仅仅只是提到了他

---

1 Alexander Astruc and Michel Contat, *Sartre by Himself*（1977）, trans. Richard Searver（Urizen Books, 1978）, p. 89; Jacques Lecarme, “*Les Mots* de Sartre: Un cas limite de l’autobiographie?” *RHLF*（*Revue d’Histoire Littéraire de la France*）75, no. 6（1975）: 1047—1061.

2 Victor Brombert, *Cahiers de l’A. I. E. F.*, no. 19（1967）: 155—166（quotation on p. 155）.

的小名“普卢”），不如说是为了展现萨特关于资产阶级社会中的作家主题而创造出来的人物形象。法国文学文化下的作家属于一个整体类型，他们诞生于神经症和幻想之中。萨特承认，“他的”福楼拜其实部分源
189 于他的假设而进行的发明创造，而《家中的低能儿》其实是部小说，一部“真实的”小说，但无论如何也是虚构的小说。[1]当然《文字生涯》也可以如此评价，它批评文学是虚幻的，但同时也强化了文学的自负自傲。戏仿的背后是夸张的文风，看似有理的格言警句在文中俯拾即是，这些都夸大了原本平凡的儿童生活，把普通的成长史写成了追求救赎的史诗。虽然救赎以失败告终，但是整部小说中充满了戏剧性，让人时刻不得放松，这对自传来说绝非易事，因为一般来讲自传的结尾人们在开头就知道了。与作为宗教的文学相反的隐喻是作为喜剧的社会生活，它的形式，以及萨特对角色、欺骗、演员和表演的强调。戏剧语汇的使用揭露了资本主义社会所产生的不真实的自我；它同时也揭示了《文字生涯》的戏剧本质。

《文字生涯》同时拒绝和肯定了文学的权利/权力，这构成了该小说突出的模糊性特征，也证明了要埋葬过去是多么困难。一个人也许能摆脱神经症，但却永远无法治愈自己。萨特的“委任状”离开了他的头脑，但却深入了他的骨髓。主人公成年后的叛教不可能毁灭原先由信仰所铸造的自我。树立无神论要经过长期而痛苦的努力。正是因为五十岁的萨特发现自己仍带有孩童时期的全部特点，他才必须用写作来对抗自己。这位坚定的无神论者必须坚持在思维中对抗自己，对抗隐藏着的，虽经乔装打扮但仍然无法掩饰的信教者。如果像萨特所说的，存在由其反面来定义，那么作家萨特的存在也是在反对中（以及通过反对）实现的：他反对资产阶级社会，反对其在法国文学文化中的有害表现，也反对资产阶级社会以及法国文学文化中所体现的自我。萨特，这个基本上看到了自己儿童时期每个梦想成真的作家，这个用全部写作生涯来让人们
190 相信儿童幻想的作家，这个本可以轻易让自己变成哲学家或预言家的公

1 Sartre,“Sartre sur Sartre”, *Situations*, *IX*, p. 123.

共作家，同时也是一个知识分子，一个痛苦地意识到这些荣誉会创造矛盾局面的知识分子。就在萨特出版《文字生涯》的同年，他被授予了诺贝尔文学奖，这对他的文学成就来说是一个合适的、极具说服力的证明；但是萨特拒绝接受诺贝尔奖，这一姿态对他矛盾的文学态度也是一个合适的、有说服力的证明。人们觉得，萨特也许会用他评价他的朋友保罗·尼赞的话来评价自己：“从他内心来说，他只关心自己的反叛：这证明了他还在反抗。”[1]

这就是20世纪文学知识分子面临的两难境地，萨特要求他们去反抗他们无法忍受的东西，来实践一种早就抛弃了自己使命的文学，来延续一种早已不再让人信仰的文化。现代作家的“委任状”已被剥夺，他们发现“语言”早已碎成嘈杂絮语，却还在抢夺着优先地位。雨果曾经高傲地宣称：“语言就是神谕，而神谕就是上帝。”而在萨特这里，语言不过是“破旧不堪的大厦”（565）。语言已经失去了迷惑人的力量，文学失去了拯救人的力量。钢笔也不再是孩子曾经以为的宝剑，长大后他就知道作家的力量是多么微不足道。那么，到底什么才是文学？什么是写作？为什么写作？为谁写作？写作了《文字生涯》的萨特，尽管幻想破灭，失去信仰，却想起了早年那位年轻的，仍然充满希望的《现代》杂志编辑。即便文学无法拯救任何人、任何事，它仍是人类的产物，也是为了人类而存在的产物，它为人类树起了一面“批判的镜子”。萨特在《文字生涯》中不仅为作家萨特，也为文学文化树起了批判的镜子，而正是后者把作家萨特转变成了20世纪首屈一指的文学知识分子。 191

1　尼赞早年的责任感与萨特拖拖拉拉才意识到责任的必要性形成鲜明对比：“我费了好多年才最终弄明白我的道路，这样今天我才能在讲话时不犯错。”（引自尼赞《亚丁阿拉伯》的前言）菲利普·勒热纳把《文字生涯》看作是与尼赞进行的对话，萨特在试图通过这部小说来向一个密友解释自己早年的“盲目”（萨特和尼赞在年轻时是密不可分的好朋友，两人经常被人误认作对方），参见Philippe Lejeune，*Le Pacte autobiographie*，p. 205。

结语　伟人和感恩的国家

献给伟人，祖国感谢你们

——先贤祠铭文

一

1980年，萨特去世。他的辞世标志着一个时代的结束，也标志着法国社会中特定的智性、文化、道德中心的终结。如今，再也没有人能像萨特一样产生如此巨大的精神力量。这一方面是因为社会环境不再鼓励这种多重角色叠加所累积的名望。萨特所扮演的每个角色都具有一定权威性，于是加起来便造就了一个"完全的"、总体性的知识分子，涵盖了教授、文学家、哲学家、思想家、理论家、道德家、反偶像者和传统主义者的多重角色。这是萨特针对现代知识分子生活碎片化趋势的胜利，也是他针对能够激发法国人民想象的不同因素合成体的胜利。

萨特的天才不在于他对一个或多个知识领域的探索，而在于他能够用戏剧化的形式表现神秘事物之间的普遍联系。他通过扩大文学观念的范畴来拔高赞美了作家。1980年4月，萨特的葬礼在巴黎举行。虽然比不上一个世纪前雨果被尊圣时来得风光，但他的葬礼仍然给人留下

1980年4月29日，让—保罗·萨特的葬礼。和参加雨果葬礼时严格遵守礼仪的群众不同，新一代的人民用自己的方式表达情感。尽管形式不拘，但是感情无比真挚。这些悼念者表达了公民们对于法国作家的独特文化重要性的认识。（居伊·勒·盖勒克摄，感谢玛格南图片社供图）

1985年7月，萨特墓地即景。墓地虽然宁静，但墓前供奉的鲜艳的天竺葵证明人民并没有忘记萨特。（普利西拉·克拉克摄）

了深刻的印象，因为它既承认变化，又肯定传统。如果说雨果的遗体瞻仰仪式象征了共和国的胜利，因为它粉饰了原本因为德雷福斯案件而四
192 分五裂的共和国共识；那么萨特的葬礼则标志着一种意识形态的胜利。1978年的选举中，法国社会党—共产党联盟曾一度缺乏凝聚力，但通过萨特葬礼这场激动人心的仪式，左翼政党空前团结，这也预示着一年多后（或许从事后看是这样）弗朗索瓦·密特朗将以巨大优势获得总统选举的胜利。萨特本人也许会是第一个站起来指出这种联盟虚幻本质的人。如果说雨果一向平静地认同第三共和国，那么萨特则一向自认为扮演着挑战一切体制权威的牛虻和反对者的角色。他毫不动摇的忠诚信仰，却也常常因为对权力的不信任和对影响力（特别是他自己的影响力）根深蒂固的悲观主义而被冲淡。

尽管萨特本人经常热血沸腾地攻击法国文学文化，但以上这些冲突

的力量却使得萨特的葬礼成了法国文学文化的盛大庆典。每个评论者 194
都承认萨特的地位，承认他在习惯将公共作家转变为知识分子典范的法国文学文化中所扮演的至关重要的角色。蒙巴纳斯胜过了先贤祠。成千上万参加葬礼的人们护送他的棺木来到蒙巴纳斯公墓，这既证明了这位作家—知识分子的重要性，也证明了孕育了这位模范的文学文化的重要性。萨特在《文字生涯》中曾描绘过曾侄孙们阅读他的历史的场景，认为他们才是他的真正读者，而他们当中也可能诞生未来的公共作家。而萨特的葬礼，正是面向这样的人群的仪式。

因此，尽管葬礼规格并非国葬，萨特也没有进入先贤祠（他一定会痛恨这个！），但他确实得到了相当于此的敬意，成为了公认的贤人。法兰西再一次向在世界面前保持了法兰西精神力量的知识分子脱帽致敬。在葬礼仪式中，法国热情洋溢地接受了曾经被萨特断然拒绝过的诺贝尔奖和其他奖项荣誉。各大报纸纷纷用通栏标题头条报道了萨特葬礼，紧接着又是如雪片一样的社论和作家生平作品介绍。不论政界还是文学界都发表了对作家的评论：作家萨特、思想家萨特、斗士萨特、哲学家萨特，以及其他种种角色的萨特。左翼的赞歌如期而至，而右翼也不甘人后，几乎与左翼旗鼓相当：从保守大本营法兰西学术院、教会，到总理，甚至共和国总统都对萨特大加褒扬。[1]

当我们审视这一轰轰烈烈的场景时，我们必将面对法国文学文化的悖论之处，以及它在公共、私人文学观念之间所制造的紧张关系。关于政治和文学之间的关系，萨特的看法与有些人截然不同，后者往往小心翼翼地规避斗士与思想家的一面，以便更好地、更心安理得地赞美作家。萨特之所以广受称颂是因为他的作品不仅超越了意识形态，甚至也超越
了作家本人。并在此过程中，萨特这个如此坚持艺术集体本质的作家， 195
这个在《文字生涯》结尾宣称自己具有任何人的价值，也不比任何人高明的作家，转变成了一个孤独的创造者，一个当代无人能及的浪漫主义天才。尽管萨特已经无法为自己申辩，但他确实已经变成了他一直想要

1 Claudine Garcia, “Un écrivain à la une: Etude des articles de presse parus à la mort de Sartre”, *Pratiques*, special issue on “L’Ecrivain aujourd’ hui” no. 27 (1980): 41—60.

压制的那种私人作家。

但同时，即便是对同一批评论家来说，萨特就像伏尔泰和雨果，是国家的骄傲。美国历史因其区域性、派别性的原因，从没有产生过一个能与上述几位比肩的、代表国家良心的知识分子或文学形象。罗伯特·洛威尔与萨特有几分相似，因为他也强调文学与道德的融合。洛威尔对越南战争的抗议甚至比萨特早年对阿尔及利亚战争的抗议更激烈，与个人生活和作品的结合也更紧密。但是1977年洛威尔在美国逝世充其量也只是一条文坛新闻，卡特总统并没有特意评论或称颂。失去洛威尔，美国文学只是失去了一名伟大的作家；而失去萨特，法国却失去了法兰西知识分子精神的象征。如果一定要在美国历史上找到类似的场景，人们只能转向政治人物（例如最近几十年中的约翰和罗伯特·肯尼迪兄弟，马丁·路德·金等），而这几个例子中，他们每个人的政治重要性、英年早逝的共性，以及不幸死于非命的命运都让人不得不为他们扼腕。

变化在不知不觉中发生。萨特在20世纪30年代进入文坛，他离去时的文坛面貌已经发生了巨大改变，而最明显的变化与其说影响了体制不如说影响了普通人。今天，法国文学文化领军人物的地位不再由文学家独享。文坛如今已经受到法国人所谓“人文科学”（包括任何对社会、智识生活有或多或少系统研究的学科）的大举入侵。20世纪末法国文学文化的催化剂（那些挑起争论、引发争议、提出问题的作家
196 们）往往不是诗人、小说家或是文学家，而是历史学家、人类学家、哲学家或符号学家。最近几年，米歇尔·福柯、克洛德·列维—斯特劳斯、路易·阿尔都塞、罗兰·巴特、雷蒙·阿隆等纷纷走到聚光灯下，不过他们并不是要取代萨特，而是要重新定义萨特曾涉足的文化背景。这些学者的集体进场以及他们进场将会带来的改变远比他们本身来得重要，毕竟阿尔都塞本人并不活跃，巴特1980年早些时候去世，福柯1984年去世，而列维—斯特劳斯1983年就结束了在法兰西公学院的最后一堂课。

萨特的逝世使法国失去了一位思想大师。他离去后所留下的空白

不是由个人而是由机构，即高校，来填补。[1]诚然，大学绝不是法国精神生活中的新元素。自从19世纪末“新索邦”把重点放在研究上后，法国的大学就成了知识活动的专门场所。然而，和今天的大学相比，20世纪初的大学与公共精神文化生活之间相距甚远。文学评论家阿尔伯特·蒂博代在20世纪30年代时曾不无玩笑地写道，他在右岸的作家朋友和他在左岸的教授同事迫使他过着一种“双重”生活。[2]这句话虽是夸张，但我们必须理解蒂博代所提到的沟通不畅的状况，这样才能明白萨特把学者带进文学界的开创性意义。萨特一直尽可能与国家体制保持距离。他长期在高中教书，直到写作收入能支持他辞职后的生活为止。而今天的公共作家则更多选择进入大学体系，他们把大学当成了进入公共文化生活并接近普罗大众的跳板。

文化权威所在场所的变化也削弱了文学家的影响力，因为文学家往往是从个人生活经验出发，而不是作为用理性化方法来研究经验的研究员来发言。萨特的名声来自他的文学作品，而20世纪80年代的文化名 197
人们靠的则是博学智慧，其权威性来自他们的研究，这些研究后来都进入了大众文化话语。这些作家—智者们尽管也极其注意风格和形式，但他们几乎都没有特别的文学主张。我们当然可以说列维—斯特劳斯的巨著《忧郁的热带》中提到了卢梭和夏多布里昂，也可以说罗兰·巴特的一系列文章中（以及传说中他在去世前打算动笔写的小说里）有一些文学内容。但是这些作家并未依靠上述作品来开启文学生涯或者建立文学名声。恰恰相反，他们对某种独特的知识模式进行了思考，而正是这种专门的思辨方法成就了他们的文化权威性。

当学者教授们逐渐占据舞台中央，文学家们则逐渐退居后台。不管

1　1981年4月的《阅读》杂志刊登了一则向法国书报和出版界五百位名人所做的调查，该调查显示，在十大“最具影响力的法国作家”中，只有四位来自文学界，引自Roger Shattuck，“Letter from Paris—Where Writing Outranks Politics”，*The New York Times Book Review*，10 May 1981，p. 7；Hervé Hamon and Patrick Rotman，*Les Intellocrates: Expédition en haute intelligentsia*（Paris：Ramsey，1981），p. 52。

2　Albert Thibaudet，*La République des professeurs*（Paris：Grasset，1937），p. 229，chap. 13，“Ecrivains et professeurs”，pp. 229—235.

是主动还是被动，近些年来最著名的文学家如米歇尔·图尼埃、勒·克莱齐奥、玛格丽特·尤瑟纳尔、玛格丽特·杜拉斯、西蒙娜·德·波伏娃、克劳德·西蒙、亨利·米修、娜塔莉·萨洛特、米歇尔·布托、阿兰·罗伯—格里耶、菲利普·索莱尔斯等都没能获得公共作家所具有的超群的文化权威性。这一长串名单绝非以偏概全，而是包含了各种各样的作家，但是它也表明，这些作家中没有一人能完整体现法国文学文化，也没有人试图这么去做。法兰西学术院院士的头衔既无法让玛格丽特·尤瑟纳尔离开美国，也无法让利奥波德·塞达尔·桑戈尔离开塞内加尔。米歇尔·图尼埃尽管既是龚古尔学会委员，又是巴黎文坛的重要成员，但他基本在乡间过着隐居生活。而其他作家的文学观首先排除了他们成为公共作家的可能性，他们深奥的作品就像科学论文一样需要研读翻译。这类作家既是文学、文化劳动专门化的受害者，同时也是受益者，他们完全回避了公共作家所必需的交流沟通，而这恰恰是今天的法国文学文化明星，即大学，所成功培养的一种技能。

199 在过去二三十年里，结构主义和后结构主义思维模式扮演了重要角色，它们愈发削弱了想要探讨更大文化、社会问题的决心。尽管每个分支的知识分子（如哲学家、人类学家、心理学家、符号学家、文学批评家等）之间存在巨大分歧，但是他们都不接受所谓作家是天才的想法。事实上，一百年前被浪漫主义捧上天的作家，已经被结构主义拉到地下。结构的统治，不论是语言学、文学还是智力、社会等，都使个人弱化成了结构中的一份子，使研究对象从有知觉的主体变成了冷冰冰的关系。哲学家研究的是系统性的关系而非单个主体；人类学家研究的是亲缘关系而非家庭成员；文学批评家研究的是文本的形式结构而非作品的创作者。文学本身不再是由独一无二、具有天赋的人创作出来的独特产物，而变成了文本中包含多种符码的产品，可供作者和读者共同解读。结构主义诗学更重视复杂的、极其深奥的文本解码或解构，而非文本的建构；重视阐释者而非原作者。后结构主义虽然批评结构主义僵化的形式主义，却更加恶化了这个问题。阐释策略否定了对个人行动的信任，破坏了对个体行动者的信心，从而导致公共作家能量的丧失。而1968年的五月风暴的兴奋浪潮过去后，随之而来的幻灭感也蚕食了原本希望为人类、为法国立法的知识分子的信念。这种“去意识形态化”浪潮所导致的信念丧失，对公共作家原本应该采取的立场造成了严重影响。自然，也就没人能够取代萨特了。没有一种态度、一场运动、一个流派，在文学、文化讨论上能和20世纪50年代、60年代以及70年代早期的新小说、新批评相提并论。

二

> 相比古典神话，现代神话更加不为人所理解，即使我们已被神话所吞噬。在每一处地方神话都压迫着我们，它们服务一切，解释一切。
>
> ——巴尔扎克，《老姑娘》

如果萨特没有嫡系传人，如果当代思潮和文学实践都不鼓励文学家独霸道德和精神领袖地位，如果今天的公共作家主要来自于大学里的历史学家、哲学家，而非小说家、诗人，那么当初以萨特为杰出代表的文学文化现在又如何？法国社会近些年来似乎已经经历了巨大改变，尽管其表面仍具有一定欺骗性。关注过去三十多年变化的观察家们纷纷感叹，原本传统的法国人已经抛弃了他们久负盛名的行事和生存方式。从朋克摇滚到超市，从野营大军到地中海俱乐部以及迪士尼乐园，从参加弥撒仪式人数的减少到被摩天大楼打破的巴黎风景——不管朝哪里看，人们都会发现，即使和几十年前相比，法国也已经完全不同了。法国社会明显“放松”了其传统社会和经济结构，以及这些结构所仰赖的思想状态。当然，我们也必须看到法国社会的现代化和20世纪50、60年代经济腾飞所带来的前所未有的繁荣。法国人之所以舍弃传统，部分原因正是经济的驱动。

由于法国社会呈现出了不同面貌，出版界自然也随之改变。文学市场的节奏在过去二十五年里显著加快，这明显影响了书籍的生产、推广

200 方式，以及通过出版商、批评家把作家和读者联系起来的流通方式。正如美国一样，出版社也在法国出现了，这所导致的资本集中催生了名副其实的书籍、杂志帝国，以及一系列相关企业。同时，新的、小型的、通常是专门性的出版社也出现了，它们不仅提高了出版书籍的数量，也增加了其种类。尽管关于法国出版业“美国化”的议论、关于畅销书和折扣的抱怨一直沸沸扬扬，但是法国的出版业就和其他地方的一样，曾长期是家庭手工业，后来虽然在关键方面进行了现代化，却仍然固执地与极具个性的语言工匠们保持紧密联系——这里指的不仅仅是作家，而且还经常有出版商、编辑、代理商、经销商等。[1]

在任何情况下，社会或经济变化并不会立即导致文化变化。新的书籍出版和营销手段只会非常缓慢地改变与书籍的基本关系或文学文化

Le Comité des amis de Georges Dumézil vous remercie vivement pour la part que vous avez bien voulu prendre à la souscription ouverte pour lui offrir son épée d'Académicien.

Cette épée lui sera remise au cours d'une réunion à laquelle nous sommes heureux de vous inviter et qui aura lieu

le mercredi 16 mai 1979 à 17 h 30
aux Editions Gallimard 17, rue de l'Université

乔治·杜梅齐尔的院士授剑仪式邀请函。这封邀请函描绘了法国文学化中的一种仪式，在这种仪式里出版商常常会行使过去艺术赞助人的功能。出版商克劳德·伽利玛所组织的“荣誉委员会”邀请同事和朋友前来出席。该仪式在伽利玛出版社办公室举行，这将原先的个人荣誉场合（此处指的是杜梅齐尔教授当
201 选法兰西学术院院士）转变成了他所处的圈子为他举行文化庆贺的场合。

1　关于美国出版业，参见Lewis Coser，Charles Kadushin，and Walter Powell，*Books: The Commerce and Culture of Publishing*（New York：Basic Books，1982）。

中的一些关联。社会上的变化绝不会简单地传递到文化中；相反，它们一定会首先成为文化术语。过去，文化往往和特定体制机构绑定；而现在，它又往往依靠其他那些，文化既与这些社会结构一道发展，又同时在挑战它们。任何一种文化，只要它的惯常思维、观察和行动模式能调节灾难性社会力量，它就绝不欢迎任何变化。文化将过去融入现在，因此是对抗新生事物的重要力量。所谓“文化滞后”（cultural lag）的概念认为文化总是慢一步，总是落后于社会结构，但正是这种“滞后”见证了文化的抵抗力量，也见证了文化所代表的延续性。

法国文学文化就代表了这种由于文化和社会不一致所导致的复杂关系模式。旧制度的文化比社会结构存活得更久，前者曾从后者那里获得支持，还为19世纪崛起的新社会提供了对比性反例，甚至是反文化。对专制王权统治下贵族生活的回忆，在革命后充满不安气氛的资产阶级社会中塑造了热望、抱负，同时也促使作家把自己看成是现代的贵族。在19世纪新旧制度交锋中诞生的文学文化，挺过了20世纪严重的社会、经济、政治混乱。这种文化仍附属于19世纪及其社会结构，它证明了在面临天翻地覆般社会、经济变化时，文化仍然可以延续。

这种生存方式保证了法国文学文化不会因为萨特的去世而消失，正如它一个世纪前不会因雨果的去世而消失。今天和1885年一样，一方
面，太多东西纹丝不动地停留在文学传统中，另一方面，文学体制也没有 202
太大改变。在一定时间内，我们可以放心地预测，几何学精神和集体精神会让法国文学文化与众不同。今天的法国文学文化更开放，不再那么“拜占庭”式错综复杂，如果巴尔扎克、雨果、伏尔泰生活在今天也会觉得十分舒适惬意。[1]尽管今天的法国社会存在种种混乱，但是传统仍然渗透了社会的方方面面，而且绝非无足轻重的方面。

虽然近些年法国教育界采取了激进的改革措施，但是和美国体系比起来却仍称不上“开放”。法国高中毕业会考学位要取得和美国高中毕业文凭一样的地位显然还有很长的路要走。在高等教育方面也有类似

1　Julien Benda，*La France byzantine: Essai d'une psychologie originelle du littérateur*（Paris: Gallimard，1945）.

的结构，法国高等教育比美国更精英化。[1]法国没有美国那样种类繁多的教育机构，而美国也没有法国精英大学（Grandes Ecoles）这样选拔制度严苛、竞争力极强的教育系统。一个有全国性考试，并且考试成功率不高的教育体制一定会给学生灌输等级思想，而在那些成功考生的心里也一定会有明显的成功意识。大学本身无疑是经历了改变的，但比起人们对引起巨大争论的1968年及后来的教育改革的期望来说肯定要小得多。只要经济大权还掌握在教育部手中，法国的大学总体上来说就和法国整个教育体制一样，从属于人们熟悉的中央集权模式。

类似的紧张关系还反映在语言方面。教育部在外界压力下，接受了布勒塔尼语和普罗旺斯语成为高中毕业会考中的外语。几年前，教育部又在仔细考察和担忧中接受了完全用布勒塔尼语答题的高中毕业会考考卷。随后，1985年文化部撤销了由国民公会于1794年设定的语言政策，并建立了法国地区性语言和文化国家委员会。但是法兰西学术院仍
203 在严厉指责不正确使用法语的单位和个人，而于1967年由乔治·蓬皮杜成立的法语高级委员会则在孜孜不倦地“推广”法语，正如格雷古瓦神父所期盼的那样。

如果20世纪的文化政策强调了文化的传播，甚至文化的“民主化”，那么弗朗索瓦·密特朗的社会主义政府在支持文化活动时就像路易十四的大臣们一样大张旗鼓。[2]和一个世纪前一样，今天的文学奖项四处

1 1970年，法国19%的十九岁年轻人和16.2%的二十岁年轻人被高等教育院校录取；而美国的这两个比例分别是40.9%和35.4%，参见*Educational Statistics Yearbook*（Paris: Organization for Economic cooperation and Development, 1974），p. 30。换句话说，在法国，每十万名居民中高等院校学生数是1581（1970）和2090（1981），而在美国这两个数据是4148（1970）和5492（1981）。两国增长系数均为1.3，参见“Education at the Third Level”，*UNESCO Statistical Yearbook*（1984）。

2 参见Pascal Ory，*L'entre-deux-mai: Histoire culturelle de la France, mai 1968—mai 1981*（Paris: Le Seuil, 1983），esp. pp. 63—78；Pierre Cabanne，*Le Pouvoir culturel sous la Ve République*（Paris: Olivier Orban, 1981）；Pascal Ory，“La Politique du Ministère Jack Lang: Un Premier Bilan”，*The French Review* 58, no. 1（October 1984）：77—83；关于书籍和作家方面，参见Jean Gattegno，“Bilan d'une action: La Politique de la Direction du Livre”，in *Problèmes de la lecture*, ed. Roger Chartier（Marseille: Rivages, 1985），pp. 207—215。有些文化项目，如巴士底歌剧院，由贝聿铭重新设计的卢浮宫新入口等都招来了对密特朗“路易十四式”情结的批评。

开花，既有14世纪时诞生的图卢兹百花诗赛学院奖项，也有每年都出现的新奖项。确实，市场面临着愈发明显的商业压力，这使得人们愈发关注各个奖项。一方面，各种书籍数量的大幅增长引发了激烈竞争，另一方面这也使得对书籍的选择更加必要也更加困难。由此，奖项可以帮助读者进行选择，因为它们为读者提供了一种高效的，结合了现代商业广告以及颁奖评委的文化权威性的批评。只有广告则无法建立文化权威，而只有文化权威则无法推动销售，这两者结合在一起却能创造无敌的力量。龚古尔文学奖比其他任何奖项都能提高书的销量，不仅仅因为它的推广力度最大、最能吸引批评家的注意力，更因为它代表了传统的权威性。而这种权威性又反过来促进了出版商对某本作品的投资力度以及媒体对这本作品的宣传力度，从而推动读者对该作品的反馈热情，于是形成了良性循环。

同样地，流行文学也实际上加强了保守体制和态度。在合法化这个经典例子中，新文学作品需要得到认可，而体制则需要消化、拉拢新文学。体制要想存活就必须改变，而它也确实在改变，即使是法兰西学术院，法国文学生活中最受尊重的传统象征（如勒南所说，“有用偏见的守卫者”），也在改变。也许法兰西学术院曾经如一位管理人员在一次谈
话中两次提到的，“永不改变”。它确实没有与时俱进，尽管也尽了全力。 204
法兰西学术院的名望建立在它对传统的忠诚上，但是这种忠诚反过来也让学院重新将当代文学文化定义为经典。随着奥克塔夫·弗耶当选院士，这所文学、政治的保守大本营在19世纪中叶终于接受了小说这种体裁；而雷内·克莱尔当选院士也标志电影得到了认可。更近的例子还有：阿兰·德科这位经常出现在电视上的历史学家当选院士（1979）标志着电视得到了承认；玛格丽特·尤瑟纳尔当选院士（1980）标志着女性的创作才能受到肯定；而来自塞内加尔的利奥波德·塞达尔·桑戈尔当选院士（1983）则标志着法语文学（francophone literature）获得殊荣。这些院士人选也许并不重要。也许，排除出版商的看法，这些当选者对文学体制几乎没有任何影响。然而就像一年前萨特的葬礼一样，尤瑟纳尔当选法兰西学术院院士的盛大场面（作为学院保护人的共和国总统也

图为克洛德·列维—斯特劳斯身着法兰西学术院正式礼服，该服装自1801年设计出炉后再未改变。传统上，当选院士会从朋友、同事那里接受作为礼物的佩剑，但必须承担服装费用，其中包括刺绣精美的绿色礼服、羽毛帽和斗篷——1978年时总价约为三万五千法郎（约合八千美元）。人类学家列维—斯特劳斯一生致力于分析研究异国神话和仪式，同时也对自己所参与的法国仪式、法国传统的精髓进行了思考。（感谢法国大使馆新闻与信息分部供图）

正式出席了该仪式）也是法国文学文化通过认可改变来坚持传统的仪式性典礼之一。从某种角度来说，每位正式被法兰西学术院接受的院士都起了同样作用。

在其他领域，现代和传统也都相互弥补，而非相互对立。不管人们对法国电视节目有什么样的意见，它显然一方面利用了法国文学文化，另一方面又消弭了其传统。法国的大众传媒对待文学的方式，正如法国文学文化从一开始就对文学下的定义：它是公众事件。电视台对玛格丽特·尤瑟纳尔当选院士的大范围宣传播报并没有从根本上改变该场合的意义。大众传媒放大了文化态度，但它们自己却无法设计文化态度。法国电视台加强了文学、文化机构从17世纪起就出现的集中化趋势。“媒体名人”自从纸媒开始积极争取更大、更多样化的观众群体后就被奉为神圣，萨特曾在《什么是文学？》中猛烈批判了旧习难改的媒体贩卖 206
兜售作家的行径，而这发生在电视成为重要力量的几十年之前。

电视节目通常就地取材。著名电视读书节目“阿波斯托夫”在1985年庆祝了开播十周年暨第五百期节目播出，它之所以长盛不衰，很大程度上是因为名人、狂热以及主持人贝尔纳·皮沃始终如一的风格。但是“阿波斯托夫”本身并没有因为名人效应而成为一种文学体制。皮沃的杰作是把沙龙变成典型的大众媒体，以此来结合精英与大众。这个沙龙既是专门的，因为作家收到邀请才能上镜，又是开放的，因为我们每个人都能受邀观看。我们之所以接受邀请是因为通过观看皮沃和嘉宾们的交流，我们能更直接地参与法国文学文化的仪式和典礼。皮沃半开玩笑半认真地说自己的成功不过是因为“法国人喜欢聊得天花乱坠”[1]，但这只是故事的一面而已。法国人从某种程度上来说确实喜欢聊得天花乱坠。而我们这些“阿波斯托夫”的忠实观众，不仅每个周五晚上都准时打开电视收看节目，还看重播，还为法语课订购节目录像带，从中我们反复体会着节目表现出的社交性、争论性、对谈话的热爱，文学与政治和艺术，甚至与科学和学术的混合。简言之，我们体会着法国文学文化的盛景。

---

1 “Le français est bavard”（1980年5月28日的采访）。

传统向创新妥协，而两者都得到了增强。图为1981年1月，共和国总统瓦雷里·吉斯卡尔·德斯坦在玛格丽特·尤瑟纳尔当选法兰西学术院院士典礼上向其致意。为避免第一位女院士因身着臃肿的院士礼服而显得笨拙，圣洛朗为尤瑟纳尔女士设计了整套服装。新当选的女院士没有像传统那样接受佩剑（候选人本人曾强调自己更中意雨伞），而是接受了一枚哈德良时代的古钱币，以纪念其最负盛名的小说《哈德良回忆录》。（感谢法国大使馆新闻与信息分部供图）

在这种情况下，1984年米歇尔·福柯的突然离世必然会成为举国瞩目的大事，虽然比不上四年前萨特去世那么轰动。终其一生，福柯始终是一位专业知识分子，为和此地位相匹配，送葬过程中并没有举行任何纪念游行，而其葬礼也在乡间以私人形式举行。但是，电视和报纸对该事件进行了广泛报道。就像萨特身后的评论者一样，给福柯写悼词的人们也不约而同地提到了他生活与作品之间的紧密关联以及他独特的风格。评论界众口一词地把福柯奉为另一位模范法国知识分子，法国文学文化的光辉代表。 208

就这样，20世纪80年代的法国宣誓向一种建立在文字上的文明效忠，在这种文明里，文学既引人注目又赐予人无上荣耀。而美国再次成了令人印象深刻的对立面，美国的文化权威无论从地理上还是从体制上来说都是分散的。作为法国文学文化“明星体制”和大学地位重要性的绝佳范例，文学理论家茱莉娅·克里斯蒂娃惊奇地发现，美国文化非常“随意”，非常分散，完全没有等级特点：“在这个多元的、种族的、历史的、意识形态的空间中，不存在基于所谓神圣的文字之上的权威……因为美国文明不是文字的文明；它是声音、举止、颜色、数字的文明。”[1]美国文化呈现出的复杂性，比克里斯蒂娃对爵士乐和工程学的痴迷所反映的要深厚得多；但要论恰当程度的话，其并不如我们（通过突然面对完全不同的现实景象）直接看到的国家和文化。

今天，象征了这种文化，它对传统和现代的兼收并蓄，以及它对文学和更大层面上社会问题的整合的，正是弗朗索瓦·密特朗。密特朗于1981年当选总统，他是自1936年莱昂·布鲁姆之后第一位成为法国首脑的社会主义者；同时，正如1936年一样，密特朗的当选也包含了巨大的改变意味，因为法国在戴高乐主义和新戴高乐主义保守政府治理下已经度过了二十多年。但是密特朗和布鲁姆之间的关系远超政治信念，更涉及了对文学及其传统的热忱。布鲁姆是活跃的文学家，但是即便密特朗的政敌也不得不承认，写了十二本书（其中一本还是在总统任期内写

1　Julia Kristeva,“Des campus plains d’étoiles”, *Le Nouvel Observateur*, 1 January 1978.

就）的密特朗是“天生的作家”。密特朗是一位政治家，然而哪怕是他最不起眼的言辞也带有博览群书的印记；他也是社会主义者，但他对文学的涉猎显然远超社会主义理论；对他来说，文学一直都是“至高无上的
209 天堂”。因此当他宣布竞选总统时，一位文学界著名人士相信，如果密特朗愿意辞去社会党第一书记之职，他一定是法兰西学术院院士的有力竞争者。而一位密特朗的朋友向《巴黎竞赛画报》保证，如果密特朗没有赢得1981年的总统选举，那他一定会放弃政治转而投身写作。[1]因此，密特朗在拍摄官方总统肖像时选择了一位以作家肖像出名的摄影师就毫不奇怪了；在他的这幅肖像中，密特朗不但端坐在图书室中（戴高乐和蓬皮杜的肖像也是在图书室中拍摄的），而且手捧一本打开的书。[2]作为读者出现的总统确保了整个国家在文字和文学中延续，而这种文学超越了党派政治和知识分子的纠葛。如果说这种荣誉具有神话意味，那这是一种对法国文学文化，甚至对法国、对法国文化来说都必不可缺的神话。这就是巴尔扎克所说的到处可见的现代神话的一个例子，相比于古典神话，现代神话更加具有压迫性却更不为人所理解。[3]法国文学文化所传达的这种神话远远超出作者和他们的作品的意义，从而塑造了读者们的期望、作家们的雄心，以及其他人的信念。

三

那么更大层面上的文化又如何？在我们所认同的法兰西文化中，这种独特的文化位属何方？为了回答第一章所提出的问题，身处20世纪末的我们最应该问的是，所谓的民族文化是否真正存在？相信民族文化并

---

1 *Paris Match*, 8 May 1981, p. 32. 而上文“至高无上的天堂”一语则出自《文学新闻》（*Les Nouvelle littéraire*）上的采访（Bertrand Poirot-Delpeche,“Un écrivain-né”, *Le Monde*, 12 May 1981, pp. 1, 6）。

2 Nicolas Brasart,“Etamaton: Le Portrait official de Jean Le Bon à Mitterand”, *Feuilles* no. 4 (Spring 1983): 40—57.

3 Honoré de Balzac, *La Vieille Fille*, *La Comédie humaine*, 12 vols. (Paris: Gallimard-Pléiade, 1976—1981), 4: 935.

官方肖像暗示弗朗索瓦·密特朗就像阅读一本熟悉的书一样对法国了如指掌。这其中显而易见的与法国文学文化的关联保证了这个国家的延续性和未来。该摄影师尤其因拍摄作家肖像而出名，在给密特朗拍摄了官方肖像后她获得了荣誉军团勋章。（摄影师吉塞勒·弗洛因德，感谢法国大使馆新闻与信息分部供图）

不存在的人认为，大众文化已经通过面向最普通民众的媒体吞噬了其他所有文化。而其他人则说，法国人与人之间的相似性正在下降，因为少数族裔的出现打破了过去的民族共识。这两种看法都否认独特的法兰
210 西文化的存在，而在笔者看来，两者都错了。更多地考虑当下和未来的法国文学文化，会有助于解答这个疑问。

民族文化虽然很难分析，但是它绝非简单地由一堆组成部分拼接而来。在这些组成部分中，有一些对民族身份建构更重要，在我们这个例子里指的是社会中可识别的、具有一定自主性的文化。在法国，文学文化即是其中一例。法国文学文化是正当的、经久不衰的、受到广大具有悠久历史的正式及非正式机构支持的文化，在几乎所有的法国国家定义中都有一席之地。由于该文化受到体制支持，特别是它与政府、教育等核心社会功能之间的紧密联系，它更靠近法国社会的中心地位，而不是靠近现代世界中人们通常认为的文学和艺术所属的边缘领域。这些联系使得文学文化在整个法国社会中会保持其“试金石”的地位。

当然，在法国社会中也有其他试金石、其他传统和文化，它们在民族文化、民族情感的决定因素中也占据重要位置。例如，我们应该正视法国美食，这绝不是开玩笑。几乎所有人都会承认，美食曾经并且至今仍在法国文化中扮演至关重要的角色，美食在法国国内外形象中占有一席之地。和文学同样重要的因素不仅数目繁多而且令人瞩目。法国美食也在旧制度时期继承下来的传统的基础上发展出了一整套文化；美食在历史巨变时刻也展现了延续性；此外，也有许多专门机构支撑了法国美食的价值与规范，并且，简单来说，意识形态也支撑了法国美食文化。这种美食文化体现了部分与整体、特定文化与整体社会之间的交流。美食同时也体现了在民主社会中实践精英做法会带来的各种矛盾。

美食文化在法国的发展遵循着一条熟悉的轨迹。和文学文化一样，
212 它所围绕的是曾经与贵族紧密相连，后来被迫适应资产阶级社会，及至最终适应开放市场不确定性的一样产品。在旧制度时期，上等美食是在为宫廷提供服务的过程中发展而来的。大革命时期，御用厨师们被推向街头，因为失业他们不得不开餐馆为生，由此就把贵族饮食带进了公众

领域。19世纪时法国出现了新的烹调方法，新的食客群体，新的从业人员，以及大量新的点评家，主要是记者和评论人员。美食机构数量也大幅增加，进而将新的功能、角色和意识形态合法化。[1]

尽管饱受争议，但是围绕着这些美食机构建立起来的复杂文化即便在今天的法国仍然非常重要。“快餐”所针对的饮食情感既不是资产阶级高端美食的前身，即贵族饮食，也不是当代大厨们发挥想象力所做出的新式美食。即便自助餐、麦当劳、超市等新事物不断出现，20世纪80年代的法国还是深受美食传统，以及美食中艺术和知识成分的影响。这些历史悠久的传统受到各种机构的保护以支持美食文化，虽然这些传统对法国文化的作用更大。因此1985年文化部长建立国立学院和国家厨艺中心确实是非常合适的。[2]简言之，在法国，美食仍然非常重要。

文学也同样非常重要。法国文学文化显示出相似的变化、延续模式，并呈现出与法国整体文化共生的状态。在这些平行或相似的关系背后实际是民主社会中精英做法所面临的共同困境。“严肃”文学就像高端美食一样，是由精英执掌并为精英服务的（尽管并不一定是同样的人），两者所面临的竞争既来自其他精英亚文化，又来自受到大众媒体侵蚀的民主社会所天然带有的抹平趋势。尽管这些文化极其脆弱，却不但 213
生存下来还开花结果了。这是为什么？

其中一个原因是这些文化中明显的民族性，这些具有悠久历史的传统被定义为法兰西精髓，这是如今任何现象都无法比拟的。这一部分是因为被许多人所诟病的大众媒体“美国化”，即大众媒体所导致的均一化；另一部分是因为全球经济相互依赖程度的提高，这导致了我在第一章里所提到的法国和其他先进工业社会的书籍生产具有高度相似性。

1　这部分讨论参见Priscilla Parkhurst Clark，“Thoughts for Food I: French Cuisine in French Culture”; “Thoughts for Food II: Culinary Culture in Contemporary France”, *The French Review* 49, nos. 1—2（October—December 1975）: 32—41, 198—205。也参见Jean-Paul Aron, *Essai sur la sensibilité alimentaire à Paris au XIXe siècle*（Paris: A. Colin, 1967）; *Le Mangeur du XIXe siècle*（Paris: Laffont, 1973）。

2　参见Jean Ferniot，“Rapport aux ministers（de la Culture, de l'Agriculture）sur la promotion des arts culinaires”, April 1985。

在较古老的国家里传统往往比较重要，这是因为它们与某个民族、某段历史有一定关联。当国家不再拥有表面的经济独立性，当超国家力量违背政治自主性，这些传统就会增强某种文化身份。

文化传统对民族身份的失落形成抵抗，这也解释了为何某些文化会被整个国家，包括没有直接参与这些文化的人，认为是无可争议的国家成就。法国人中，即使自己从来不接触高端美食，或从来没有读过萨特、雨果或伏尔泰，也一样尊重美食和文学。我们并不需要上三星级餐厅才能体会到法国美食文化，同样也不需要读完萨特、加缪、莫里亚克、纪德或克洛德·西蒙的作品才能为他们的诺贝尔奖感到骄傲。不管是对法兰西学术院知之甚少的普通人，还是对其大加鞭挞的批评家，都认同这所世俗机构毫无疑问具有法兰西特质，这也是为何今日文学与美食一样在法国仍然具有重大影响。

总体上，法国社会中的这些文化呈现出繁荣景象，因为它们属于代
表法国元素的一部分。它们既指向整体，随后又包含整体。面对不断碎
片化的现代社会，面对碎片化所象征和预示的混乱，法国文学文化形成
214 了一种抵抗力量。在我们生活的这个复杂世界里，绝大部分人在绝大部
分时间里会运用提喻法，即用部分代替整体，因为相对于认同一个遥远、
抽象又不易理解的社会而言，人们用这种方法更容易找到并认同某种特
定文化。我们所经历的种种文化关注，帮助我们建立起文化和国家的意
义——也是我们自己的意义。如此，在协调自我与社会的过程中，这些
215 文化塑造了社会中的自我意识。而这，也正是文化的全部意义所在。

附录一　文化指标

年度出版书名（1973）。根据《联合国统计年鉴》，法国每十万居民出版52.2种书名（包括宣传册）；美国每十万居民出版39.7种。在收录的81个国家中，每十万居民出版书名数量从0.9到超过100不等，并且超过一半国家（51个）每十万居民出版书名数量不到20种。而在所有出版的书名中，"文学"类型书籍在法国占26.2%，在美国占22.3%。

书籍销量（1970）。在法国，书籍销量占GNP总量的0.24%；美国则是0.28%。

阅读。阅读调查基本不可靠。在最全面的阅读习惯比较研究中，每天平均阅读七分钟的法国人与每天平均阅读五分钟的美国人没什么差别（Alexander Szalai，ed.，*The Use of Time*，The Hague：Mouton，1972，p. 580）。

对作家的支持。美国的人口大约是法国的四倍，而美国对作家提供的直接补贴也大约是法国的四倍。参见笔者的文章"Deux types de subventions：L'Assistance aux écrivains en France et aux Etats-Unis"，*Bibliographie de la France* 24（June 1976）：1232—1242；以及"Styles of Subsidy：Support for Writers in France and the United States"，*French Review* 50（March 1977）：543—549。在直接补贴中，法国政府资金占70%，而美国联邦政府资金占20%。

根据1976年英国艺术委员会的报告，英国向作家提供的直接资金援助与法国、美国成人口等比，也参见*Writer's and Artist's yearbook*（London: A. & C. Black，1978），pp. 278—293（1英镑=2美元）。参见William Baumol and William Bowen，*The Performing Arts—the Economic*
217 *Dilemma*（New York: Twentieth Century Fund，1966），该研究表示，在表演艺术上，法国和英国人均花费0.14美元。也参见*The Promotion of the Arts in Britain*（London: Central Office of Information，1975）。

声誉。如果参照100分制打分，"先锋小说作者"在法国获得55.7分，而在美国"作者"得分57. 0，在比利时64. 6，在波兰66. 0，在以色列70.6，在意大利71.0。尽管对职业声誉打分表有很多争议，但它大致还是能反映每个国家的情况。参见Priscilla P. Clark and T. N. Clark，"Stratification and Culture: The Position and Roles of Intellectual and Other Elites in France and the United States"，mimeograph，1974。国际打分参见Donald J. Treiman，*Occupational Prestige in Comparative Perspective*（New York: Academic Press，1977）。

书籍出版。与法国政府和经济集中化一样，书籍出版在巴黎也高度集中，比美国的书籍出版在纽约的情况更甚。1971年年销售额超过两万美元的371家法国出版社中，321家（81%）位于巴黎。1514家出版社里有1124家（74.2%）位于巴黎，只有289家（19%）位于第五、第六和第七区（参见*Annuaire des Professions*，1963）。全美42%的出版社位于中大西洋地区，而这些出版社的销售额占全部的55%（参见*Census of Manufacturers*，1967）。根据20世纪70年代早期的电话黄页，芝加哥有194家出版社，伦敦有423家，曼哈顿有584家，而巴黎有1514家。

书店。巴黎的书店表现得比其他地方更突出。根据电话黄页，芝加哥有337家书店，纽约有455家，伦敦有456家，而巴黎有1239家。按人均计算，法国要领先于美国。但美国有20万左右的直销购物中心，这弥补了其在书店数量上的相对不足。

货币。20世纪70年代晚期，法国流通货币上的七位人物头像中，作家占五位（雨果、伏尔泰、拉辛、高乃依、帕斯卡）。货币正反两面不仅有作家肖像，还描绘了作家生平事件作为背景。当时的民主德国则使用了著名德国绘画作为货币图案。美国货币则用政治人物形象：一美元是华盛顿，二美元是杰斐逊，五美元是林肯，十美元是汉密尔顿，二十美元是杰克逊，五十美元是格兰特，一百美元是本杰明·富兰克林，五百美元是麦金莱，一千美元是克利夫兰，五千美元是麦迪逊，一万美元是萨蒙·波特兰·蔡斯。而英国货币的正面都是女王，反面是各种历史人物：一英镑是牛顿，五英镑是威灵顿公爵，十英镑是南丁格尔或英国狮，二十英镑是莎士比亚。20世纪70年代意大利货币上画的是：一千里拉 218
威尔第与马可·波罗，五千里拉哥伦布，一万里拉米开朗基罗，五万里拉达·芬奇，十万里拉马志尼。法国货币上的图案更换比较频繁，部分原因是为了打击假币。几年前拿破仑还印在一百法郎上，而印有伏尔泰和雨果的纸币被换成了硬币。近期发行的货币增加了柏辽兹、莫里斯·康坦·德·拉图尔、德彪西和孟德斯鸠等人的图像。

邮票。通过研究英国（1840—1944）、美国（1847—1950）、法国（1848—1944）和德国（1850—1944）等国邮票可知：国家元首肖像无疑是被使用最多的图案（在英国这也是唯一一种图案），除此之外，地点、事件、有寓意的形象等也较为常用。德国的附捐邮票（含较高附加税，为某项政府工程或慈善项目特殊设计）没有出现过作家；而法国此种邮票出现过四位作家（占3.6%）。法国附捐邮票确实显示了“法国在帮助知识分子”的目的。

街道。1957年，以男性（以及少量女性）作家名字命名的巴黎街道共332条，占巴黎街道总数（5218条）的6.4%。相比之下，根据地图显示，西柏林只有2.1%的街道用作家命名，东柏林只有1.5%，波士顿只有1.2%，旧金山只有1%，芝加哥和伦敦只有0.9%，曼哈顿只有0.6%。

新闻。法国《快报》比美国的《时代周刊》有更多关于文化和文学的版面（包括相关广告）。根据对《快报》和《时代周刊》1973—1974年的五期，以及1977—1978年的五期的研究，“文化”版面占《快报》总页面的24%（广告和读者来信相比更少），只占《时代周刊》16.1%。书籍和文学版面占《快报》12%，只占《时代周刊》6.9%。对书籍、文学更加关注(以及《快报》更精英的定位)的证据还来自广告：1978年的13期《快报》广告中，有关书籍及其相关信息广告大约是53则，是《时代周刊》(16则)的三倍以上。除此之外，《时代周刊》几乎一半以上的广告属于生活版面，这些内容基本上都与文学没什么关系；而《快报》75%的广告(40则)都与文学相关，绝大部分是关于小说。法国《世界报》和《费加罗报》也刊登书籍广告，而且往往放在头版。

这两份新闻周刊都强调自己面向精英读者群体：根据一项1976年的调查，35.5%的《时代周刊》订阅者是经理或行政人员；27.2%拥有硕士或博士学位(参见*National Subscribers Study*, New York: Time-Life, 1976)。而1974年《快报》26. 3%的读者拥有上层经理或管理人员职位(*L'Express*, September 16—22, 1974)。

219 **电视**。在1976年的三个抽样星期中，相比纽约市的十三个频道(包括公共广播台)所播出的文化节目时间(占总播出时间的2.6%)，三家法国电视台的文化节目时间明显较长(占所有播出时间的8%)。法国电视台所播出的文化类、戏剧类节目也较多(占巴黎地区节目时间的3%，而纽约的比例是1.2%)。

居民。美国作家因与大学联系较多，所以广泛分布在全国各地。1970年的统计数据显示，全美25376名在职作家中，17.3%居住在纽约，9.1%在洛杉矶，8.1%在华盛顿特区，2.9%在旧金山，2.3%在芝加哥。而更专门的《美国诗人名录》(*A Directory of American Poets*, 1975)一书则指出，全美1536名诗人中，24.5%(330人)居住在纽约市，13%(201人)在加州，8%(127人)在纽约市之外的纽约州地区，还有6%在马萨诸
220 塞州。

附录二　声誉评估

在所选文学期刊中对19世纪作家的提及次数

作家[1]	提及次数			样本排名[2]
	浪漫主义	高蹈派	自然主义	
阿莱克西			64	21
巴尔扎克	528			1[3]
贝克			1	—
塞阿			5	74
戈贝		0		—
都德			36	—
迪耶克斯		0		—
大仲马	56			25
戈蒂耶	85			17

1　进入研究的作家总数：273。

2　样本研究总数：5587。

3　样本中排名前十的其他作家包括波德莱尔，第2位，被提及503次；福楼拜，第4位，被提及369次；夏多布里昂，第6位，被提及265次；马拉美，第7位，被提及245次；兰波，第8位，被提及224次。

（续表）

作家	提及次数			样本排名
	浪漫主义	高蹈派	自然主义	
格拉蒂尼		0		—
龚古尔兄弟			25	—
厄尼克			0	—
埃雷迪亚		5		74
雨果	222			9
于斯曼			27	—
拉马丁	94			15
勒贡特・德・李勒		12		47
莫泊桑			129	11
门德斯		2		—
梅里美	70			20
缪塞	88			16
奈瓦尔	172			10
221 里卡尔		0		—
桑	100			14
司汤达	419			3
苏利—普吕多姆		3		—
维尼	61			22
左拉			336	5
总数	1895	22	624	
平均[1]	127. 3	2. 7	69. 2	

来源：W. T. Bandy, “A Statistical Analysis of Recent Nineteenth-Century Scholarship”, *Nineteenth-Century French Studies* 7, nos. 1—2 (Fall-Winter 1978—1979): 1—3。邦迪教授分析了1969年至1976年在*MLA International Bibliography*上提及的作家次数，并提供了全部样本的计数。

1 每位作家平均被提及次数：20.5。

以上这张表格建立在声誉的单一指数上，即一本期刊八期中对作家的提及次数。尽管研究者非常谨慎地限制了样本和来源数量，但实际上该表并未颠覆，而是肯定了我们对传世文学作品的印象。

第一，尽管声誉有起有伏，但是文学史主要还是由著名作家，并且围绕著名作家写成的。在总共5587篇研究了273位19世纪法国作家的文章中，对80位作家（29%）的研究占据了总文章数的95%，使每位作家平均被提及的研究数上升到20.5。但是如果拿这个平均数与排名前十，甚至前二十的作家相比，就能看出差距。例如排名21，被提及64次的保罗·阿莱克西，比样本中的其他普通作家拥有三倍声誉。 222

第二，作家是作为个人，而非群体的一员传世。每个群体中有一到两位作家比较出众，如浪漫主义者中的巴尔扎克和司汤达，自然主义者中的左拉和莫泊桑，以及高蹈派中的勒贡特·德·李勒等。

第三，当时的成功（不管是商业还是传统方面）并不能保证日后传世。例如勒贡特·德·李勒和埃雷迪亚，虽然当时获得认可是日后传世的一个前提，但是我们也必须注意到在高蹈派中不同作家间也有区别。尽管传统成功代表了在公认文学机构中获得坚实地位，但它也往往意味着日后的遗忘。高蹈派在日后的声望远逊于“局外人”自然主义者。

第四，如果我们看一看各种群体，而不是单个作家，我们会发现明显的等级分层。浪漫主义是三个派别中最复杂的，而浪漫主义作家也以平均172篇研究高居榜首。甚至受到研究最少的作家，大仲马，也被提及56次，基本是样本平均数20.5次的三倍。而自然主义者（龚古尔兄弟算作一人）平均有69篇研究，紧随浪漫主义之后，但是也远超高蹈派（平均2.7篇）。

然而，在排名中最引人注目的并非某个作家或某个流派的胜利，而是小说这项文体的胜利。排名前五的作家有四位是小说家。戏剧的衰落是显而易见的。尽管不少其他作家也尝试了戏剧写作，在这张表格中排名前十的作家里，只有雨果是著名戏剧家。而在排名前十的作家里有五位是诗人，诗歌保住了自己的地位，但也仅此而已。在浪漫主义者中，有两位小说家的地位超凡脱俗，而雨果同时也是一位小说家。 223

补充书目

Bourdieu，Pierre. “Flaubert’s Point of View”. In *Literature and Social Practice*，edited by Ph. Desan et al. Chicago：University of Chicago Press，1989.

Hobsbawm，E. J. *Nations and Nationalism since 1870: Programme，Myth，Reality*. Cambridge：Cambridge University Press，1990.

Lyons，Martyn. *Le Triomphe du livre: Une Histoire sociologique de la lecture dans la France du XIXe siècle*. Paris：Promodis，1987.

Martin，H. -J，and Roger Chartier，eds. *Histoire de l’édition française*. Paris：Promodis，1982—1987.

Mollier，Jean-Yves. *L’Argent et les lettres: Histoire du capitalisme d’édition，1880—1920*. Paris：Fayard，1988.

——. *Michel et Calmann Lévy*. Paris：Calmann-Lévy，1984.

Nora，Pierre. “L’Esprit d’Apostrophes—Bernard Pivot：Entretien avec Pierre Nora”. *Le Débat* 60（May—Aug. 1990）：157—187.

Planté，Christine. *La Petite Soeur de Balzac: Essai sur la femme auteur*. Paris：Seuil，1989.

de Saint-Martin，Monique. “Les Femmes écrivains”. *Actes de la recherche en sciences sociales* 83（June 1990）：52—56.

de Weck，Roger. “Das Buch als Basis für die Macht”. *Die Zeit*，16—22 April 1988.

——. “L’Écriture est une folie française”. *le Monde*，supplement to no. 13. 781，19 May 1989.

索　引

(条目后的页码为原书页码,见本书边码)

艺术与社会系列

第一批书目

1.《艺术界》,[美]霍华德·S. 贝克尔著,卢文超译 48.00元

2.《寻找如画美》,[英]马尔科姆·安德鲁斯著,张箭飞、韦照周译 48.00元

3.《创造乡村音乐:本真性之制造》,[美]理查德·A. 彼得森著,卢文超译 58.00元

4.《艺术品如何定价:价格在当代艺术市场中的象征意义》,[荷]奥拉夫·维尔苏斯著,何国卿译 58.00元

5.《爵士乐思维:无限的即兴演奏艺术》,[美]保罗·F. 伯利纳著,任达敏译 (即出)

6.《文学法兰西:一种文化的诞生》,[美]普利西拉·帕克赫斯特·克拉克著,施清婧译 48.00元

7.《日常天才:自学艺术和本真性文化》,[美]盖瑞·阿兰·法恩著,卢文超、王夏歌译 68.00元

8.《建构艺术社会学》,[美]薇拉·佐尔伯格著,原百玲译 48.00元

9.《落入凡尘的高雅艺术:对于地方艺术市场的经济民族志考察》,[美]斯图尔特·普拉特纳著,郭欣然译 (即出)

10.《班吉的管号乐队:一位民族音乐学家的迷人旅程》,[法]辛哈·阿罗姆著,董智弘译 (即出)